# 紫禁城の栄光

明・清全史

岡田英弘／神田信夫／松村　潤

講談社学術文庫

# 学術文庫版まえがき

紫禁城――多くの日本人は、中華皇帝の座《いま》す中国の王城として、陽《ひ》を浴びて燦《きら》めく瑠璃《るり》瓦を思い浮かべるであろう。しかしこれこそは、漢人ではなくモンゴル人が建設し、満洲人が今に遺した宮城なのである。十四世紀後半の元の北帰と明の興起から、清の全盛を過ぎた十九世紀初めに至るまでの約四百五十年のユーラシア東方の動きを、中国の枠さえも超えて活写したのが本書である。

本書は、もともとシリーズ「大世界史」の第十一巻として一九六八年に文藝春秋から刊行されたものである。出版社の方針により、奥付やシリーズ一覧では故神田信夫氏の単著のように記されていたが、原本「おわりに」に明記されていたように、神田氏と松村潤・岡田英弘両氏との共著である。神田・松村・岡田三氏は、清朝初期の歴史を満洲語で記した『満文老檔』の訳註を行なった中心メンバーであり、これにより一九五七年に日本学士院賞を受賞している。本書は、その三氏が精力を傾けて上梓した本格的な概説書である。

数多《あまた》ある類書の中で際立つ本書の特徴は、その視点・論理の明晰さと独創性とにある。本書の基本的視座は、漢人が主に住まい漢文化を育んできた「シナ」と、それとは別の歩みをたどってきた満洲・モンゴル・チベット・新疆をも包含する「中国」とを自覚的に区別し、この時代の歴史を「シナから中国へ」の展開として捉えるという、ユニークかつ核心を衝いたものである。このために、シナ史中心の類書とは一線を劃する一方、独立した民族史・地域史としてのモンゴル史・チベット史などとも異なって、これらを一つに融合した脈絡ある歴史として叙述することに成功している。他方、この時代を海域アジアと内陸アジアの交錯する歴史としても捉えており、海陸を貫くダイナミズムを見事に描き出している。

かつまた驚くべきは、出版以来四十年近い歳月が流れたにもかかわらず、その内容の多くが古びていないという先見性である。否それればかりか、以後刊行された類書に大きな影響を与えている。主に岡田氏によるモンゴル・チベット史叙述は現在なお基本となっているし、第十章に示される清帝国の構造は、今に至るまでこれほど明快かつ的確に説いたものを知らない。そもそも「中国とシナ」という視点も、用語こそ違え、ごく近年のさまざまな概説・研究で提唱されている枠組の先駆をなすものなのである。

このように、類書が次々に出版される中でも、本書はその学術的水準の高さと読み物としての面白さによって、江湖の読書家や東洋史研究を志す学徒から高い支持を得てきた。ただ、なにぶん絶版から久しく、近年では古書でも手に入りにくくなっていた。そのようなおり、二〇〇五年の「野尻湖クリルタイ」(日本アルタイ学会)に参加された岡田氏とご令室・宮脇淳子氏に復刊をお願いしたところ、すぐさま行動を起こされ、この度講談社学術文庫の一冊として刊行されることとなったものである。今年で四十三回を数える野尻湖クリルタイとは、毎年七月に信州・野尻湖畔で開催される内陸アジア史の研究者集会で、神田・松村・岡田三氏はその創立メンバーでもある。神田氏が二〇〇三年に逝去されたことはまこと痛惜に堪えないが、岡田氏は近年も足を運ばれ、後進を見守ってくださっている。その席上でのお願いから一気に復刊の運びとなったことに、現在の野尻湖クリルタイを預かるわれわれとしては不思議な縁を感じている。

今回の文庫化に当っては、神田氏ご遺族の諒解のもと、著者表記を本来の共著の形に戻した。内容は基本的に原本のままとしたが、「ソ連」を「ロシア」と改めるなど、刊行時点を反映した記述に若干の修正を加えたほか、著者自身のその後の研究に基づく点のみ、最低限の加筆修正を施した。文庫版という関係上、原本の写真図版の多くは割愛せざるをえなかったが、地図・系図は原図に基づいて新たに起こした。これら挿図も類書にない重要なものが多く、あらためて広く参照されることを望むものである。また、内容的に古くなった原本巻末の「参考書目」に代えて、現在入手・閲読が容易なものと著者のその後の著作とを中心にした「参考文献」を新たに附した。

同じく「あとがき」も、統計等に関する記述が古くなったため今回削除したが、その趣旨自体は今なお色褪せていないので、最後に紹介しておこう。

そこでは、本書で扱った四百五十年の大きな動きを、第一に東アジア諸地域・諸民族の関係の緊密化――見方をかえていえば、現在につながる「中国」の形成――、第二に漢人の人口増とその役割の増大、そして第三に日本と西ヨーロッパの成長、と総括し、この三点がこの後の時代の流れを決定づける要素となったと指摘する。なかんずく第三点、日本の成長により、十九世紀以降、中国の対外関係の焦点が伝統的なモンゴル問題に代って日本問題となったと喝破し、以下のようにいう。「これからの世界史の動きは、日本と中国のバランスによって決定されてゆくであろう。こうした現状の素地は、本書であつかった明・清時代につくられたのであった。」――本書の展望のたしかさは、その後現在に至る四十年の歴史が証しているといえよう。

本書再刊の功労者は、出版社との折衝、神田氏ご遺族・松村氏との連絡、大半の校正に当られた宮脇淳子氏である。本書の価値を認めてくださった講談社学芸局と編集にあたられた学術文庫編集部にも御礼申し上げたい。愛読者の一人でもあったわれわれは、復刊のお願いをした機縁で編集作業のお手伝いをし、この一文を草することとなった次第である。新たな命を得た本書が、末永く読み継がれることを切望してやまない。

平成十八（二〇〇六）年八月一日

楠木　賢道（筑波大学助教授）
杉山　清彦（駒澤大学講師）

# 目次

〈執筆分担〉
岡田英弘　第四、五、十、十一、十二、十三章
神田信夫　第六、八、九、十四、十五、十六章、おわりに
松村　潤　第一、二、三、七章

# 紫禁城の栄光

明・清全史

# 第一章　中国とシナ

## シナから中国へ

最初にことわっておきたいのは、本書であつかう明《みん》と清《しん》の歴史が、ひとことでいうと「シナから中国へ」の歴史であるということである。

現在中国とよんでいる地域はたいへん広大で、黄河と揚子江の流域を中心とするシナ、東北とよばれる満洲《まんしゅう》、モンゴル高原、天山《てんざん》の北にひろがるジューンガルの草原、その南の核実験場にもされたタリム砂漠の東トルキスタン、ココ・ノールを中心とする青海《せいかい》、チベットなどをふくんでいる。そしてこれらの地域は、それぞれ気候風土がことなるばかりか、民族も言語も宗教も生活様式も経済条件もまったくまちまちである。

中国の憲法でも「中華人民共和国は統一された多民族国家である」と規定しているが、民族の数だけでも五十あまりかぞえられる。各民族はそれぞれの居住地域で地方自治をゆるされ、軍事、外交などの大きな問題だけが中央政府にまかせられている。中国とはこのような多種多様な要素がひとつに統一された世界であった。

このことはもはや常識である。にもかかわらず、われわれはときとして中国の内容についてまちがいをおかす。たとえばわれわれがふつうに中国人とよんでいる場合は、おおむねシナに居住する漢人のことを限定してさしている。また中国語といえば、漢人の言語である漢語のことをさしている。しかし本来は、中国人のなかにモンゴル人もチベット人もおり、また中国語といえばモンゴル語、チベット語も当然ふくまれるわけである。これはまったく理由のないことではないが、本書でははっきり「中国」の意味を限定して、「シナ」と「中国」、「漢人」と「中国人」、「漢語」と「中国語」をつかいわけて話をすすめることにする。

多くの民族の政治的統一体としての現在の中国の概念の原形は、清のまえのまえの元《げん》朝の時代にすでにできあがっていた。チンギス・ハーンのたてたモンゴル帝国は、もとより遊牧民の国家であり、この生産性のひくい遊牧地帯だけで構成された帝国では、経済的基礎がよわく、安定はのぞめない。そこで五代目の世祖フビライ・ハーンは、モンゴルの遊牧地帯とシナの農耕地帯とをあわせ支配することによって帝国の安定をはかったのであった。その結果ここに誕生したのが、最初にあげた多くの地域をあわせ支配する新中国、すなわち元朝である。

しかし元帝国における各地域間のむすびつきには、ひとつの根本的な弱点があった。各地域はそれぞればらばらに、モンゴル高原から支配されていたのであるから、支配力の基礎である遊牧民の軍隊が、なんらかの理由で弱体化すると同時に帝国は分解してしまう。まさにこれが実際におこったのであった。シナは明朝になった。モンゴル高原とジューンガル草原は北元《ほくげん》に支配された。満洲は明朝の支配下にはいったが、朝鮮半島は李《り》氏朝鮮王朝として独立した。東トルキスタンは元末にチャガタイ・ハーン国が東西に分裂して以来東チャガタ

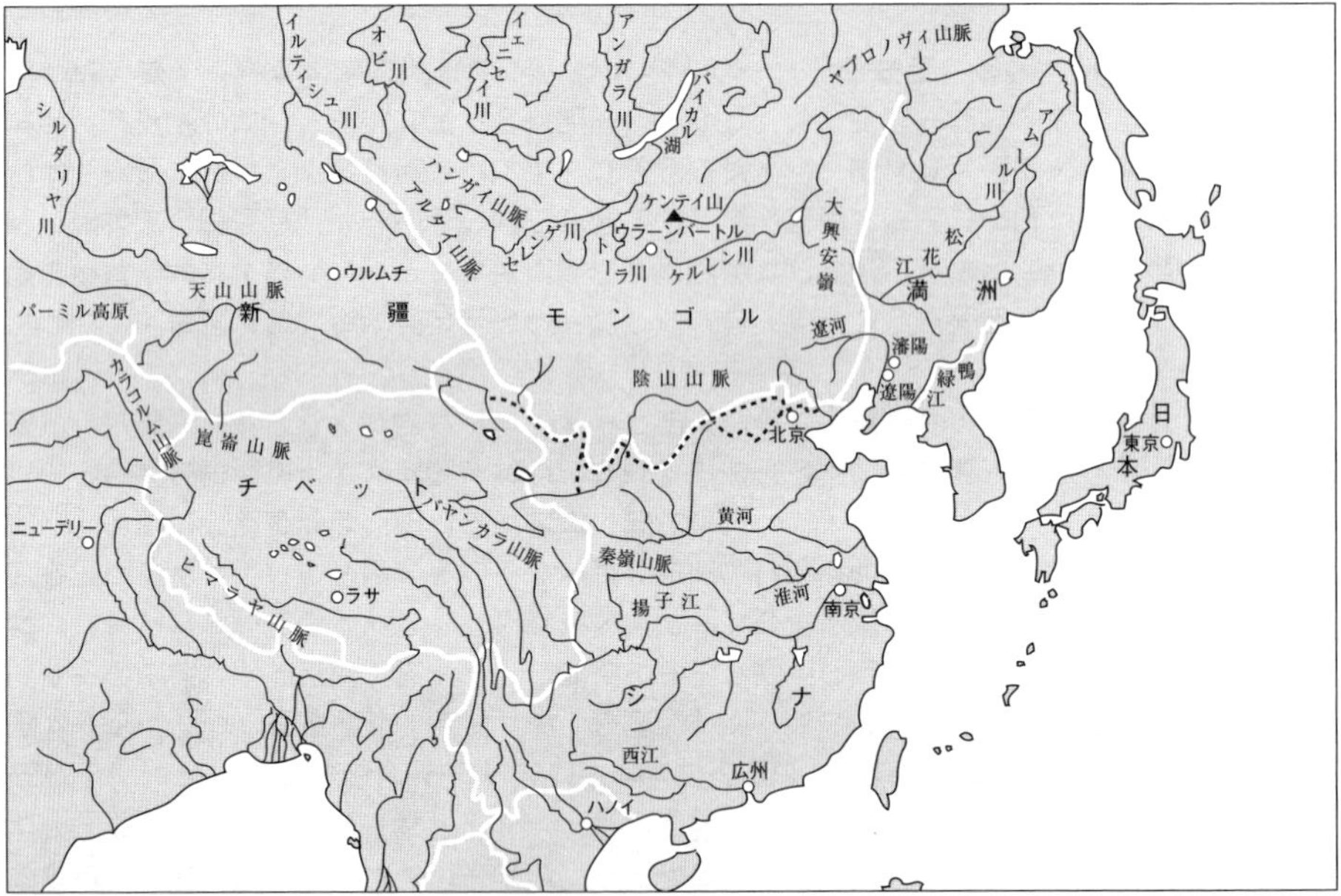


中国を構成する５つの地域

イ・ハーン国の領土となっていた。チベットは外国の勢力の干渉をまぬかれて、事実上独立の状態になった。

明朝は、実は元帝国の遺産の全領域をゆずりうけて君臨しようとしたのである。が、これははたせなかった。平和な農耕民である漢民族の軍事力には限界があり、元帝国のような強力な支配はのぞむべくもなかったからである。

こうして現代の「中国」ができあがるのは、清帝国の出現をまたなければならない。元のあとをおそった明から清への歴史、これがシナから中国への歴史であるとはじめに述べたのも、こういう視点でこの時期をたどっていこう、という意味からである。

## 南北シナの対立

さて中国は広大な領域だから、それぞれの地域がまったくことなった歴史的因縁をもっていることはむろんである。が、ここではふたつのことだけを述べておこう。

ひとつはシナの内部における南北の関係である。

いったいにシナの歴史では、その大勢はつねに北方の南方支配というかたちであった。黄河流域を中心とする北シナは揚子江流域を中心とする南シナに対し、ずっと政治的優位をたもちつづけていた。

そもそも南シナがシナの歴史の本流にはいったのは、四世紀初頭、東アジアの民族大移動である五胡《ごこ》の北シナ侵入によって漢民族が南下してからである。これによって南シナは急速に開発され、それまでシナの中心であった黄河流域のほかに、もうひとつの中心が揚子江流域にうまれた。つまり生産性のたかい水田耕作によって南シナが中国の穀倉へと成長し、経済の中心となったのである。

しかし政治の中心はあいかわらず北シナにあった。隋唐《ずいとう》の時代にあっても国都は北シナにおかれた。南北シナの連絡のためには有名な大運河が開鑿《かいさく》され、このパイプが南の物資を北にはこぶことによって、シナの統一は維持された。

南船北馬といわれ、北シナは陸上交通が主体であるが、米穀などの多量の物資をはこぶには、やはり船が便利である。そこで物資の輸送にあたっては、可能なかぎり河川が利用されるのも当然である。はやくも大統一国家をつくりあげた秦《しん》の始皇帝の時代に、開封《かいほう》付近で黄河の水を分流して、南方の淮河《わいが》に通ずる水路がつくられた。そして漢代には、それがさらに南へのびて、淮河と揚子江をむすぶ、楚《そ》州（江蘇省淮安《わいあん》県）・揚《よう》州間の水路もひらかれた。すなわち揚子江口から北にむかい、淮河をよこぎって黄河にはいり、さらに黄河をさかのぼって、渭水《いすい》流域の国都長安（西安《せいあん》）へと物資がはこばれたのである。

しかし黄河の氾濫《はんらん》は一筋縄でいくものではない。したがってこの運河の維持は容易なことではなく、この水路の消長はまた国力の消長でもあった。

だが、時代をくだるにつれて南シナの経済的重要性はますますたかまってゆく。宋《そう》代になると、「江浙《こうせつ》（江蘇省と浙江省）熟すれば天下足り、江浙稔《みの》らざれば天下饑《う》う」と一般にいわれたが、これは南シナ経済がシナ全体の死命を制したことを象徴している。チンギス・ハーンのモンゴル帝国が世祖フビライのときに南宋を征服してこの穀倉地帯を手にいれるや、大元帝国へと変質したのも当然のなりゆきであった。

そして元代にも、シナの重心が南へうつってゆく傾向はやまない。当時シナをおとずれたアラブ族の旅行家イブン・バトゥータは、その『三大陸周遊記』のなかで、ハンサーすなわち浙江《せっこう》省の杭《こう》州をもって、彼が地球上でみた最大の都会であったと述べ、またその外港とも

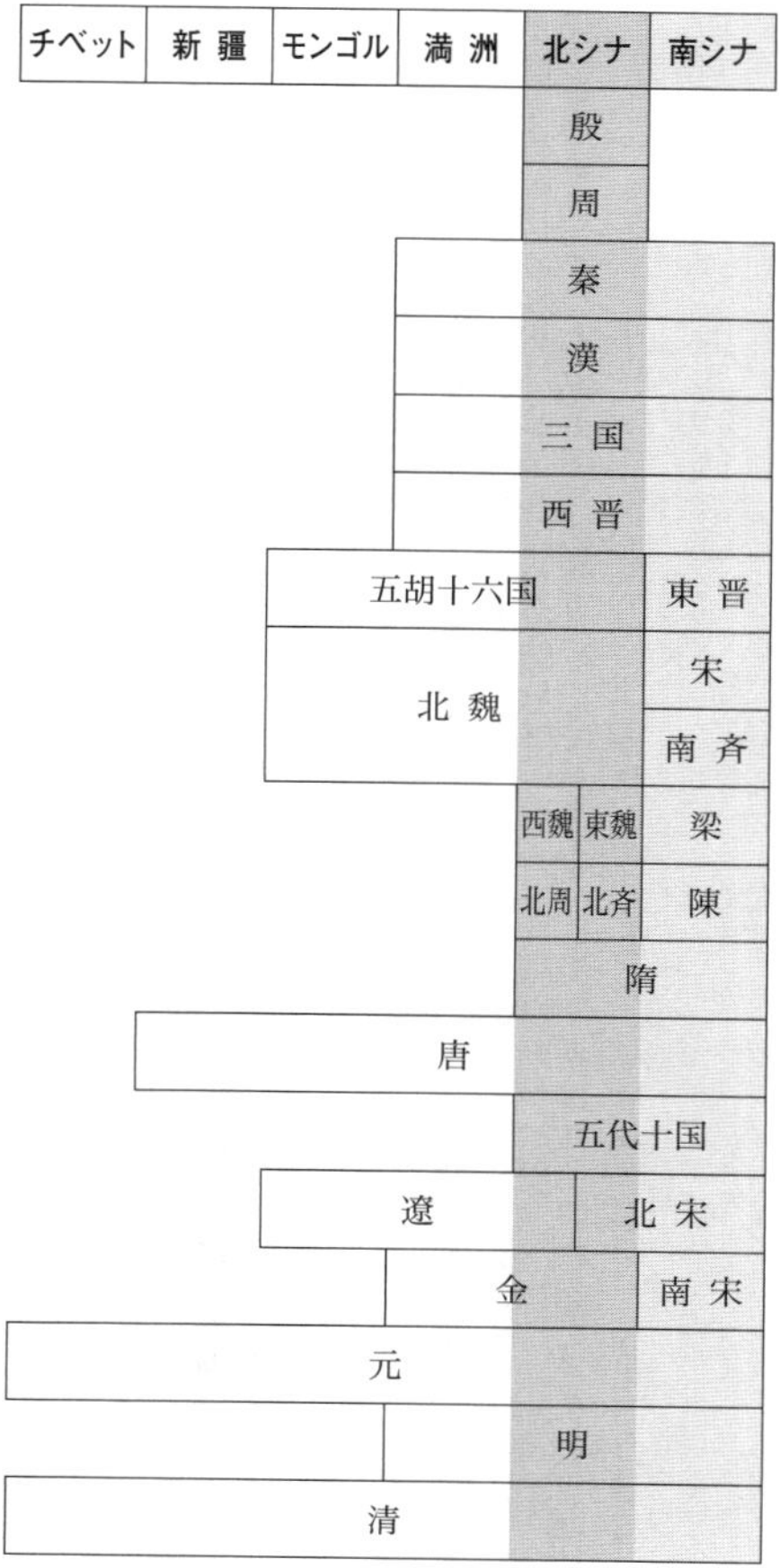


中国の概念の変遷

いうべきザイトゥーンすなわち泉州《せん》が、これまた世界最大の港であると述べている。彼は二十一歳のとき聖地メッカの巡礼をこころざして、うまれ故郷のモロッコをでてから、未知の世界にあこがれて東洋に足をのばし、モロッコにもどったのが四十五歳のときであるから、前半生のほとんどすべてを旅にささげたわけである。したがって、当時の世界の大都会であったメッカ、カイロ、イスタンブール、バグダードなどすべて目のあたりに見聞したのであって、その南シナについての評価も信ずるにたりよう。

このように南シナはますます繁栄してゆき、ついに元朝の末期になると、北方の南方支配というシナの歴史の原則をくつがえすような事態がおこった。すなわち揚子江流域におこった朱元璋《しゆげんしよう》の勢力が明朝政権をたて、北京《ペキン》によった元朝政権をたおしたのである。南が北を圧倒した。これは中国史上空前のできごとであった。この明朝は元朝の版図をそのままゆずりうけて一大帝国にのしあがろうとした。そのゆくてをはばんだのは、シナの北に位置した、元朝の故郷であるモンゴルである。

## シナとモンゴル

モンゴルは中国を構成する地域のなかで、シナとともに歴史上もっとも重要な地域である。ここでぜひともその概略を知っておいていただかなくてはならない。そもそもシナにおける国家の成長は、三千年以上にわたるながいその歴史をふりかえってみても、つねにモンゴルとの関係を背景としていた。

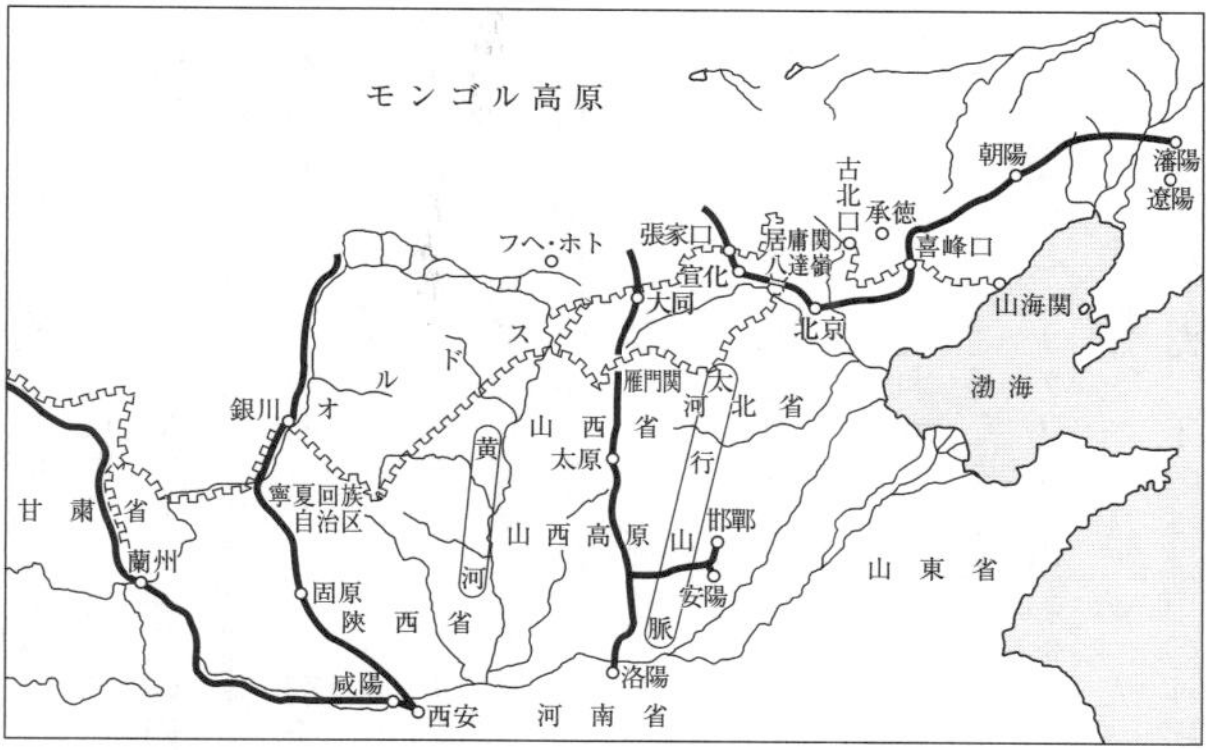


万里の長城と商業ルート

地図をみよう。まず気がつくことは、ふるくひらけた国家の中心は、かならずモンゴル高原から北シナの平野におりてくる通路の終点にあることである。東のほうからかぞえると、北京は春秋戦国時代の強国燕《えん》の首都であった。これはちょうど内モンゴルから張家口《ちょうかこう》、居庸関《きょようかん》をとおって北シナの平野に一歩足をふみいれた位置にある。黄河の北には紀元前十四世紀に建設されたシナ最古の都市の遺跡である殷墟《いんきょ》のある安陽《あんよう》と、戦国時代の大国趙《ちょう》の都であった邯鄲《かんたん》とがくっつきあってならんでいる。

このふたつの都市は、いずれも山西《さんせい》省の高原の太原《たいげん》方面から渓谷ぞいに太行《たいこう》山脈の切れ目をとおりぬけて北シナの平野にでてきた位置にある。太原は北のかた雁門《がんもん》関をとおって大同《だいどう》の盆地につらなり、大同が内モンゴルに接していることはいうまでもないだろう。黄河の南には洛陽《らくよう》の盆地がある。ここは周《しゅう》代の東都であったが、太原から太行山脈の西側をとおって南下するルートの終点である。さらに西方には、西周の都西安と秦の都咸陽《かんよう》が渭水の渓谷にならんでいる。ここは内モンゴルのオルドス地方、寧夏《ねいか》の銀川《ぎんせん》方面から固原《こげん》をへてはいってくる交通路の先端にあたる。

それではどうしてシナの古代都市は、みなモンゴル、山西の高原と北シナの平野部の接点に多く発生したのだろうか。この謎をとくカギは、モンゴル高原の遊牧民族と、北シナの平野の農耕民族とのあいだの貿易関係にある。遊牧民は家畜の皮を着、ミルクやヨーグルトを飲み、バターやチーズを食べ、羊毛をかためてつくったフェルトのテントに住む。これは一見まったくの自給自足経済のようであるが、人体の維持に絶対必要な炭水化物、つまり穀物は農耕民から買いいれなければならない。そこで歴史時代以前から、高原の遊牧民たちはキャラヴァンを組織しては北シナの平野におりていって、そこの農耕民と貿易をしなければならなかった。そうした取引場、定期市は当然農耕地帯のへりにある、北京、邯鄲、安陽、洛陽、西安、咸陽あたりでひらかれたわけで、ここには農耕地帯の奥地からも多くのひとびとが交易のためにあつまってきて、やがて定期市は常設の市場となり、そのまわりに聚落《しゅうらく》が発達しはじめた。これが北シナの古代都市の発生である。シナで春秋時代にすでに専業の商人があったのも、こうした事情からであろう。

遊牧民が北シナの辺境都市の交易場にもちこんだ物資は、まず第一に家畜であり、第二に高原に多い塩湖でとれる塩であった。家畜のなかでは、耕作用の犂《すき》をひくための牛が農耕民の需要をみたした。羊肉は都市の住民の食生活を向上させ、蛋白資源となった。

しかし政治上にもっとも重要な意義があったのは、馬がもちこまれたことである。馬は戦争を可能にした。古代シナでも、メソポタミア、エジプト、ギリシアなどとおなじように、最初は馬は戦車《チャリオット》をひくためにもちいられ、のちに戦国時代から騎乗用にかわったが、いずれにせよ馬の獲得は辺境都市を都市国家に成長させ、都市国家のなかから殷、周、秦などの王朝がでて、他の都市とその周辺の農耕地帯を支配下にいれた。これが北シナに統一国家が南シナよりはやく出現した理由である。つまり南シナには辺境がなく、都市がそだたず、馬が手にはいらないために、北シナの軍事力に対抗するすべもなかったからである。

## 万里の長城

北京をおとずれた旅行者はかならず、すこし足をのばして八達嶺《はったつれい》の万里の長城にたつ。これがひとつの観光ルートなのである。花崗岩の切石をつみ、そのうえに煉瓦でおおった壮麗な長城のうえにたって北をながめ、この城壁が北の蛮族の侵入をくいとめたのか、と人はふかい思いにとらわれるだろう。旅行者にとって、万里の長城は中国の象徴なのである。

ここでその感興に水をさすつもりはさらさらない。しかしはっきりしておきたいのは、現在みられるこの豪華な長城がきずかれたのは、実は明代のことであり、その長城の語る歴史も決して栄光の歴史ではなく、むしろ苦悩の歴史であったということである。

なんども述べたように、南シナからおこり、シナを統一して元朝のあとをおそった明朝は、当然大元帝国の版図をその手中におさめようとした。しかし農耕地帯からモンゴル人を追いだし、シナを確保することはできたものの、それをこえて長城線以北につらなる遊牧地帯にすすむことは困難であった。南から北への発展には限界があったのである。

これは農耕社会と遊牧社会の本質的な相違にもとづいている。農耕社会は土地に密着しており、定住して耕作しなければならない。そして立地条件がよく、天災さえなければまず食うにはこまらない。したがって他からの侵略がなければ、その社会は本来平和的・非軍事的な性格をもつものであるし、他への侵略も考えない。その社会が拡大するのは、人口の増加にともない、あたらしい耕地を隣接地域にもとめて、開拓というかたちでおこなわれるにすぎない。

一方遊牧社会のほうはといえば、それは本来、戦争を目的としてつくられた組織ともいえる。まえにいったように、遊牧民は農耕民から穀物を買わなければ生存できない。したがって辺境都市で平和な貿易がつづいているあいだはよいが、いったん辺境都市が強力な王国に成長すると、農産物の値段を不当につりあげられたりしても、遊牧民には有効な対抗手段がなく、きわめて損な立場に追いこまれてしまう。いきおい暴力に訴えて食糧を獲得しなければならない。そのために北シナの古代王国が成長するにつれて遊牧民との国境紛争が多くなる。モンゴル高原の遊牧民の侵入と掠奪《りゃくだつ》は、すでに殷周時代から記録にあらわれてくるが、これをふせぐために古代王国は辺境に長城をきずき、防衛軍を駐屯させるようになる。それで戦国時代に秦、趙、燕が辺境に長城をきずいたわけで、のちに秦の始皇帝がシナを統一してから、これらのふるい長城をつなぎあわせて、万里の長城を完成したのである。

シナ側の辺境防備体制が強化されるにしたがって、モンゴルの遊牧民のほうでも、掠奪戦争をこれまでどおり有効に遂行するためには、ますます大きな組織が必要になってくる。そこで彼らは団結して、ひとりの有能な戦争指導者を選出する。これが遊牧民の国家というものので、最初から戦争と掠奪を目的として結成されたものなのである。

戦争と掠奪のための組織であるから、遊牧国家はたえず隣接の集団とたたかっては征服をつづけなければならない。戦争をやめれば、同時に国民の収入がなくなって生活がおびやかされるからである。そうしたわけで、遊牧国家同士はたがいに併呑《へいどん》しあって、まもなくモンゴル高原からジューンガル草原、さらに中央アジアのカザフスタンにまでおよぶ、広大な遊牧地帯をおおう大帝国ができあがる。歴史上最初の遊牧大帝国は匈奴《きょうど》であるが、それが紀元前二世紀のはじめ、ちょうどシナで秦帝国の統一が完成した直後に成立したのは、いま説明した理由からである。

一度大帝国にまで成長してしまえば、モンゴルの遊牧民はシナの農耕帝国に対して互角に交渉することができるようになる。軍事力の均衡状態がつづくかぎり、辺境都市における貿易は、正式の条約の保障のもとに平和におこなわれてゆく。

**商業ルート**

また遊牧帝国による北アジア、中央アジアの統一ができると、シナと西アジア、東ヨーロッパをむすぶ商業ルート、つまりシルク・ロードが安全に利用できるようになるので、東西貿易もさかんになってキャラヴァンの往来がはげしくなる。遊牧民は通行の安全を保障する代償として貨物に税をかけるが、これが莫大な収入源になる。また遊牧民自身が投資してキャラヴァンを組織したり、中央アジアのオアシス都市に住む専門の商人たちに委託したりして、自分でも商業をいとなむ。

この際、シナ側のターミナルは、すでに発達している辺境都市である。つまり北シナの辺境都市は、遊牧民との取引きのセンターであると同時に、シルク・ロードの終点でもあるわけである。

もう一度地図をみよう。西安、咸陽から西へすすむと、蘭《らん》州をとおり、甘粛《かんしゆく》の回廊《コリドール》をぬけ、安西《あんせい》に達する。ここで道はふたつにわかれ、南道はホタンまわりでタリム砂漠の南縁をとおってカーシュガルにつく。北道はハミから天山の南側のトルファン盆地をとおってカーシュガルで南道と合流する。カーシュガルから山をこえればフェルガナの盆地で、シル川をくだって西アジアへゆける。トルファンから天山をこえていまの新疆《しんきよう》ウイグル自治区の首都ウルムチにでる道もあって、これはイリ川の渓谷からチュー川の渓谷のトクマク、ビシケクをとおってシル河畔のオトラール、トゥルキスタンに達する。

この三つの道がふつうにいうシルク・ロードであるが、実はもうひとつの東西貿易のルートがある。それは北京から張家口をで、まっすぐゴビ砂漠を横断してモンゴル国の首都ウラーンバートルに達する。これはいまモスクワ―北京国際列車の線路が通っている道である。ウラーンバートルからはセレンゲ川をくだってバイカル湖にで、アンガラ川をくだってイェ

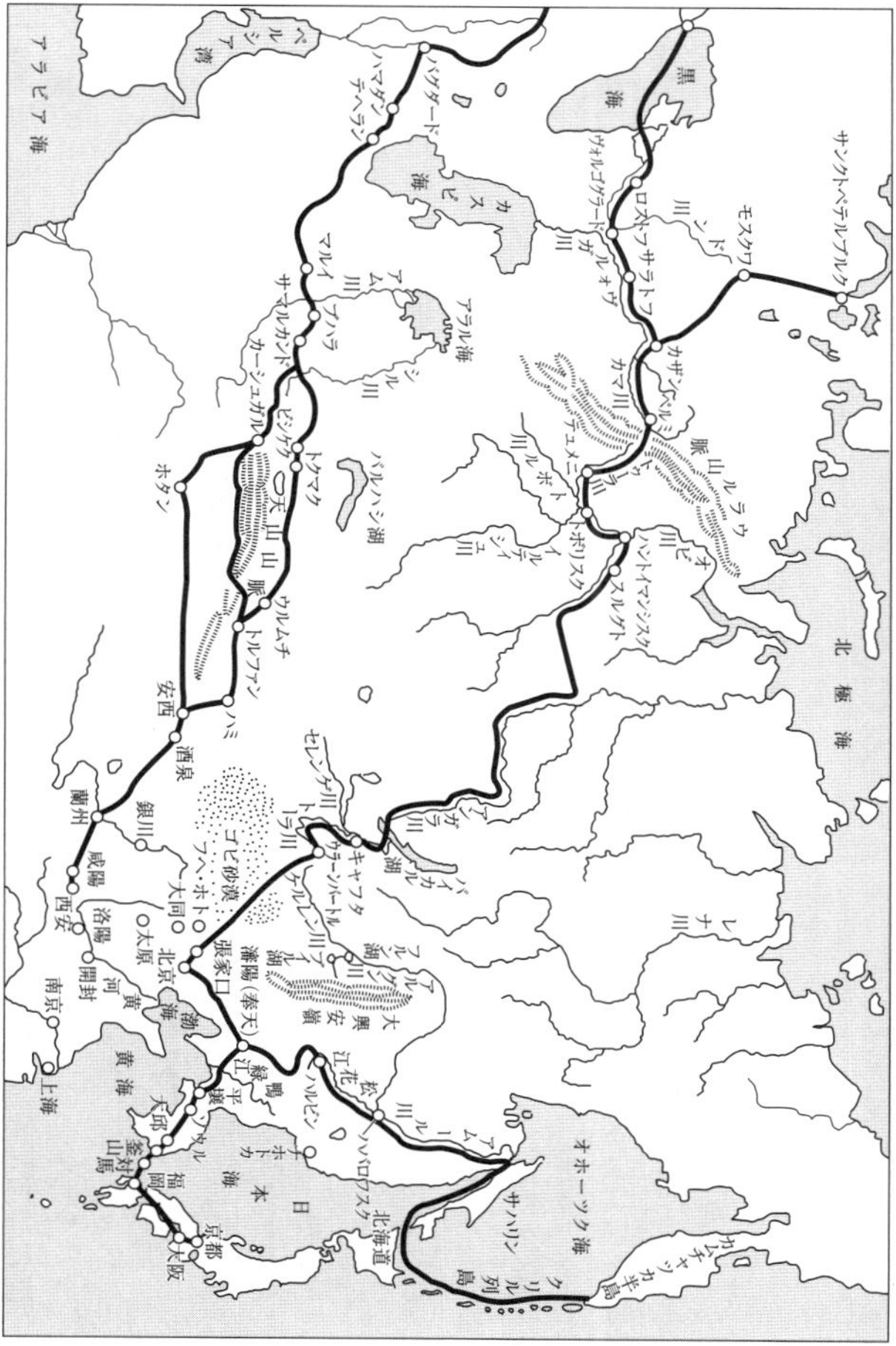


シルク・ロードとシベリア・ルート

ニセイ川にはいり、イェニセイスクからトムスクまで徒歩で平野を横断してオビ河畔に達する。オビ川をくだってイルティシュ川にはいり、こんどは流れをさかのぼってトボリスクに達し、トゥーラ川をさかのぼってウラル山脈をこえ、カマ川の上流のペルミにつく。カマ川をくだるとカザンで、ここから西へモスクワをへてバルト海に達してもよし、ヴォルガ川をくだってヴォルゴグラード（スターリングラード）からドン川にむかえば黒海に通ずる。これは徹頭徹尾水路を利用したルートで、歴史時代にはモンゴルの一部族のオイラット人たちがこれをにぎっていたし、ロシア人がシベリアに進出したときもこれによった。いまではこのルートはさらに東方にのびて、ハバロフスク、ナホトカをへて東京に達している。

それはともかく、北京は辺境都市であると同時に、シベリア・ルートの終点でもあった。さらに、北京は満洲、朝鮮へ通ずる交通路の起点でもある。北京から東北にむかうと古北口をでて熱河《ねっか》の山地にはいり、承徳《しょうとく》、朝陽《ちょうよう》をへて遼河をわたると瀋陽《しんよう》に達する。瀋陽から南下すれば遼陽《りょうよう》をとおって鴨緑江《おうりょくこう》をわたり、朝鮮半島にはいって日本に達するし、瀋陽から北上すれば松花江《しょうかこう》、アムール川の流域にはいる。山海関《さんかいかん》経由の海岸の道は比較的あたらしく、明代からおもになったものであるが、北京は、これらのルートをとおって朝鮮や満洲の奥地から貴重な毛皮や朝鮮人参《にんじん》がはいってくる、その門戸にあたっている。こうした北京の特色は、これからの記述の理解のため、ぜひおぼえておいていただきたい。

優勢な遊牧民

さて、遊牧帝国と農耕帝国のあいだに友好関係が維持されているあいだは、貿易がスムーズにおこなわれるが、なにかのきっかけで戦争がはじまると、遊牧国家の軍事的性格がむきだしになって、結果は連年の侵入と掠奪になる。けれども遊牧帝国の窮極の目的は、農耕帝国との平和的な貿易の再開であるから、決して相手をほろぼそうとはしない。しかし農耕帝国のほうになにか構造上の弱点があったりすると、遊牧帝国がついやりすぎて相手をほろぼしてしまうこともある。チンギス・ハーンが金《きん》帝国をほろぼしたのもその一例である。

しかし農耕地帯の管理はあまりに複雑な手続きがいるので、遊牧民の征服者は決して自分で統治しようとはしない。征服地の土着の有力者に年貢のとりたてを委託するのがふつうである。チンギス・ハーンが耶律楚材《やりつそざい》を中書令《ちゅうしょれい》に任命したというのも、耶律楚材がモンゴル人の差配となって年貢のとりたてをうけおったのであって、元帝国で最高の官庁とされる中書省は、つまるところはシナの農耕地帯からの年貢のとりたてを担当する徴税事務所にすぎない。その支配権は遊牧地帯にはおよばないのである。そしてその徴税事務所がおかれている辺境都市が北京であった。だから北京が元代に大都《だいと》とよばれても、われわれの常識で考えるような首都ではない。いちおう宮殿はあるけれども、元の皇帝は決してそこに住んではいない。年に一度モンゴル高原からおりてきたときに大都の宮殿で漢人の臣下と接見するだけである。しかもその間も郊外にテントをはって住んでいるのである。つまり元代には、北京はモンゴル人のシナ支配の窓口だったにすぎない。

遊牧帝国と農耕帝国の戦争で、農耕帝国のほうの経済力が極度に充実している場合、遊牧帝国を一時的に圧倒することもある。しかしこれはあくまでも一時的な現象であって、そのうえ莫大な人命、物資の浪費を覚悟しなければならない。その理由は、遊牧民と農耕民の戦術が本質的にちがうからである。

遊牧民の軍隊の特徴は、きわめて安上りなことである。だいたい俸給というものがなく、戦利品の十分の一を戦争指導者たる皇帝の取り分としてさしだしたのこりは全部個人の所得になる。補給もらくで、輜重隊《しちょう》がなくてすむ。出陣の際は、兵士はめいめい腰の革嚢《かわぶくろ》にチーズや乾肉をいれてでかけるが、それで約三ヵ月間は行動できるのである。

これに対して農耕民の軍隊はひどく金がかかる。耕作をやすんででかけなければならないから、一回の出動でてきめんに収穫がへる。そこで政府のほうではそれにみあった補償、すなわち給与を支払わねばならない。それに補給はつねに最大の難問題である。農耕民の軍隊が遊牧地帯で作戦をするとき、現地で食糧を徴発することができないので、軍隊の行軍ルート上に、まえもって食糧を内地からはこんで集積しておかなければならない。ところがこれでは輜重隊が戦闘部隊のまえをすすむことになって、敵の襲撃をさける方法がないことになる。そこで戦闘部隊が自分で食糧をはこばなければならないが、そうすると戦闘員の人数の何倍にも達する多数の牛車なりラクダをつれて歩かなければならないので、いきおい行軍の速度は極端にのろのろしたものになる。そうして大部隊になればなるほど補給は困難になるし、行軍のスピードもおちる。

そのうえ農耕民の軍隊は歩兵が主で、密集隊形をとって行動しなければならないが、遊牧民の軍隊は全部騎兵で、行動が迅速で奇襲をかけやすい。だから農耕民の軍隊は遊牧民の軍隊とでは太刀打ちができないのであるが、ただ装備が敵より優秀である場合だけは勝つこともある。漢の軍隊が匈奴《きょうど》をやぶったのは、漢軍の武器が鉄製であったのに、匈奴のは青銅製だったからである。明軍が洪武《こうぶ》帝、永楽《えいらく》帝の時代に北元を圧倒したのは、明軍が火器を装備していたのに、北元軍は弓矢がおもな武器だったからである。しかしそうした利点があるときでさえ、農耕民の兵士は遊牧地帯のきびしい自然条件にたえて生きのこる訓練がないから、ばたばたと落伍《らくご》して死んでゆくわけで、勝利はつねに莫大な犠牲をはらわなければ手にはいらない。しかもいくらシナがゆたかで漢人の数が多くとも、このような消耗を毎年毎年くりかえすことは不可能であって、現に漢代には武帝の末年、明代には永楽帝の末年には国力は疲弊しきって、もはやこれ以上の外征をささえることができなくなっていたのである。

遊牧民の軍隊は騎兵隊で行動半径がながくスピードがはやいことは、農耕民の軍隊にとって、敵の捕捉が事実上不可能なことを意味する。永楽帝の五回の親征でも、たった一回偶然の機会に北元軍と遭遇できただけであった。しかも敵は不利とみるやフルスピードで離脱してしまうから、決定的な打撃をあたえることはできない。だから農耕民の軍隊が遊牧地帯に進攻するのは、砂漠で蜃気楼《しんきろう》を追うようなものである。これが、シナの農耕民がいつも受身の防禦態勢にたたざるをえない理由である。

それにもかかわらずシナの農耕帝国がモンゴルの遊牧帝国に対して戦争をいどむのは、だいたいにおいて遊牧民の侵入掠奪に対する予防戦争の意味がつよい。

明の洪武帝の時代のモンゴル遠征がこれである。しかし永楽帝の時代ともなると、もうひとつ別の動機がくわわってくる。それは大元帝国の遺産の全面的な継承者たらんとする野望であった。が、これも結局は徒労におわり、莫大な軍費と多数の兵士をうしなったにすぎなかった。そして終局的には、明は長城線をもって退守せざるをえなかったのである。

万里の長城は明の王朝の支配の限界をしめしたものであって、これより北の地を放棄するという意志の表現であった。大元帝国にならって大明帝国をきずこうとして、ついになしえなかった、いいかえれば中国たらんとして中国たりえなかった、漢民族王朝明の悲哀の象徴でもあった。もちろん中国のピラミッド、世界の七不思議のひとつといわれるあの大土木事業は、農耕シナの経済力と漢民族の繁栄をものがたる象徴でもある。しかし、「シナ」から「中国」への歴史の視点にたつとき、この万里の長城の意義は、悲哀そのものである。

その証拠に、清朝になって「中国」ができてからは、万里の長城はまったく意味をうしない、無用の長物でしかなくなったのである。

それではシナから中国への道を明の建国からふりかえってみることにしよう。

# 第二章　乞食から皇帝へ

## 洪武帝のおいたち

明が南シナの経済力を背景にシナを統一したことは述べたが、建国の祖洪武《こうぶ》帝自身はまったくの貧農の出である。

「漢の高祖も秀吉も、もとをただせば、ただの人」ということばがある。しかし秀吉とくらべるべきシナの英雄をもとめるならば、その時代の近さといい、境遇の相似といい、洪武帝（朱元璋《しゅげんしょう》）こそふさわしい。漢の高祖劉邦《りゅうほう》は泗水《しすい》の亭長だったというから、宿場役人の頭《かしら》のようなもので、秀吉よりはましであった。

しかしいずれにしても、これら社会の最下層のものが、徒手空拳で天下をとるということは、当時のシナ社会が非常に大きな混乱期にあったことをものがたる。

朱元璋のおいたちは、つぎのようである。朱氏はもともと農家であり、宋代の人である五世の祖朱仲八《しゅちゅうはち》以来、南京の東の句容《くよう》県に住んでいたが、祖父朱初一《しゅしょいち》のときに、長男の五一《ごいち》と次男の五四《ごし》をつれて、揚子江を北にわたって安徽《あんき》省の盱眙《くい》県（現・江蘇省）に移住した。しかしこれは移住というよりは逃亡であった。

というのは、元の至元《しげん》二十四年（一二八七）、世祖フビライの命によって、淘金提挙司《とうきんていきょし》という役所がもうけられ、いまの南京《ナンキン》を中心とする七十ヵ所あまりの砂金採取場を管轄することとなり、七千三百六十五人が淘金夫《とうきんふ》すなわち金掘り人夫に指定された。

朱初一も不幸にして淘金戸の籍に編入されるはめになった。ところがその住んでいる南京付近には金がとれないので、よそから金を買ってきておさめなければならない。まずしい農家にとってこの負担はあまりにも重く、翌年はやくも家や田畑をすてて、盱眙へ逃亡したのであった。元代にあっては、このような税金の重さに、田畑をすてて逃亡する農民が多数あったのである。

朱初一の死後、朱氏一家は離散し、朱五四は転々と流浪したが、結局兄五一をたよって三人の子をつれて鍾離《しょうり》県にいった。朱元璋が朱五四の末っ子の四男としてうまれたのは、そこにうつってからまもなくのことである。もとより朱家は当時の社会の最下層にあったわけで、氏も素姓もない農民だから、その名前も祖父の初一、伯父の五一、父の五四のように符号のようなものであった。その兄たちの名前が、長兄が重四《じゅうし》、次兄が重六《じゅうろく》、三兄が重七《じゅうしち》であるからには、朱元璋自身の名も重八《じゅうはち》であったにちがいない。長男が重四であるのは、ころげこんだ伯父五一の子供たちとあわせて出生順にかぞえたからである。

元の順《じゅん》帝の至正《しせい》四年（一三四四）、朱元璋が十七歳のとき、淮河《わいが》流域は旱魃《かんばつ》のうえに蝗《いなご》の害がくわわり、ひどい飢饉にみまわれた。飢饉に伝染病はつきものであるが、両親と長兄がなくなり、ふたりの兄と朱元璋とが孤児としてのこされた。もとより極貧のどん底にあり、埋葬するのがやっとだったらしい。

のこされた三人の子供は、次兄が家業をつぎ、三兄は他家に養子にもらわれてゆき、朱元璋はおさないときの約束をつてに皇覚寺《こうかく》という寺にはいることになった。しかし村が飢饉であれば、村人の寄進にたよっている寺もまた生活ができない。そこで寺の僧侶たちは托鉢にでることとなり、寺の小僧となってやっと五十日目の朱元璋もまた托鉢の旅におもむいたのである。それこそ名ばかりの坊主であるから、乞食同様の苦難をなめたにちがいない。それから三年各地を遍歴して、二十歳のとき寺にかえり、数年のあいだは平穏にくらしたが、それもつかのまで、元末の農民叛乱の戦禍がこの寺にもおよぶようになった。

朱元璋

## 紅巾の賊

その叛乱のいきさつはこうである。元朝の統治がゆるんでくると、漢人の反抗運動もまたはげしくなる道理である。その口火をきったのが、至正八年（一三四八）の塩商人方国珍《ほうこくちん》の叛乱であった。彼は海賊となり、江蘇《こうそ》から福建《ふっけん》にかけての海上に活躍し、元朝の地方官憲をなやました。

しかし海賊より重大なのは、これよりややおくれて河北《かほく》におこり江淮《こうわい》の穀倉地帯にひろがった白蓮《びゃくれん》教徒の叛乱であり、これがやがて元朝の命とりになる。

はじめ、河北省永年《えいねん》県に韓山童《かんざんどう》というものがあり、祖父の代から白蓮会という宗教秘密結社の教祖であった。この

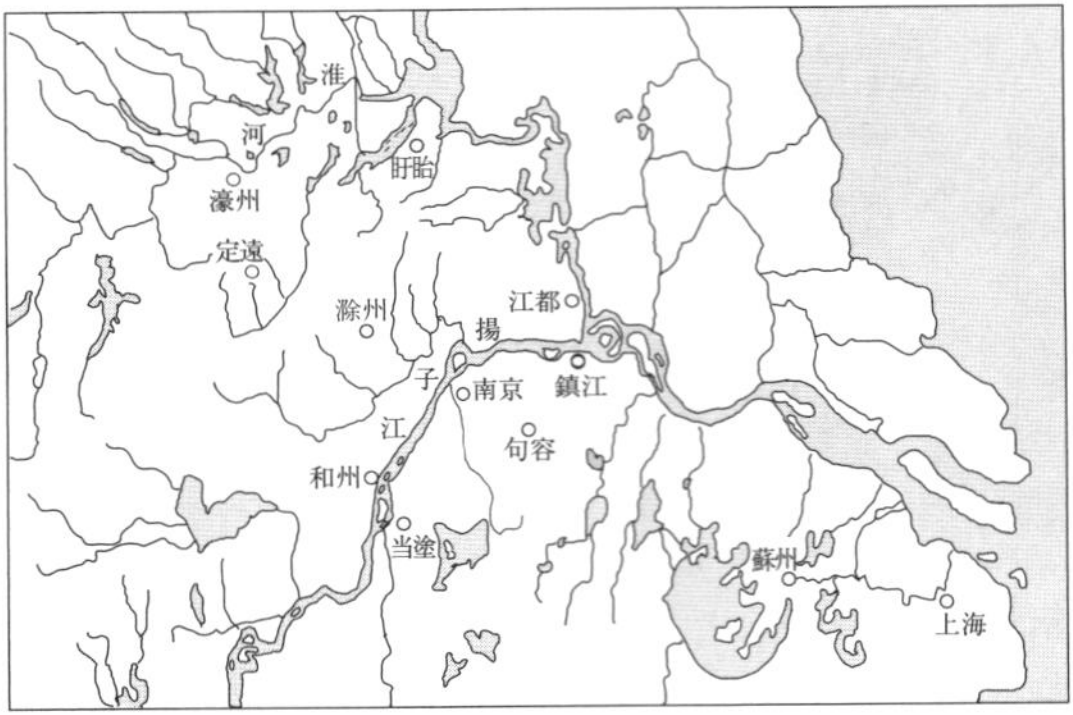

江淮地域

白蓮会の教義を白蓮教というが、その内容は、いまに世界に大戦争がおこって人類が滅亡に瀕するとき、弥勒《みろく》仏が人間の姿であらわれて救世主となり、信者を救いだして、やがて幸福な新世界がやってくるというのである。

いったい漢人の農民のあいだには、ふるくから秘密結社が存在していた。これは信仰をおなじくするもの同士の互助組織であって、生活の苦しいひとびとが生きのこるためのやむをえない自衛手段である。どうにか生活を維持してゆけるあいだは社会の表面にあらわれることはないが、いよいよ追いつめられると叛乱をおこすことがある。歴代の王朝の末期に、例外なく宗教的秘密結社の叛乱がおこっているのは、このためである。近代の例でいえば、孫文《そんぶん》が清朝に対する革命運動をおこしたときにもこの種の秘密結社の組織の支持をえたのであった。

こうした秘密結社は、革命の原動力にはなるが、それ自体には新体制を樹立する能力はない。国家の再建はいつも有能な政治家の役割である。明の洪武帝もそのひとりである。

さて白蓮教は元末の不安な社会に生きる漢人たちの心をとらえ、河南《かなん》から江淮にかけて急激にひろがった。そして反元の旗じるしのもとに革命組織へと発展し、至正十一年（一三五一）諸方あい呼応し、紅《あか》い頭巾《ずきん》を目じるしとしていっせいに蹶起《けっき》する手はずをととのえた。これを紅巾軍《こうきんぐん》という。しかしこれは事前に発覚して、韓山童はとらえられ、河北の叛乱は失敗におわった。妻とその子の韓林児《かんりんじ》は逃げのびた。

一方、教祖韓山童はうしなったものの、安徽省によった劉福通《りゅうふくつう》らは、西進して河南省南部を占領し、軍勢も十万にふくれあがった。また黄河下流域では、飢饉のときに、わずかにのこっていた芝麻《しま》すなわち胡麻《ごま》の倉をひらいて民衆を救ったところから、芝麻李《しまり》の綽名《あだな》をうけた李二《りじ》らが蜂起して徐《じょ》州城をおとしいれ、さらに、朱元璋のいた江淮地方をも攻略した。朱元璋が身を投じた郭子興《かくしこう》の軍は、この一派に属する。

郭《ごう》子興は安徽省の定遠《ていえん》の地主で、白蓮教徒であったが、李二とあい呼応して叛乱をおこし、濠州（鳳陽《ほうよう》）を攻略したのである。このため朱元璋のいた皇覚寺も戦火にあい、寺の僧侶は四散した。転機にたった朱元璋は、神に祈って身のふりかたを占ったところ、紅巾軍に投ずることが吉とでたので、ここに意を決して郭子興の部下になることにしたというわけである。年二十五であった。

## やくざの群

濠州城の城門におもむいた朱元璋は、ここでふところにしまっておいた紅い布を頭にまき、その門をまもっている郭子興に面会をもとめた。衛兵はこの乞食坊主を敵側のスパイではないかとうたがい、きびしく追及した。しかしやがて郭子興が朱元璋に会い、その容貌のただならぬことをみとめるや、十夫長《じっぷちょう》すなわち分隊長に任じたのであった。

ひとたび軍隊に身をおくと、朱元璋の非凡な才能はたちまちあらわれ、郭子興の片腕となった。そこで郭子興は養女であった馬《ば》氏の娘を彼にめあわせ、朱元璋を身内にくわえたのである。

もとより軍隊とはいっても、このころのシナ各地の軍閥は海賊や塩賊（塩の密売業者）あがりの盗賊団のようなものである。白蓮教にしても秘密結社であって、これら軍隊の将兵とのむすびつきは、やくざ社会の親分子分の関係である。郭子興が朱元璋に養女をあたえたというのも、また朱元璋自身がのちに多数の義子すなわち養子をもったのも、血縁に擬制して、親分子分のむすびつきを強固にしようとしたものとみていい。

朱元璋が妻とした馬氏の娘も、郭子興の養女というのは名ばかりで、実は召使の女にすぎなかった。しかし馬氏はなかなかよくできた姐御《あねご》肌の女性で、貧農や無頼の徒であった朱元璋の部下の縫物や洗濯をして、せっせと面倒をみるのであった。

郭子興はしかし独立の親分ではなく、李二の子分のひとりで、紅巾軍のなかの席次は決して高くなかった。その郭子興のいる濠州へ、元軍に徐《じょ》州を攻めやぶられ、親分の李二を殺された彭大《ほうだい》らが逃げこんできた。兄貴分にころげこまれて頭をおさえられた郭子興は、南方に移動して独立の勢力をきずこうと、至正十四年（一三五四）、朱元璋および徐達《じょたつ》らの子分二十四人を派遣した。朱元璋らはまず定遠をとり、つづいて滁《じょ》州を占領した。そうしておいてから郭子興は濠州の彭大のもとをはなれて滁州にうつり、ここに一家の本拠をおいた。ここで郭子興は、小さいながら独立の親分になったのである。

至正十五年（一三五五）、滁州城内の食糧が欠乏してきた。軍隊を維持するには多大の物資が必要である。これを調達できなければ、たちまちその軍隊は盗賊団と化してしまう。そこでシナ軍閥の例にもれず、よりよい土地をもとめて各地を攻略することになり、郭子興は妻の弟である張天祐《ちょうてんゆう》を派遣して和《わ》州を占領させ、ここに一家の出店をつくり、朱元璋を張天祐の副官とした。このへんから朱元璋がどんどん頭角をあらわしてくる。

**大宋皇帝**

この年、紅巾軍の一方の旗頭、劉福通らは白蓮教の教祖韓山童の遺児である韓林児をさがしだして亳《はく》州で大宋《だいそう》皇帝の位につけ、年号を龍鳳《りゅうほう》とたてた。いよいよ紅巾軍の中央政府が出現したのである。大宋皇帝とは、もちろん元朝にほろぼされた宋朝の復興の意味であって、つねに反体制である秘密結社の性格がここにあらわれているではないか。紅巾軍の親分衆はそれぞれ韓林児から肩書をもらい、郭子興は都《と》元帥《げんすい》、張天祐は右副《うふく》元帥に任ぜられた。朱元璋も左副元帥の位をえ、紅巾軍の将軍として着々と勢力をつよめていく。

まもなく郭子興はなくなり、長男の郭天叙《かくてんじょ》が跡目を相続して都元帥となる。若親分の郭天叙は、食糧の獲得のため、一家をひきいて和州から揚子江をわたり、太平路《たいへいろ》（当塗《とうと》）を占領した。しかし太平路からさらに東方にむかって発展しようとした郭天叙は、集慶路《しゅうけいろ》（南京）を攻めて元軍にやぶれ、張天祐もろとも戦死した。

生きのこった子分たちの筆頭はいまや朱元璋であったから、彼は若親分にかわって郭一家をひきいることになり、やっとのことで一軍の長になった。これから朱元璋の運はひらけはじめた。翌至正十六年（一三五六）の再度の集慶攻撃に成功すると、ここに本拠をおいて、名実ともに大親分になった。韓林児の政府は朱元璋に呉《ご》国公の称号をさずけた。

さてこの時代はいわば戦国時代であるから、元朝に叛旗をひるがえした勢力がかならずしも利害一致しているわけではない。

当時の江南《こうなん》における勢力分布をみると、南京の朱元璋のほかに、蘇《そ》州方面に塩賊出身の張《ちょう》士誠《しせい》が、揚子江上流の江西《こうせい》、湖広《ここう》の要地には紅巾軍の一派の徐寿輝《じょじゅき》があった。そのほか揚子江下流域には、鎮江《ちんこう》、揚《よう》州に元軍が勢力をのこしている。

つまり朱元璋には三つの敵がひかえていたわけだが、そのうち張士誠、徐寿輝は力の差がありすぎて拮抗《きっこう》できない。そこで彼はまず攻撃の鋒先を元軍にむけ、これを攻略することによって勢力の培養をはかり、ついで隣接地域の勢力をつぎつぎと併呑《へいどん》していった。

ところで亳《はく》州から北宋の故都開封《かいほう》に進出していた韓林児、劉福通の政府は、至正十九年（一三五九）再建された元軍の攻撃をうけてやぶれ、安徽省の安豊《あんほう》にのがれたが、その勢力はしだいにちぢまっていった。これに目をむけた張士誠は至正二十三年（一三六三）軍をすすめて安豊を包囲した。救援をもとめられた朱元璋は主力をひきいて安豊におもむき、張士誠の軍をやぶって韓林児を救出する。韓林児は南京にむかえられ、翌年正月元日、盛大な慶賀の儀式がおこなわれた。その席上、朱元璋の身の上に決定的なことがおこる。韓林児によって呉王の位をさずけられ、自分の政府をつくることを公認されたのである。

## 明の建国

ここまでくると韓林児と朱元璋の関係は、地位はあいかわらず大宋皇帝とその臣だが、実権はその逆である。朱元璋は韓林児をいつまでも南京におかず、滁州にうつした。このとき以来、朱元璋は韓林児を大宋皇帝として奉じながらも、急速に白蓮教から遠ざかりはじめたのである。つまり白蓮教は朱元璋にとって、乱世に勢力をたくわえるための手段であった。彼が至正二十六年（一三六六）に発した最後の張士誠討伐の布告のなかでも、これを妖術としてしりぞけている。その教祖である韓林児の運命も、ほぼここに暗示されているようなものであった。はたしてこの年の十二月、韓林児が滁州からふたたび南京にむかえられる途中、揚子江の中流で舟が転覆し韓林児は溺死するという事件がおこったのである。

翌年、張士誠もほろぼされた。これで四川《しせん》から江蘇《こうそ》までの揚子江流域全体が統一される。のこるのは元朝政権だけである。朱元璋は、張士誠の討伐終了後一息つくまもおかず、北伐の軍をすすめることとなった。

この間、側近たちによって朱元璋を皇帝に擁立する準備がすすめられ、暮には新宮殿の完成をみたので、至正二十八年（一三六八）正月元日を期して、天地を祭り、皇帝の即位式をおこなった。かくて国号を大明《だいみん》とさだめ、年号を洪武と建元した。ときに四十一歳である。シナではじめて一世一元の制度がさだめられたのはこのときのことで、こののち、洪武帝、建文《けんぶん》帝というように年号でも皇帝をよぶようになった。

朱元璋、いまや洪武帝の命をうけた徐達《じょたつ》らの北伐軍は、まず山東《さんとう》を、ついで河南を占領し、大都（北京）へとむかう。元の順帝トゴンテムルは大都をすてて上都《じょうと》（ドローン・ノール）にのがれた。北伐軍は大都を攻略し、上都に追撃した。順帝はさらに応昌《おうしょう》にのがれた。

ここまでは、戦闘はとんとん拍子に洪武帝に有利に展開したが、勝利をわが手に確保するためにはなんらかの恒久的な施設が必要である。そこで洪武帝は大運河の北端の開封に前進基地をおいてこれを北京《ほくけい》と名づけ、ここに兵力を集結し、江南から大運河によって物資をどんどん輸送して北シナ支配の中心にした。こうして洪武帝は、南シナのゆたかな経済力を背景にして北シナを勢力下におくことができたのである。

## 元朝その後

しかし元朝はこれによって滅亡したわけではない。元朝はこれから二十年間の長きにわたってモンゴル高原に本拠をかまえ、東方は満洲を通じて朝鮮半島の高麗《こうらい》王国とつながり、西方は青海《せいかい》、チベットをへて雲南《うんなん》のモンゴル勢力と連絡をとって、建国早々の明朝を三方からおびやかす態勢をたもっていた。これを北元《ほくげん》という。つまり一三六八年にうしなわれたのは、シナの領土だけだったのである。順帝はこれから二年後に応昌で死んだが、その後もその子のアーユシュリーダラ、トクズテムル兄弟があいついで皇帝となり、元朝の対明作戦の指導に活躍していた。

これに対し、明の洪武帝は最初は短期決戦の策をとった。一三七二年、十五万の明軍は徐達の指揮下に三手にわかれて山西からモンゴルの地にはいり、ゴビ砂漠を横断してまっしぐらにカラコルムをめざした。しかしこの冒険は大失敗におわった。元軍の迎撃をうけた明軍は、一万人以上の戦死者をだして退却せねばならなかった。

この失敗にこりた洪武帝は、方針をかえて、まず敵の両翼をきりはなし、元朝をモンゴル高原に孤立させる作戦をとった。一三七九年、征西将軍沐英《もくえい》の指揮する明軍は青海に進出してその地の元軍を粉砕し、モンゴル高原と雲南の連絡を断った。さらに一三八一年、征南将軍傅友徳《ふゆうとく》のひきいる明軍は雲南に侵入した。元の梁《りょう》王バザラワルミは自殺し、わずか百日間の作戦で雲南は平定された。

洪武帝

これで元朝の右腕はきりおとされた。つぎは左腕の満洲方面である。一三八七年、征虜《せいりょ》大将軍馮勝《ふうしょう》の指揮する明の大軍は熱河《ねっか》から北進して、いまの長春《ちょうしゅん》方面で元の将軍ナガチュを降服させた。ナガチュは実に二十余万の大勢力をひきいていた有力者であるが、これが明朝に寝返った結果、元朝は高麗との連絡を断たれ、モンゴル高原に、三方からおしつつんで封じこめられる形勢となっ

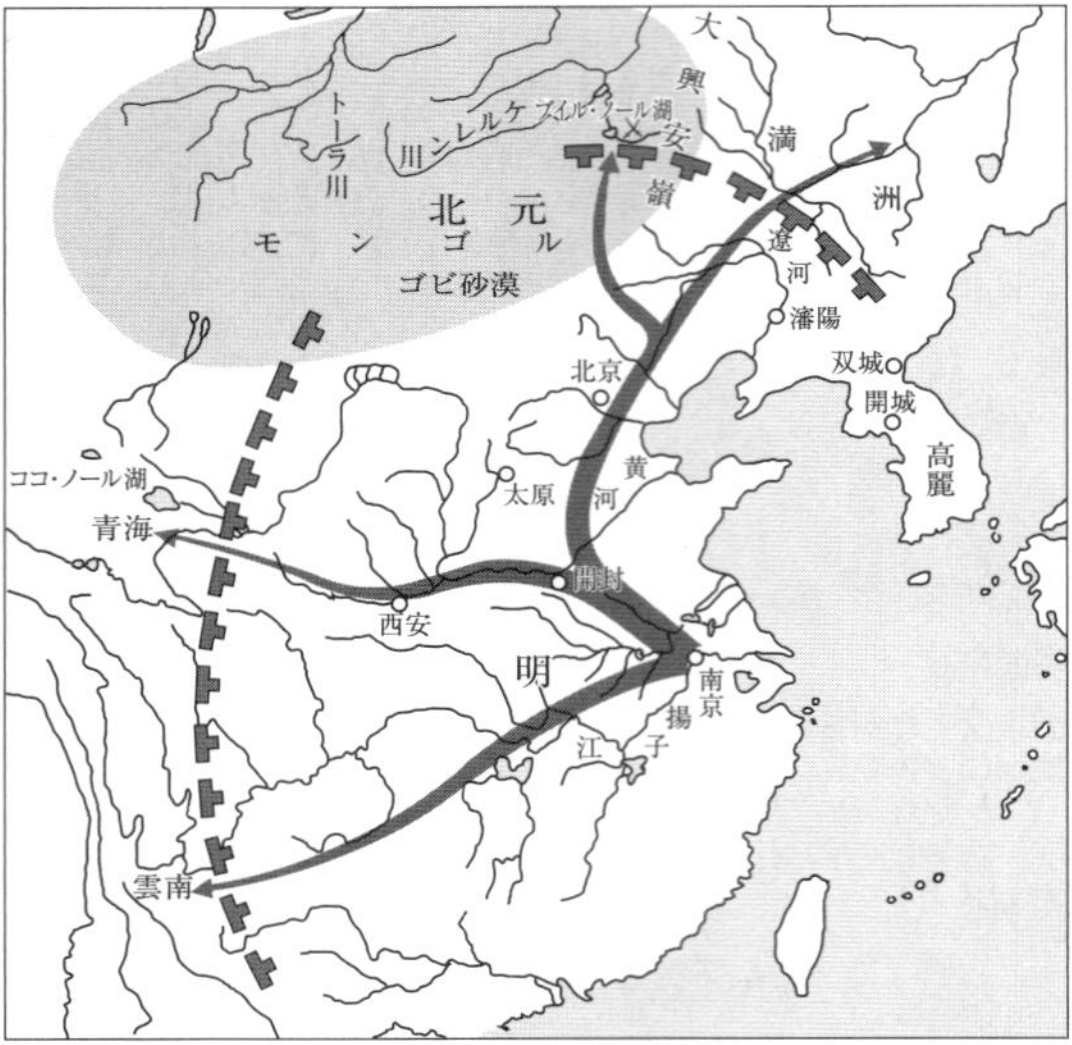

明と北元の攻防

た。

この包囲陣の完成と同時に、洪武帝はまちにまった決戦にでた。すなわちその翌年、馮勝にかわってあらたに征虜大将軍に就任した藍玉《らんぎょく》は、十五万の明軍をひきいて熱河を出発、大興安嶺《だいこうあんれい》をこえてモンゴル高原にはいった。

そのころ元帝トクズテムルは、ナガチュの投降によって生じた東部戦線の危急を救うため、みずから外モンゴルの東辺のブイル・ノール湖畔に出張してきていた。この情報をえた藍玉は、全速力で敵の本営めざして急行した。奇襲は完全な成功であった。不意をつかれた元帝はわずか数十騎の近臣とともにかろうじて脱走したが、部下の男女八万余人はことごとく明軍の捕虜になった。

敗残のトクズテムルはカラコルムをさしておちてゆく途中、トーラ川に達したとき、こんどは仲間のモンゴル人の攻撃をうけた。これはイェスデルという元朝の直系でない皇族の軍勢であった。衆寡敵せず、おりからの猛吹雪のなかで元帝はイェスデルの軍勢にとらえられ、弓の弦《つる》でくびり殺された。こうして世祖フビライのたてた元朝の正統は、一三八八年に断絶したのである。

## 中央集権への道

元朝をたおしモンゴル人をモンゴル高原に追いはらい、シナの地を漢民族の手に回復するという大事をなしとげた洪武帝の、武将としての素質はいうまでもない。が、彼が本領を発揮したのは、むしろ内政面においてであった。

すなわち彼は政治・軍事・法律・民治・教育その他あらゆる方面にわたって根本的な改革をおこない、中国制度史上の一新紀元を劃したのである。しかもこれが貧窮のどん底にうまれ、その後もほとんど兵馬倥偬《こうそう》の間《かん》にすごした洪武帝自身によってなされたのである。清《しん》の順治《じゅんち》帝が古今の明君《めいくん》について群臣と論じ、「明の洪武帝が制度を確立したことは歴代の君主のみなおよびえないことである」と評したのもうなずかれる。

中国においては、紀元前三世紀に秦の始皇帝がシナを統一すると同時に、中央集権制度が完成した。皇帝のもとには民政・軍政・監察の三系統の官僚機構があり、それぞれ別に皇帝に直属している。もっとも貴族が官職を独占したために、皇帝の実権がよわまった時期もあったが、十世紀の宋代になると貴族は姿を消し、かわって国家試験の合格者であればだれでも官僚になれるようになった。この試験を科挙《かきょ》というが、この時代から科挙出身の官僚が皇帝の手足となって奉仕するようになり、皇帝の独裁体制が成立したのである。洪武帝もこれを踏襲し、独裁君主の権力を頂点に達せしめた感がある。しかし洪武帝といえども、即位の当初から独裁権をにぎっていたのではない。むしろ即位は、真の皇帝への道の第一歩であった。

洪武帝は二十五歳で濠州の郭子興の紅巾軍に身を投じて以来、戦乱の巷を移動していたあいだはずっと、郭子興一家の子分衆のひとりにすぎず、自分の子分としては二十数人の養子があっただけである。のちに洪武帝の功臣となった紅巾の軍人たち、徐達、常遇春《じょうぐうしゅん》、鄧《とう》愈《ゆ》、馮勝、湯和《とうわ》らは、もとはといえば洪武帝とおなじく郭子興の子分たちで、洪武帝からみれば兄弟分ではあっても子分ではない。彼らが洪武帝の配下にはいったのは、渡江ののち洪武帝が跡目を相続して郭一家の子分総代をつとめるようになってからである。

しかし洪武帝が南京に根拠をすえてからは話がかわってくる。いまや洪武帝は呉国公の称号をもらい、韓林児のじきじきの子分としておしもおされもしない地位をもっている。したがって渡江後に彼の紅巾軍に参加したひとびとにとって、洪武帝はもはや郭一家の筆頭子分ではなく、朱一家の親分なのである。つまり、おなじ洪武帝の部下でも、弟分出身のふるい部下と子飼いのあたらしい部下とがあって、洪武帝としても実権派のふるい部下をきりすてていかなければ、真の独裁をものにするわけにはいかない。それがこれから述べる洪武帝の文化大革命の原因である。

## 胡惟庸の獄

洪武帝が南京に腰をおちつけるやいなや知識人の役割が重要になってきた。そこで活躍をはじめたのは李善長《りぜんちょう》、汪広洋《おうこうよう》、胡惟庸《こいよう》、劉基《りゅうき》らの文臣連中であった。まずつくられたのが江《こう》南行中《なんこうちゅう》書省《しょしょう》である。中書省というのは総理府にあたるもので、韓林児もこの機関をもっていた。その支所が行中書省で、地方行政を担当する官庁である。江南行中書省では李善長が中心になって新占領地の統治を担当した。洪武帝が呉王になると同時に行中書省は中書省に昇格し、ますます独立国の実質をそなえはじめた領内の最高民政機関になる。これは洪武帝がいよいよ正式に皇帝として即位してからもかわらず、中書左丞《じょう》相《しょう》は総理大臣、右丞相は副総理として皇帝の統治の輔佐にあたり、多大の権限をもっていた。

軍政をつかさどるのは大都督府《だいととくふ》で、全国の軍人を統轄する。このふたつの最高官庁のほかに御史台《ぎょしだい》があり、劉基が御史中丞《ちゅうじょう》として行政の監察にあたっていた。

ところが李善長、汪広洋、胡惟庸は三人とも、洪武帝がまだ郭子興の子分であった時代に紅巾軍に投じた連中であるから、洪武帝にしてみればもともと兄弟分どころか客分なわけで、いかに皇帝となったとて頤《あご》でつかうというわけにはゆかない。劉基だけはもと元《げん》の役人で、南京で洪武帝にくだったのであるから、紅巾とは関係がなく、かつ洪武帝だけの臣下なのである。だから他の紅巾派の大臣たちとはおりあいがわるく、まもなく辞職したが、しばらくして死んだ。洪武帝は胡惟庸が劉基を毒殺したのだと思いこんだようである。

そうした事情で、明初の十数年間は大都督府は紅巾の軍人、中書省はそれと気脈を通じている李善長らに占領されていて、洪武帝は皇帝とは名ばかり、腕をふるう余地はなかった。そこで帝は、皇帝独裁への布石をして、しずかに機の熟するのをまった。

洪武帝の即位の当時、正妻の馬皇后の腹に標《ひょう》、樉《そう》、棡《こう》の三人、妾の碽《こう》妃の腹に棣《てい》、橚《しゅく》、その他の妾にも何人もの子があった。

洪武帝は長男の標をたてて皇太子とし、その保育官として李善長、徐達、常遇春らの、中書省、大都督府、御史台のトップクラスの大臣たち全員を任命した。つまり彼らはおもてむき政府の高官であると同時に皇太子の側用人でもあるわけである。皇太子はまだ十四歳の若さだったから、これは一面教育のためともいえようが、それだけの目的ならこんな仰々しい措置は必要なく、適当な家庭教師を数人つけるだけですむはずである。真のねらいは、功臣たちを、次代の皇帝たるべき皇太子と私的な親密な関係をもたせることによって安心させることであった。

功臣の油断に乗じて、洪武帝は着々と皇帝個人の軍隊の養成をすすめた。皇太子は宮中の警察権を委託された。皇太子の弟たちはといえば、樉は秦《しん》王、棡は晋《しん》王、棣は燕《えん》王に封ぜられて、西安、太原《たいげん》、北平《ほくへい》（北京）にそれぞれ領地をもらい、その他もそれぞれ各地の王となつた。ただしまだおさないので、領地にはいかず、洪武帝の郷里の鳳陽に住んでいたが、それでも領地には諸王の親衛隊である護衛《ごえい》という軍隊がそれぞれもうけられたのである。

洪武十一年（一三七八）、諸王が二十代にはいったのを機に、洪武帝はいよいよ行動を開始した。秦王と晋王ははじめて自分たちの領地におもむき、翌年九月、各自の護衛軍をひきいて南京にかえってくる。十月には青海の征伐にいっていた沐英が大軍をひきいて南京に凱旋してくる。沐英は洪武帝の養子のひとりであって、皇太子がうまれたばかりの赤ん坊だっ

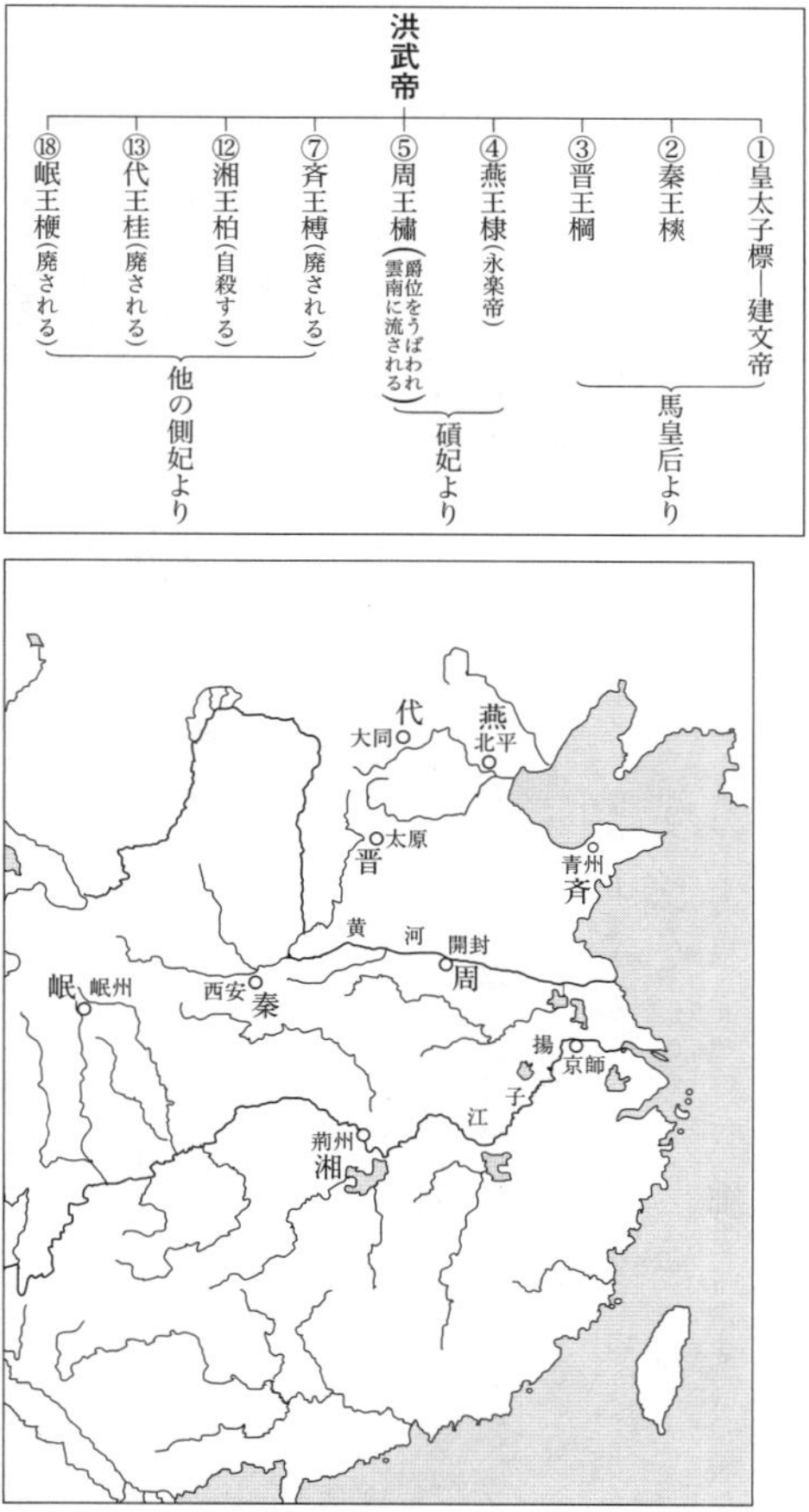

明初の諸王とその配置

たころから寝食をともにしてお守《も》りをした人だから、洪武帝の直系であることは諸王とかわりない。洪武帝の息のかかった軍隊の南京集結は完了した。

十二月、中書右丞相の汪広洋が突如海南《かいなん》島へ追放になり、その途中勅使が追いついて首をはねる。左丞相の胡惟庸はすぐつづいて翌洪武十三年（一三八〇）正月二日に逮捕され、六日にははやくも死刑に処せられる。皇太子の指揮する軍隊は、南京城内の紅巾系の軍隊を襲撃して一万五千人を虐殺する。この事件を胡惟庸の獄という。

クーデターが完全な成功におわると、洪武帝は矢つぎばやの改革をうちだす。中書省は廃止され、これまでその下にあった吏《り》部（人事院）、戸《こ》部（大蔵省）、礼《れい》部（外務・文部省）、兵《へい》部（国防省）、刑《けい》部（法務省）、工《こう》部（建設省）の六部はそれぞれ独立に皇帝に直属するようになった。大都督府も廃止され、前・後・左・右・中の五軍都督府に分割されて、六部と同様にそれぞれ皇帝に直属した。御史台も一時廃止されたが、やがて都《と》察院《さついん》として復活した。しかしその長官としては左都《さと》御史《ぎょし》、右都御史のふたりが並立することになる。

この制度改革で、洪武帝は実際上、これまでの中書省、大都督府、御史台の長官の職を一身にかねることになったわけで、ここに皇帝の独裁体制がはじめて確立したのである。

機構はいくら改革されても、それを運営する人間がおなじでは効果がない。胡惟庸派の紅巾系官吏が政府から一掃されたのち、その後釜にはひさしく息をひそめていた劉基派のひとびとが登用されたが、それでもたりず、人材の養成が緊急の必要になった。そこで国立大学である国子《こくし》監《かん》が大拡張されるとともに、しばらく中絶していた科挙が再開され、新官僚がそ

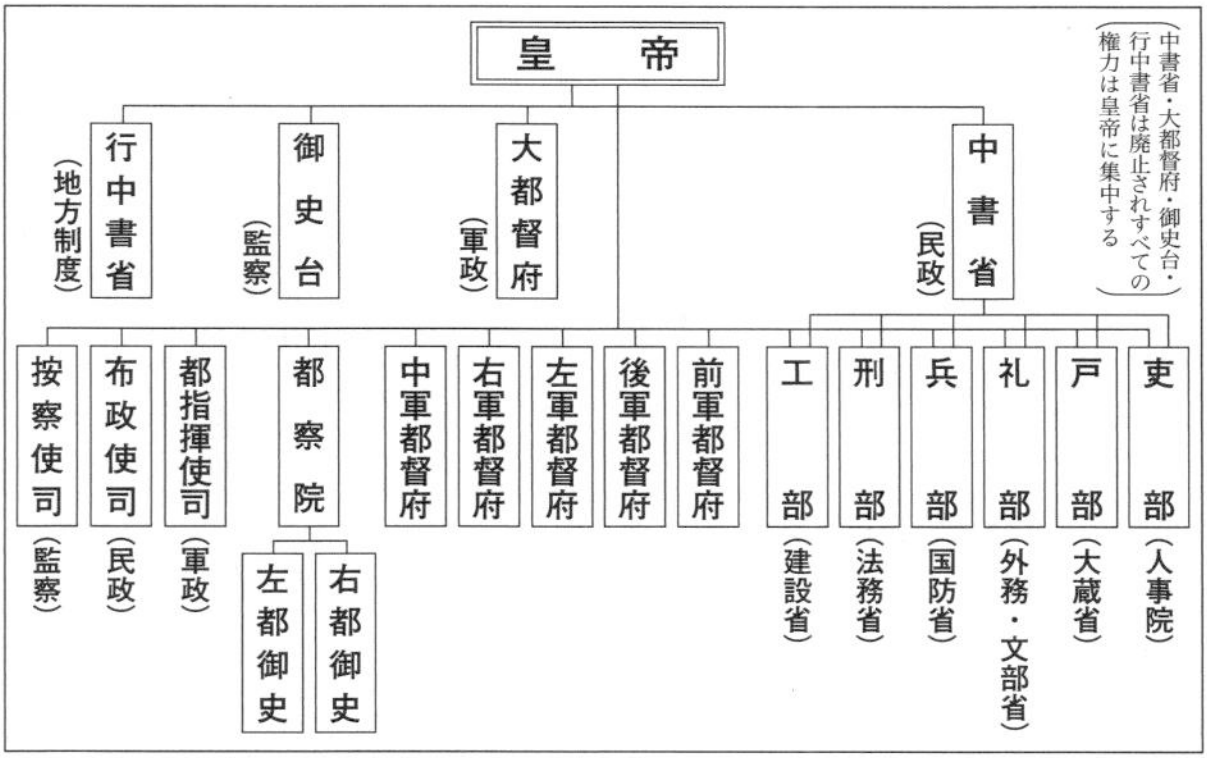

明の行政機構

だってくる。

地方制度のほうでは、元代以来、地方官はふつう現地人が任ぜられるものであったのをあらためて、かならず他省の出身者を任ずること、しかも南方人は北方の各省に、北方人は南方の各省に赴任させることを原則とした。これによって地方官と現地人との腐れ縁ができにくくなり、皇帝の支配力が地方に滲透するようになった。

そればかりではない。これまで各地方には行中書省がおかれ、これが省内の民政・軍政・監察をすべておこなっていたのをあらためて、軍政は都《と》指揮使司《しきしし》、民政は布政《ふせい》使司、監察は按察《あんさつ》使司と分立させ、それぞれ別に中央政府に直属させて、ひとりの地方長官に権力が集中することをふせいだ。こうして全帝国の厖大な権力機構は、皇帝の手中にことごとく握られることになったのである。

## 里甲制度

洪武帝の改革は、さらに一般国民の生活にまでおよんだ。秀吉が天下統一後おこなった土地測量は太閤検地として名高い。洪武帝もまた即位後ただちに江南デルタ地帯の実地測量にかかり、以後これを全国におよぼした。

この調査は前代に例をみないほど厳格なものであって、これによって農地改革というべきものがおこなわれたのである。その結果できあがった帳簿である土地台帳は、そのえがかれた土地の区劃が魚の鱗《うろこ》に似ているところから『魚鱗図冊《ぎょりんずさつ》』とよばれている。

胡惟庸の獄のあと、洪武帝は全国いっせいに人口調査をおこない、百十戸を単位として里を編成し、そのなかで富裕なもの十戸をえらんで里長戸《りちょうこ》とし、のこりの百戸を十甲《こう》にわけ、甲ごとに甲首《こうしゅ》をおいた。里長、甲首は一年交替で役にあたり、十年で一周したわけである。そして十年ごとに原簿を改定したが、この原簿を『賦役黄冊《ふえきこうさつ》』といい、戸籍兼租税台帳にあたる。里のうえにあるのは州・県で、これは中央から長官（知州・知県）が派遣されてきて統治にあたる。県のさらにうえには州や府という行政単位がある。

この里甲制の編成によって、中央政府の政治力を末端の農民にまでおよぼし、この組織によって、租税の徴収と輸送の確保にあたり、国家財政の基礎が強化された。

また里長、甲首のほかに、里のなかの年寄で徳望のあるものをえらんで里老人《りろうじん》とよび、農民の教化、思想善導にあたらせるとともに、里でのもめごとの裁判を担当させた。

その指導方針としては、洪武帝みずから四言六句の勅語をつくった。これがいわゆる六諭《りくゆ》

で、

　父母に孝順に、
　郷党と和睦し、
　長上を尊敬し、
　子孫を教訓し、
　各々生理（仕事）に安んじ、
　非違をなすなかれ。

という六条からなっており、朔日《ついたち》、十五日などに民衆をあつめてとなえさせた。これは清朝にもひきつがれ、やがて琉球をへて日本にもつたわった。明治に発布されて以

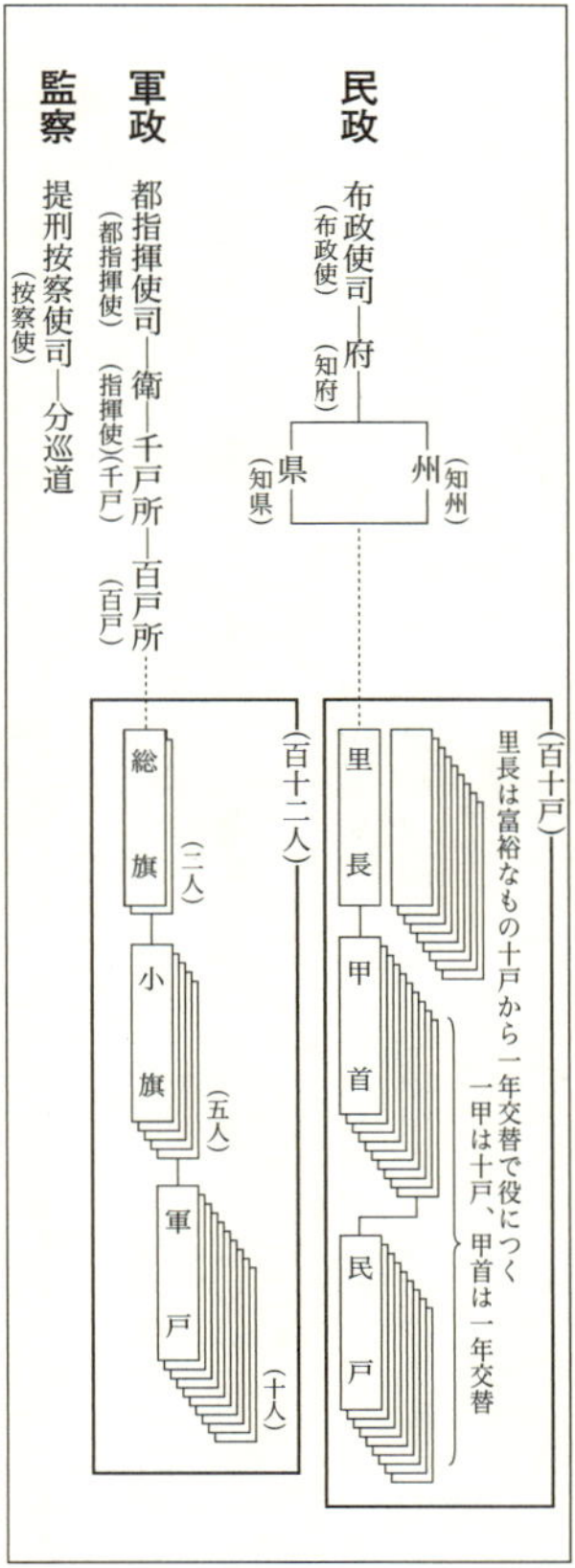

明の地方制度

来終戦にいたるまで、祝祭日ごとに奉読され、ほとんどの国民が暗誦するまでになっていた教育勅語もまた、この六諭の影響によるものであった。

ただわが国の教育勅語においては忠君愛国が強調され、尽忠報国が国民の義務とされていたのに対し、六諭が一般庶民の道徳として尽忠報国を要求していないことは、いちじるしい相違点である。これはなぜかといえば、シナでは臣と民とが別のものだからである。臣とは官僚のことで、皇帝の恩顧にこたえて忠誠をつくす義務がある。しかし民すなわち一般の庶民は、皇帝とは直接関係がないので、忠誠の義務もしたがってないわけである。これは秦代以来そうであった。

六諭にあげられた徳目は、どれをとってもシナの村落社会では大むかしから実行されてきて、まったくの常識になっているものばかりである。それをことあたらしく六諭という形式で発布した目的はなにかというと、こうしただれひとり反対できない徳目を、みんなに斉唱させるという点にあるのである。斉唱しているうちに、皇帝はすべての道徳の最高の権威であることになってくる。これが皇帝の人民支配につごうのよい武器になる。要するに六諭は洪武帝語録なのであった。

## 衛所制度

里甲という組織は、実ははやくから成立していた衛所《えいしょ》制度にならったものである。衛所制度は、世襲の職業軍人をだすためにとくに指定されている軍戸の編成であって、軍人百十二人が最小の単位であり、これを百戸所《ひゃくこしょ》という。そのうち十人が小旗《しょうき》（十人長）、二人が総旗《そうき》（五十人長）に任命される。これが里甲制度の甲首と里長の原形である。百戸所が十あつまると千戸所《せんこしょ》がおかれる。これが民戸の場合の州・県にあたる。千戸所が五つで衛《えい》ができるが、これは府にあたる。衛は全国に三百以上あって、それぞれ地方の都指揮使司に属し、十七の都指揮使司はさらに地域別に五つのグループにわかれて、中央の五つの軍都督府に属していた。この組織は明朝一代を通じてかわらなかった。

このようにして洪武帝が民政・軍政・監察の三部門にわたって、皇帝自身で万機を決裁するようにしたことは、なるほど皇帝権力の強化策ではあったが、もとより彼のようなすぐれた人物でなければ、皇帝の任にたええないことにもなる。しかも代々の皇帝はかならずしも英主でなく、幼少で即位するものもある。といって丞相の復活をねがうものがあれば、洪武帝の掟《おきて》にそむくものとして厳刑に処せられることとなったので、ついに明一代を通じて丞相はおかれなかった。しかし皇帝の決裁しなければならない事務はあまりにも多いので、これを助ける私設秘書ができた。これを大学士《だいがくし》という。のちに永楽帝の時代になると公然と政務に参与するようになり、数名の大学士で構成する内閣《ないかく》がむかしの中書省の機能をはたすこととなる。しかし大学士たちには自分で決裁する権限はなく、票擬《ひょうぎ》といって、決裁の原案を書いた紙片を文書にはりつけて皇帝のまえに提出し、その裁可をうけなければならない。これが中書省の丞相と内閣の大学士とのちがいである。なお内閣という名称は、紫禁城内の文淵《ぶんえん》閣に大学士たちがつめていたことからきている。

地方においても本来は臨時に中央から派遣される監察官であった巡撫《じゅんぶ》や軍司令官であった総督《そうとく》がしだいに常置化して行政権をもにぎるようになって、しまいには事実上の地方長官のごとくなった。清朝で地方の長官が巡撫であり、いくつかの省を治めるものが総督とよばれるのは、こうした明代の傾向をうけついだからである。

## 藍玉の獄

洪武帝が諸子を王に封じたのは、まったくあたらしい軍隊をつくって、つかいにくい紅巾軍と縁をきるためであった。ところが制度というものは一旦できあがると、立案者の意図にかまわずひとり歩きをはじめるものである。

諸王とその護衛軍にしてみれば、胡惟庸とその一派の紅巾系はたたきつぶしたが、他の洪武帝に忠実な功臣たちと彼らの部下の紅巾軍がのこっているかぎり完全に安心はできない。これは新官僚派にしてもおなじである。そこで両派の提携が成立し、功臣たちに対する風あたりがつよくなった。

洪武二十三年（一三九〇）、李善長が十年前に胡惟庸をかばったことがむしかえされた。もう六十三歳の老皇帝は七十七歳の李善長をめしだし、ふたりで昔語りをしたあげく、涙を流しつつ群臣にむかって、自分に免じてまげて李善長をゆるしてやってくれと乞うた。群臣はききいれない。李善長は泣きくずれて暇乞いをし、邸にかえって首をくくった。李善長に連坐して四人の功臣が死刑になった。つまり洪武帝自身ですら対抗できないほど、諸王と官僚の実力がつよくなったのである。

これを手はじめに功臣に対する諸王派の迫害はだんだんひどくなったが、皇太子がいるあいだは功臣を保護してあまり極端なことはさせなかった。ところが洪武二十五年（一三九二）、皇太子が三十九歳で死んでしまった。

これまで洪武帝の政務は、この有能な皇太子がほとんど代行していたのであるから、洪武帝が自分の手足をうしなったように泣きかなしんだのも当然である。すでに老いこんで病気がちであった帝は、皇太子の死をさかいにがっくりと衰弱した。また、雲南の駐屯地で悲報をきいた沐英も、泣きつづけたあげく急死した。

皇太子の子允炆《いんぶん》が皇太孫となった。このころ洪武帝はもうすっかり浮きあがり、名のみの皇帝になっていたが、皇太子の同母弟の秦王と晋王は健在であったから、皇太孫はそのバックアップにたよって安心していられたのである。しかし危機感にかられた諸王派と新官僚は、いよいよ功臣を一網打尽にすることにし、その翌年、謀叛が発覚したと称して藍玉らの功臣をはじめ、一万五千人を逮捕して処刑した。これを藍玉の獄という。ここにおよんで紅巾軍出身の功臣、大官、小吏、兵士にいたるまでほとんどが殺され、白蓮教は社会の表面からまったく姿を消した。しかしふたたび地下にもぐったその組織は根づよく生きつづけて、やがて明末になって叛乱をおこすのである。

皇太孫の前途は安定したかにみえた。しかし共通の敵であった功臣の排除が完了するとともに、諸王と新官僚の同盟もやぶれた。いまや新官僚は皇太孫の独裁体制を支持して諸王と対立するようになる。しかしそれも秦王、晋王が健在のうちはまだよかった。洪武二十八年（一三九五）に秦王が、三十一年（一三九八）に晋王があいついで死ぬと、諸王の筆頭は北京に駐屯している燕王となったが、燕王は馬皇后の子でなく妾腹だから、皇太孫とは関係がうすい。いきおい新官僚と燕王ははげしく対立するようになる。そのおりもおり、晋王の死のわずか二ヵ月後に洪武帝が七十一歳の高齢でなくなった。

# 第三章　北京の紫禁城

## 靖難の役

洪武帝の死とともに皇太孫の允炆《いんぶん》が第二代の皇帝として即位し、年号もその翌年（一三九九）から建文《けんぶん》とあらためられることになった。これが建文帝である。

建文帝をとりまく新官僚は、新皇帝の独裁権の確立のために諸王の排除に着手した。燕《えん》王の同母弟周《しゅう》王がまず爵位をうばわれて庶人におとされ、雲南に流された。つづいて湘《しょう》王は自殺し、岷《びん》王、斉《せい》王、代《だい》王も廃せられた。つぎは自分の番であることを察知した燕王は、建文元年七月叛乱をおこした。これを靖難《せいなん》の役というが、靖難とは、君側の奸をはらうという意味である。

南京の朝廷は依然五十万の大軍をもっていたが、藍玉《らんぎょく》の獄で紅巾系の将兵がほとんど殺されたり追放されたりした直後で、白蓮教精神に根ざした団結の伝統はうしなわれて骨抜きになっていた。これに対して燕王の護衛はわずか三万人にすぎなかったが、長年のあいだ国境防衛にあたって、モンゴル軍との戦闘経験を十分につんだ精鋭ぞろいであった。

そこで戦争は四年にわたる長期戦となったが、燕王の軍は建文四年（一四〇二）六月、ついに南京を攻略した。落城に際し建文帝は、皇后とともに宮殿に火をはなち、火中に身を投

永楽帝

じて自殺した。入城した燕王は焼跡を捜索させたが、建文帝の屍はみつからなかったという。燕王はかわって皇帝の位につき、年号を永楽《えいらく》とあらためた。これが永楽帝である。

ついでながら建文帝の死については伝説がある。衣川で生涯をとじた義経が、実は生きのびて蝦夷《えぞ》にのがれたという説があるように、建文帝も落城に際し地下道からのがれ、僧形に身をやつして南シナを流浪したというのである。幸田露伴の『運命』という小説はこの伝説をあつかった傑作である。前半は建文帝の即位から燕王に位をうばわれるまでを、史実を忠実に追って、流麗なる文章で描写し、ほとんどあますところがない。後半にいたって城をのがれた建文帝の数奇な生涯を伝説によってつづり、そこに露伴独特の史観がうかがわれるのである。

ともあれ歴史というものは皮肉である。皇帝独裁体制の実現の手段として諸子を王に封じた洪武帝が、みごとに所期の目的は達したものの、やがて彼らのために実権をうばわれ、建文帝もほろぼされてしまったのだ。

さて永楽帝が最初におこなった事業のひとつは、北京に都をうつすことであった。一九四九年からあと天安門前の広場をうめつくした紅旗は、中華人民共和国の象徴である。この現在の中国の首都北京は、まえにもいったとおり、東方は満洲、朝鮮への入口として、北方は内モンゴルから外モンゴル、中央アジア、シベリアへのびる国際貿易ルートの終点としてふるくから繁栄してきた都市であるから、満洲、モンゴルにおこった遼《りょう》、金《きん》、元がここをシナ支配の窓口として利用したのは当然であった。つまり北京は満洲、モンゴル、シナをあわせ統治するには最適の交通上の要衝なのである。元帝国の遺産をひきついで世界帝国たらんとした明朝が、シナだけの支配で満足するはずがない。

洪武帝にしても北方遷都の希望はつねに念頭からはなれなかった。しかし結局のところ彼が南京を動かなかったのは主として左の理由からであった。第一はこの揚子江の流域地方がシナの経済の中心であったことである。第二には南京は呉王時代以来の居城で、宮殿も立派に造営されており、あらたに新宮殿をたてることは国初多難のおりから非常な出費であった。第三には部下の将士はすべて江淮《こうわい》出身者で故郷を去りがたかったことである。

しかし永楽帝の代ともなれば、事情はすっかりかわる。永楽帝自身、長年燕王として北平《ほくへい》（北京）に王府をかまえて勢力をきずいてきていたし、国防上からも国都を北にうつして北元の侵入にそなえる必要があった。また建文帝の都であった南京をはなれることは人心を一新するうえからも必要であろう。そこで永楽元年（一四〇三）北平を北京とあらため、北京への遷都を決意したのである。ただこれには物資の輸送という大問題があり、海運・陸運ともに多大の困難があったので、大運河の大規模な改修をおこなって輸送の確保にあたった。また南京は留都《りゅうと》としてここに精兵を駐留せしめて南方の鎮圧につとめた。

永楽五年（一四〇七）になると北京では新宮殿の造営がはじめられ、これが十八年（一四二〇）に完成すると、正式に国都となった。実際にはすでに永楽七年（一四〇九）以後は帝は北京にいて、皇太子を南京に代理としてとどめ、十五年（一四一七）以降は南京におもむくことがなかった。

## 北京城と紫禁城

永楽帝によって建設された北京城は、それではどんな都市であったろうか。これは東西約七キロ、南北約五キロの長方形をしており、これをとりかこむ城壁は高さが約十メートル、厚さが約二十メートル、芯《しん》は黄土でかため、表面を煉瓦でおおってある。南面の城壁の中央には麗正門《れいせいもん》がひらいていて、これが北京城の正面玄関である。麗正門はのちに正陽門《せいよう》と改称されたが、一般には前門《チエンメン》の俗称で知られていた。正陽門のそばにはひさしく鉄道の前門車站《ステーション》があったから、名前を知っている人も多かろう。

正陽門は正門だから、これを出入りするのは公用のある人にかぎられ、一般人民が利用したのは東よりの文明門《ぶんめいもん》（のちに崇文門《すうぶん》、俗称哈達門《ハーターメン》）、西よりの順承門《じゅんしょう》（宣武門《せんぶ》）であった。この三門のほか、東面の城壁には斉化門《せいか》（朝陽門《ちょうよう》）、東直門《とうちょく》、西面には平則門《へいそく》（阜成《ふせい》門）、西直門《せいちょく》、北面には安定門《あんてい》、徳勝門《とくしょう》と、それぞれふたつずつ門があった。

城内の中央には皇城《こうじょう》があり、その正門が正陽門をはいってすぐのところにある大明門であった。この門は清朝にはいって大清《たいせい》門と改称され、中華民国が成立すると中華門とかわったが、現在では皇城の城壁もろともとりはらわれてあとかたもない。現在公園として有名な北《ペイ》海《ハイ》や国務院のある中南海《チュンナンハイ》はみな皇城の区域にふくまれていたのである。

大明門のまえの広場を棋盤街《チーパンチエ》というが、これは正方形の石をしきつめてあるからである。棋盤街の東側には宗人府《そうじんふ》（皇族局）と六部のうち吏部、戸部、礼部、兵部、工部が、西側には五軍都督府の庁舎がならんでいる。刑部だけははなれて、都察院、大理寺《だいりじ》（最高裁判所）とともに皇城の西方にあった。

大明門をはいってまっすぐ北にすすむと承天《しょうてん》門につきあたる。この門は清の順治帝が天安門と改称したのであるが、これこそ、メーデーのとき中共の幹部連中がパレードにむかって手をふる、あの天安門である。

承天門からさきは宮城で、皇城の中央に独立の一区劃をなしている。これが明代の紫禁《しきん》城である。承天門をはいってさらに北にすすむと、途中に端《たん》門があり、その東側には太廟《たいびょう》があった。これは皇帝の祖先の霊をまつるところであるが、いまは労働人民文化宮になっている。西側にあったのは社稷壇《しゃしょくだん》で、これは皇帝が穀物の神をまつるところである。いまは中国革命の父孫文を記念する中山堂がおかれ、中山公園とよばれている。

端門をぬけてさらに北にすすむと午《ご》門である。これは世界最大の門建築といわれるが、清代ではこの午門からさきが紫禁城とよばれ、この区域が、いまは故宮博物院になっている。

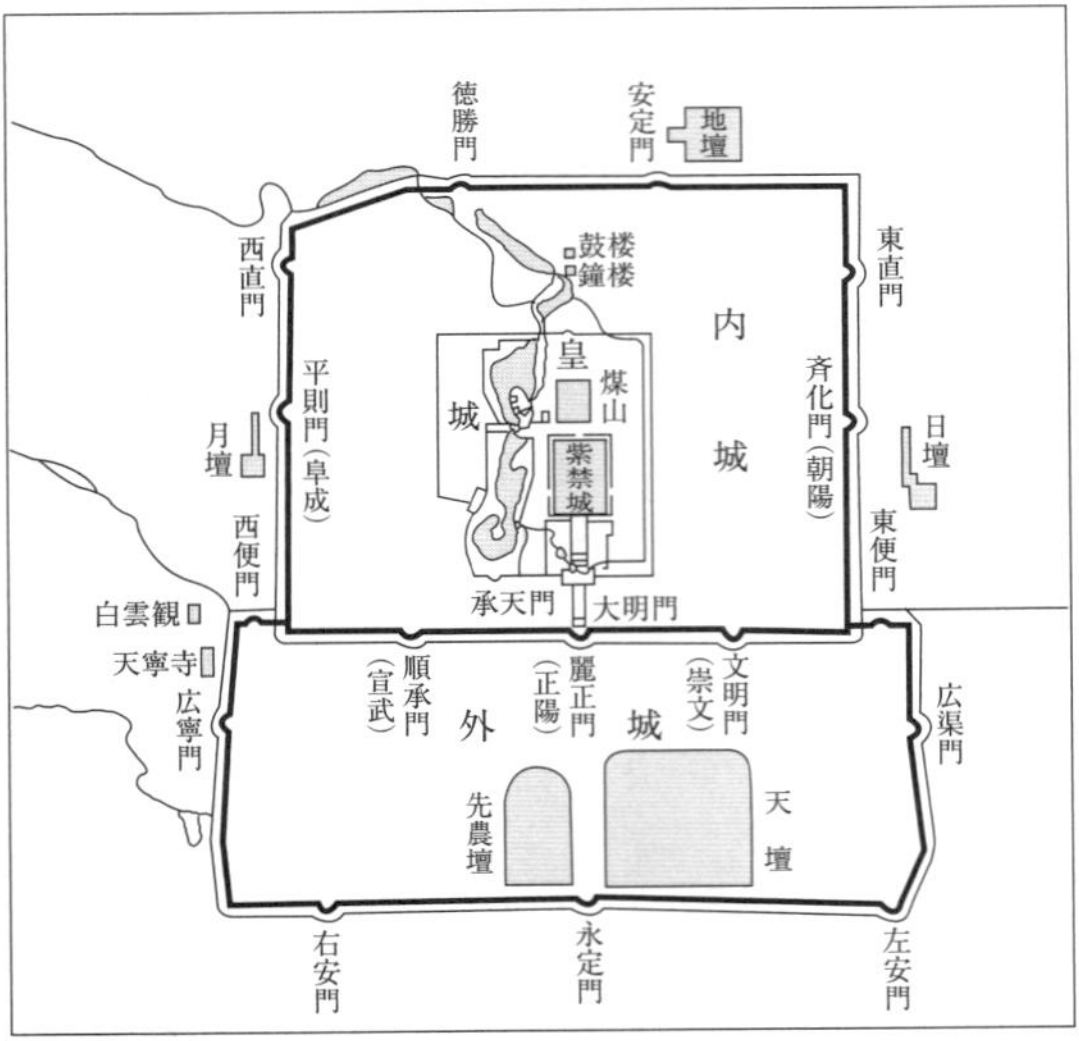


明代の北京城

午門をはいると、広場の中央に弓なりにくねった掘割があり、五つの石橋がならんでかかっている。これを金水橋《きんすいきょう》というが、日本の皇居でいえば二重橋にあたるものである。五つの橋のまんなかのは皇帝だけが通るためのもので、臣下は左右の四つを利用しなければならない。金水橋の北の正面は奉天《ほうてん》門(清では太和《たいわ》門)で、これをはいったところの区劃の中央に、南から北へ奉天殿(太和殿)、華蓋《かがい》殿(中和《ちゅうわ》殿)、謹身《きんしん》殿(保和《ほうわ》殿)という三つの宮殿がならんでいる。これはみなおおやけの儀式をおこなうための建物である。

謹身殿のうしろにある門が乾清《けんせい》門で、これからさきはいよいよ皇帝の私宅にあたる区域に

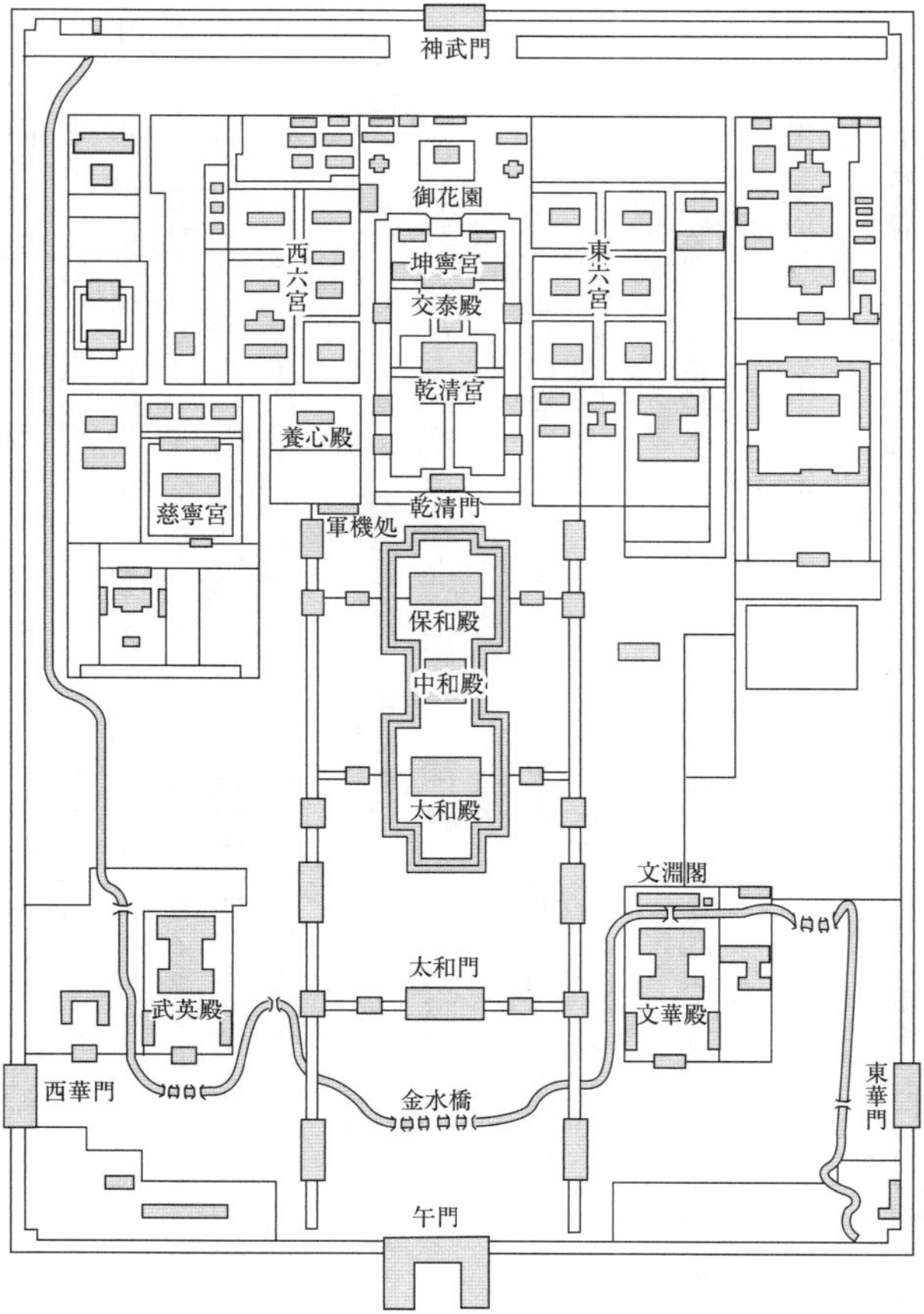
神武門
御花園
坤寧宮
交泰殿
乾清宮
西六宮
東六宮
養心殿
慈寧宮
乾清門
軍機処
保和殿
中和殿
太和殿
文淵閣
太和門
武英殿
文華殿
西華門
東華門
金水橋
午門

清代の紫禁城

なる。正面の乾清宮《けんせいきゅう》が明・清の皇帝が日常生活をおくった建物である。しかし実際には、さらにその北側、省躬殿《せいきゅう》（交泰殿《こうたい》）をはさんでそのうしろにある坤寧宮《こんねいきゅう》にいることが多かったようである。坤寧宮は皇后の起居するところであった。乾清宮、坤寧宮の東西にも多くの宮殿があるが、これらは皇子、皇女や女官たちの住んだ建物である。

さっき通りすぎた奉天門の東方には東華門《とうか》、西方には西華門《せいか》があって、紫禁城への出入口になっているが、その東華門の内側には文淵閣《ぶんえんかく》の建物があって、内閣大学士たちがここで事務をとっていたのである。

ふたたび坤寧宮へもどると、その北側には御花園《ぎょかえん》といううつくしい庭園があり、そのまんなかに欽安殿《きんあん》が立っている。欽安殿の北は順貞門《じゅんてい》、順貞門の北は玄武門《げんぶ》（神武門《しんぶ》）で、玄武門をでれば紫禁城外である。

とはいってもまだ皇城のなかであって、その北の正面には北上門《ほくじょう》、北上門の北には景山門《けいざん》があり、人工の築山《つきやま》である景山のまえに倚望楼《いぼうろう》という建物がある。この景山がのちに明朝最後の皇帝崇禎帝《すうてい》が首をくくったところである。

景山の北の観海殿《かんかい》、寿皇殿《じゅこう》をぬけて大街を北へすすむと北安門（地安門《ちあん》）で皇城の外へでる。このように門また門というのが紫禁城の特色のひとつであるが、シナではむかしから「天門九重」といって、皇帝は何重もの壁、いくつもの門にへだてられた、ちかよりがたい存在だったのである。

皇城が中央にあって南北にのびているので、北京城内は自然と東半と西半にわかれている。これを東城《トンチエン》、西城《シーチエン》と俗称するが、いずれも政府関係の建物や官吏の住宅、兵営などで占められていて、商店街というべきものはほとんどない。商店街や一般人民の住居はむしろ城外の、正陽門、崇文門、宣武門の南に発達した。のちに一五四四年、これらの新市街を保護するために、北京城の南側にあらたに城壁がつくられた。これを外城《がいじょう》といい、まえからの北京城をこれに対して内城《ないじょう》という。有名な天壇《てんだん》があるのはこの外城である。

清の順治帝が北京に遷都したとき、内城の住民を外城にうつし、かわりに満洲からしたがってきた八旗のひとびとを内城に入居させた（八旗については「大元伝国の璽」の章をみよ）。東城では南から北へかぞえて正藍《せいらん》旗、鑲白《じょうはく》旗、正白《せいはく》旗、鑲黄《じょうおう》旗、西城ではおなじく鑲藍旗、鑲紅旗、正紅旗、正黄旗という順序である。八旗に封ぜられた諸王は、それぞれの旗の居住区のなかに邸をかまえた。これを王府《おうふ》というが、いま北京の銀座通りとして有名な王《ワン》府井《フーチン》大街は、ここにある王府の井戸があったことからきた名だという。

とにかく北京の内城はまったくの政治都市なのである。

とりすました山の手の屋敷町ともいうべき内城に対し、活気にあふれた下町の繁華街は、なんといっても外城である。正陽門外には銀市があって、毎朝はやく銀、銅銭、紙幣の相場がたつ。糧市は穀物相場のおこなわれるところであり、そのほか正陽門外には猪肉《ぶたにく》市、菜《あおもの》市、果《くだもの》市、糖《かし》市、耍貨《おもちゃ》市、估衣《ふるぎ》市、玉器市などがあった。

崇文門外にあったのは羊肉市、油葫蘆《こおろぎ》市、玉器市、故物《ふるもの》市などである。宣武門外には、菜市、鳥《ことり》市、故物市などがあった。

こうした商業の中心地には、あつまる群衆めあてのありとあらゆる飲食店やら娯楽演芸が発達し、露店や屋台がで、妓館ができた。清末になっても有名であった繁華街としては、正陽門大街、大柵欄《ターチャーラン》、打磨廠《ターモーチャン》、騾馬市《ローマーシー》、琉璃廠《ルーリーチャン》、菜市口《ツァイシーコウ》、西河沿《シーホーイエン》、鮮魚市《シエンユイシー》、肉市《ルーシー》、崇文門大街があげられよう。内城の、さきにいった王府井大街や東安市場《トンアンシーチャン》がにぎやかな盛り場になったのは二十世紀にはいってからのことで、いま庶民の天国として北京の浅草とよばれる天橋《テンチャオ》は、天壇のすぐ北にあるが、これがひらけたのもつい近ごろのことである。

中華料理といえばすぐ北京料理といわれるほど、北京は料理の本場とされている。しかしおもしろいことに、外城に発達した飯館《レストラン》は、ほとんどが山東《さんとう》省の出身者の経営であって、四川《しせん》料理などの店はずっと数がすくない。現在われわれが純北京料理と信じて賞味するものは、実は北京で洗練された山東料理のようである。

## 国際都市北京

漢・唐の首都西安にしても、この北京にしても、シルク・ロードの終着駅である。したがってその国際色はきわめて濃い。

そこへもってきて北京に遷都したこと自体が、明が元の大都の繁栄を夢み、大元帝国の再興をねがうものであったから、永楽年代にはいると、外国の朝貢使《ちょうこうし》がぞくぞくと北京をおとずれた。朝貢というのは、友好国の使節が中国の皇帝のもとに来訪して親善関係を表明することである。これらの使節がもってくる国書は、外国文字で書かれているので、これを解読翻訳するために、四夷館《しい》という役所がもうけられた。

四夷館は韃靼《だったん》（モンゴル）、女直《じょちょく》（女真《じょしん》）、西番《せいばん》（チベット）、西天《せいてん》（インド）、回回《かいかい》（ペルシア）、百夷《ひゃくい》（タイ系のシャン人）、高昌《こうしょう》（ウイグル）、緬甸《めんてん》（ビルマ）の八館にわかれた。もっとものちには八百《はっぴゃく》（タイ北部）、暹羅《せんら》（タイ）の二館がふえて十館となるが、これで当時のアジア世界のだいたいをうかがうことができるわけである。

そこではたらく役人が必要なので、国子監生すなわち大学生のなかから、適当なものをえらんで翻訳を習わせることとした。もっとも当時は漢民族の中華意識が昂揚した時期であるので、みずから将来のエリートをもって任ずる連中としては蕃夷《ばんい》の文字などを学習するのをいさぎよしとしないわけで、永楽帝が怒って処罰するという一幕もあった。

永楽時代はこのようなありさまで、これら諸外国の使節の送り迎えに寧日《ねいじつ》なかった。しかしこれが頂点で、のちにはあまりにも費用がかかりすぎるのと、もともと外国語を学ぼうとする大学生もなく、無頼の連中が四夷館の外人教師について語学を習得して役人となる傾向がうまれ、彼らは外国の朝貢使と内通して私利をむさぼるので、明中期以後は、その弊害がめだち、かつてのおもかげはなくなってしまった。

四夷館は清代には四訳館《しやく》とよばれ、東華門内におかれていた。

## 二十四衙門

紫禁城をとりまく皇城という区劃があったことはさきに述べた。この皇城の内側に住んで皇帝の日々の政務の世話万端をおこなったのが宦官《かんがん》である。

永楽帝は宦官を重用した。宦官はむかしから、皇帝の独裁制にはつきものであった。シナの君臣はあくまで契約関係であって、皇帝の恩顧があってはじめて忠誠の義務が生ずるのである。しかし皇帝としては、独裁権をふるうための道具として、絶対の信頼をおける手下がどうしても必要である。宦官こそこの要求を完全にみたすものである。なぜならば、もう男ではないがさりとて女でもない宦官は、一般社会にはいれられない存在である。したがって宦官は皇帝にたよらなければ生きていけない。明の皇帝の独裁権が確立した永楽帝の時代に宦官が活躍したのは当然であった。

ここで明の皇城の内部の組織について述べておこう。おもな役所としては二十四衙門《がもん》といわれるものがあり、十二監、四司、八局の総称である。十二監のうちでもっとも重要なのは司礼監《しれいかん》であって、これには提督太監《ていとくたいかん》、掌印《しょういん》太監、秉筆《へいひつ》太監、随堂《ずいどう》太監などの職がある。提督太監は皇城内のいっさいの事務を総攬する最高の地位である。掌印太監は皇帝への上奏文の受付係で、その手をへなければ臣下は皇帝に報告や請願をおこなうことはできない。秉筆太監、随堂太監は、皇帝にかわっていっさいの文書を起草する任務を負う。つまり司礼監は明帝国のかげの総理府ともいうべき存在であった。

他の十一監は、内官《ないかん》監（会計課）、御用《ぎょよう》監（用度課）、司設《しせつ》監（儀典課）、御馬《ぎょば》監（主馬寮）、神宮《しんきゅう》監（祭祀課）、尚膳《しょうぜん》監（大膳寮）、尚宝《しょうほう》監（国璽係）、印綬《いんじゅ》監（人事課）、直殿《ちょくでん》監（清掃係）、尚衣《しょうい》監（御服係）、都知監（警蹕《けいひつ》係）である。日本国王にあたえられた勘合符《かんごうふ》におされる印の原物は、印綬監に保管されている。

四司、八局は十二監の事務運営に必要な物資の調達などにあたるもので、比較的かるいものである。

二十四衙門のほかにも官庁が多いが、そのなかでも重要なのは提督東廠《ていとくとうしょう》という機関である。この長官には十二監の宦官が派遣されて兼任し、憲兵隊にあたる錦衣《きんい》衛《えい》を指揮し、皇帝の耳目となってさかんにスパイ活動をおこなったし、罪人に対する刑の執行をもつかさどった。

また、永楽帝は多数の宦官を使者として外国に派遣している。奴《ヌ》児《ル》干《ゲン》におもむいた亦《イ》失《シ》哈《ハ》、チベットにおもむいた侯顕《こうけん》、中央アジアにおもむいた李《り》達《たつ》らはいずれも宦官である。なかでも鄭和《ていわ》の前後三十年間七回にわたる南海遠征は、六十余艘の大船に三万人におよぶ兵士をのせ、数千海里の海上を横行し、インドシナ半島からスマトラ、ジャワ、ボルネオ、インド、セイロン、ペルシア湾の諸国、さらにはアラビアから東アフリカにいたるという空前絶後の大規模なものであった。

宦官には漢民族以外の女直人（女真人）、モンゴル人、朝鮮人、アラビア人など外国人出身者が多かったから、永楽帝は派遣する国々によって、これら諸国人の宦官を適宜任命したのではないかと思われる。たとえば満洲におもむいた亦失哈が女直人であり、イスラム圏におもむいた鄭和はイスラム教徒出身であった。

## 西南シナの開発とヴェトナム

西南シナの地方の開発がすすんだのも永楽帝の時代である。いまの雲南、貴州《きしゅう》の方面は、元来、ミャオ、ヤオ、ロロ、パイなどのタイ系、チベット系、ビルマ系の少数民族の住地で、唐代には南詔《なんしょう》国、宋代には大理《だいり》国があり、まだ漢民族の勢力はおよばなかった。元朝にいたってはじめてこの地方を支配したが、明はそれをうけついだのである。しかしなお完全に内地化するにいたらないので、原住民については彼らの首長に官爵をあたえて治めさせた。それを土司《どし》とか土官《どかん》とかいっている。その結果、遠くビルマ（緬甸）やタイ北部のチェンマイ（八百）地方なども土司となり、明に朝貢した。永楽年間に、雲南の北部に貴州を行政単位としてあらたに独立させたのは、この方面の開発がすすんできたからにほかならない。その後、土司土官の叛乱はよくおこったが、明一代を通じて西南シナの開発はしだいにすすんでいった。

また、明の勢力はヴェトナムにもおよんだ。十三世紀にできたヴェトナムの陳《チャン》王朝は、モンゴルの侵略をよく撃退したが、十四世紀の末、南ヴェトナムのチャンパー国からの侵入を討って功をたてた将軍黎季犛《レクイリ》は、やがて陳氏にかわって自立した。ちょうど明では永楽帝の時代がはじまろうとしていたころである。

まもなく永楽帝がたつとこれをみとめず、陳氏を復興させるという名目で、永楽四年（一四〇六）八十万の大軍をおくって黎氏をほろぼし、直轄領としてしまった。ヴェトナムがシナの直轄領となったのは唐・五代以来数百年ぶりのことである。

しかしヴェトナム人の明に対するレジスタンスは根づよく、叛乱がたえなかったので、明は統治に手をやき、わずか二十年で手ばなさざるをえなくなった。こうして明の勢力は、はやくも後退してしまったが、ヴェトナムでは反明解放闘争を指導した黎利《レロイ》が独立して黎朝をはじめ、この王朝は十八世紀まで存続した。

## 明の社会

その後の明朝の歴史を通観すると、永楽帝の死後も宣徳《せんとく》帝の時代までは、対外積極策が維持された。しかしつぎの正統《せいとう》帝の時代になると消極に転じ、土木《どぼく》の変でこれが決定的となった。これ以後、明は北方に対しては長城線をさかいにしてもっぱら守勢をつづけた。十六世

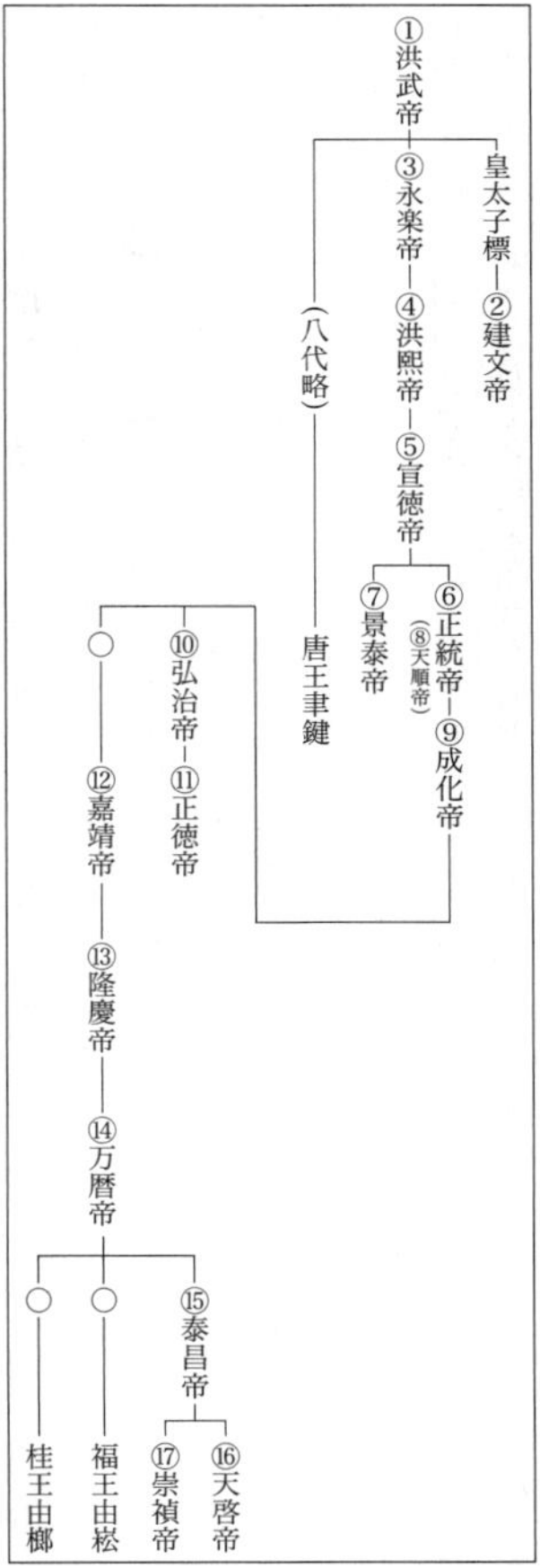

明朝系図

紀にはいり、正徳帝《せいとくてい》、嘉靖帝《かせいてい》のころにはいよいよおとろえ、北方からはモンゴル人、東南海岸地方は倭寇《わこう》の侵入になやまされた。北虜南倭《ほくりよなんわ》のわざわいというのはこのことである。しかしこの世紀の後半、隆慶帝《りゅうけいてい》からつぎの万暦帝《ばんれきてい》の初年にかけては、大政治家張居正《ちょうきょせい》がでて政治をたてなおしたので、明の国勢もややもちなおした。一方、明王朝のおとろえとは別に、民間では十六世紀なかごろから急激に経済的発達がいちじるしくなり、文化も各方面でおおいに発達した。

ホアン・ゴンサーレス・デ・メンドーサというスペイン人の書いた『シナ大王国誌』は、十六世紀後半の明の社会を描写してあますところがない。当時フィリピンに足場をしめたスペイン人は、明に対して貿易と布教をもとめてやまず、シナは彼らの関心の的だったのである。

立派な衣服を着用し、非常にうつくしい調度品で家をかざり、おいしい飲食物をこのみ、生活を心からたのしんでいるこの国は、当時においてまさしく世界一のゆたかな国である——ヨーロッパ人の目にはそううつった。

ここでは、ビロードとか緞子《どんす》とか喉から手がでるほどほしい絹織物が、スペインやイタリアで買うことを考えたら、それこそただみたいな値段である。元の時代にその栽培のはじまった木綿も、すでに一般庶民の日常衣料となっていた。

食料品にいたってはその種類はかぎりなく、なんでもあるし、値段も安い。貴重な砂糖もたくさんある。しかも交通が四通八達しているから、各地の産物が容易に入手できる。銅、鉄の金属も多量に産出すれば、真珠や宝石類も豊富である。要するに人間の生活に必要な品物はなにひとつ欠けておらず、世界中でもっともくらしやすい国であった。

どこの都市にいっても、豪華で堂々たる城門をそなえ、街路はひろく立派に舗装され、各街路には三ヵ所ないし四ヵ所の公衆便所の設備さえある。またその両側には店舗が軒をつらね、書画骨董からあらゆる細工品まで、ほしいものはなんでもとりそろえてある。

地方官の邸宅は大きな村ほどもあり、その壮麗豪華さはいうまでもないが、一般の住宅でも中庭と庭園にたくさんの花と草木を植え、池には魚がはなたれている。

なにしろ富裕で、あらゆる娯楽に熱中しているから、さかんに宴会がおこなわれる。食卓はきれいにかざりつけられ、招待するお客の身分に応じて料理の品数も百種類をこえるのがふつうで、宴席にはかならず妓女がはべり、楽人が音楽をかなで、役者が芝居を演じた。しかも宴会はときには二十日間もつづき、すこしも質がおちない豪華さであった。

年中行事もさかんにおこなわれるが、とくに正月には男も女も晴着をきて、もっているかぎりの装身具を身につけ、家や門を金糸で刺繡《ししゆう》した布や花でかざりつけ、門には大きな木をたてて提灯《ちょうちん》をつるす。

祭りには芝居が演ぜられ、祭りがつづくあいだ食卓には御馳走がところせましとならべられ、一日中飲み食いして腹いっぱいつめこむ。

以上は明の中期におとずれたヨーロッパ人の目にうつったものであるが、急カーヴに上昇した漢人の生活程度の向上の一端をしめしている。

ポルトガル人、スペイン人が東南アジアにあらわれて、ヨーロッパとの貿易がひらけると、これに対して広東、福建方面の漢人も交易の利益をもとめて東南アジアに発展していく。パレンバン、ボルネオ、ルソンなどに根拠をおいて倭寇の一味として活躍している海賊《か》もその一連のもので、その目的とするところは密貿易であり、商業活動であった。これが華僑《きょう》の先駆である。

したがって東南アジアの各地には華僑の居留地が出現した。スペイン人の支配下にあったフィリピンのマニラではパリアンとよばれる南京町の繁栄がヨーロッパ人をおどろかせた。明末にはその人口は二万人に達し、スペイン人がメキシコからはこんできた銀は、そのままこれら漢人の手によって明にはこばれた。パリアンは一五八二年の創建から三世紀ちかくつづいたが、その最盛期には石造の豪壮な建物が整然とならび、当時のマニラ大司教は、スペイン国王あての報告のなかで、王国中にこれと肩をならべるようなうつくしい町はないと讃嘆したほどである。

彼らはまたジャワにもはやくからやってきていたが、その活動がさかんになったのはオランダ人が出現してからである。彼らはジャカルタを中心に貿易に従事するとともに製糖業をも独占し、一七二〇年にはその人口は十万におよんだ。ボルネオでもおなじ状況で、羅芳伯《らほうはく》のたてた「蘭芳公司《らんほうこうし》」はほとんど独立国の観を呈した。

## 文化の発展

このような平和な社会ともなれば、学術の発展もまためざましい。明初、永楽帝のときにも『永楽大典《えいらくたいてん》』とよばれる大規模な百科事典の編纂がおこなわれた。これは皇帝の権威をもっておこなわれた国家的事業であり、その目的もうるさい学者連中を籠絡《ろうらく》するためだなどといわれるので、しばらく問わない。中期ごろから、民間における書物の編集刊行はブームの観を呈した。明に関する歴史ものなどはかぞえきれないほどでているし、その他あらゆる分野にわたって大著がぞくぞくと刊行された。『唐宋八家文鈔《とうそうはっかぶんしょう》』とか『唐詩選《とうしせん》』とか一般むきのものはベストセラーとさえなった。印刷は国内各地でおこなわれ、大きな書店がたくさんあって、本の値段もヨーロッパにくらべればはるかに安かった。

また庶民生活の向上は戯曲、小説といった通俗文学の流行をうながし、小説では四大奇書といわれる『三国志演義《さんごくしえんぎ》』『水滸伝《すいこでん》』『西遊記《さいゆうき》』『金瓶梅《きんぺいばい》』の傑作がうまれた。とくに『金瓶梅』には万暦ごろと思われる時代の都市における商人の私生活の模様が実に赤裸々にえがかれていて、きわめて興味ぶかいものがある。

洪武帝以来、明朝は国子監以下の官立学校を多数設置して教育に力をいれた。府学、州学、県学などの公立学校の入学試験にパスすれば生員《せいいん》または秀才《しゅうさい》とよばれ、賦役《ふえき》を免除される特典があり、科挙の試験をうける資格があたえられる。科挙に合格すれば官位につけるけれども、合格しなくてもやはり特別待遇は終身である。官僚と秀才とを総称して読書人というが、この読書人が明清時代の文化の担い手であった。富裕な地主や商人も、官位を金で買ったり、子弟を勉強させて秀才にしたりしたから、たいていは読書人グループに属した。

学校における教育にも、科挙の試験問題をだすにも、一定のテキストが必要である。そこで永楽帝は元朝以来学界の主流となっていた朱子《しゅし》学《がく》にもとづいて『四書大全《ししょたいぜん》』『五経《ごきょう》大全』『性理《せいり》大全』の国定教科書ともいうべきものを編集した。こうなればこれにはずれる学説を書いたものは科挙に合格できないどころか、危険思想の持主のレッテルをはられることになる。かくていながらにして思想統制がおこなわれることとなった。

朱子学は合理主義的・論理的な学説で明快そのものである。それが官製の学問となれば、ますます形式化し固定化してしまうのは当然のなりゆきである。これでは六法全書を暗記するようなもので、ひとたび科挙からはなれてしまえば、これにあきたらなくなるのは当然である。そしてこのような学問のありかたに疑問をもったひとびとのあいだから禅宗の影響をうけて思索に重きをおく心学がうまれてきた。そしてこの流れのなかから陽明《ようめい》学がうまれたのである。

陽明とは王守仁《おうしゅじん》の号である。彼は科挙の試験に及第して官僚となり、江西《こうせい》の南昌《なんしょう》にいた寧《ねい》王の叛乱を鎮圧したり、広西《こうせい》のヤオ族の叛乱を討伐したりして功をたて、おおいに名声をあげたが、一方、大哲学者でもあった。その当時帝位にあった正徳帝は、明一代を通じてとくに素行のおさまらない暗君で、宦官の劉瑾《りゅうきん》がもっぱら権力をほしいままにしており、王守仁は彼にさからったため貴州の龍場《りゅうじょう》駅の駅丞《えきじょう》に左遷された。ここはミャオ族が住み、言語もよく通ぜぬ辺鄙な土地で、彼は思索をかさねたすえ、ついに心即理《しんそくり》、知《ち》行合一《こうごういつ》の思想に到達した。

心即理とは、朱子学が事物の理をきわめることによってはじめて認識に達しうるというのに対し、人間にはうまれながらに良知《りょうち》すなわち良心があり、なにもこれを外にもとめるまでもないというのである。一方、知行合一とは認識と実践が一致しなければならぬというのであり、知っておこなわなければ知らないのとおなじであり、知るというのはおこなうのはじめで、おこなうことによってほんとうに知りうるのであるというのである。

これが陽明学の根本理論で、その学説は形骸化した朱子学にあきたらなくなった当時の社会によくうけいれられ、たちまちひろまった。しかし、心即理ということになると、これは人の欲望まで天理であるという、まったくの唯心論につきすすむことになりやすい。そしてやがて李贄《りし》による反儒教的な危険思想まであらわれるようになった。陽明学が日本でも江戸時代、中江藤樹《とうじゅ》、熊沢蕃山《ばんざん》らによっておこなわれ、明治維新の精神的原動力のひとつになったことはよく知られているところである。

## 文人画

明にはいると宮中の絵所ともいうべき宋代の画院《がいん》が復活された。宮廷画家たちは宦官の十二監のひとつである御用監の管轄のもとに、皇帝の命をうけて絵をかいては上覧に供したのである。そしてふるくからのしきたりによって画家たちには指揮使、千戸、百戸などの武官の職がさずけられ優遇された。

宋の風流天子徽宗《きそう》が書画にたくみで、その下で画院が空前の盛況を呈したように、明代でも第五代宣宗《せんそう》はなかなかの腕前で、画家たちに手厚い保護をくわえたので、画院は宣徳時代に最盛期をむかえ、戴進《たいしん》をはじめ李在《りざい》、石鋭《せきえい》、周文靖《しゅうぶんせい》、馬軾《ばしょく》らが輩出した。

しかし画院の画家はあくまでも皇帝の注文によってかくおかかえ画家で、皇帝の気にいらなければ追放されたり殺されたりするありさまで、自然その画風も技巧本位の形式主義に流れざるをえなかった。したがって時代がくだるとともに衰微していったのである。

この画院にかわって明の中期以降主流をなしたのが、元の四大家、黄公望《こうこうぼう》、倪瓚《げいさん》、王蒙《おうもう》、呉鎮《ごちん》の流れをくんだ文人画《ぶんじんが》（南画《なんが》）であった。この代表がいわゆる明の四大家、沈周《しんしゅう》（石田《せきでん》）、文徴明《ぶんちょうめい》、唐寅《とういん》、仇英《きゅうえい》であり、いずれも南シナの蘇州出身であるところから呉派ともよばれた。蘇州では明のなかごろから絹織物業を中心として商工業がおおいに発達し全盛をきわめたが、その経済的繁栄を背景に文人たちが詩文や書画の風流をたのしんだのである。

いまでもシナの絵画というと山水画を第一にあげるが、これは主として山水を題材とする文人画が、明の四大家の出現によってひとつの頂点をむかえたことにもとづくところが大きい。そしてこの傾向は明末に董其昌《とうきしょう》がでるにおよんで決定的なものとなり、文人画は完全に画壇を独占するにいたったのである。彼は役人としては南京礼部尚書の高官にいたった。また彼が書家としても第一人者であったことは、わが国ではその書のほうがもてはやされていることからもわかる。

彼は書画の評論家として一世を風靡し、これによって文人画の地位を理論的に卓越させた。その薫陶をうけ、清初の四王《しおう》呉惲《ごうん》時代がうまれるといってもよいくらいであるが、しかし逆に董其昌の出現によって文人画もまた形式化し、マンネリズムにおちいっていったともいえよう。

宋といえば青磁、明といえば染付《そめつけ》赤絵《あかえ》ということになる。そして赤絵といえばまず景徳鎮《けいとくちん》の名がでてくるが、ここは明の嘉靖から万暦にかけて最盛期をむかえ、その人口は五十万に達し、世界最大の製陶地であった。なにしろ嘉靖、万暦の赤絵と染付だけでわが国に現在何千点ものこっているというのであるから、当時ここから全世界に輸出された量ははかり知れないものがある。のちに明末天啓《てんけい》時代になると、日本から注文して大量につくらせるありさまであった。

万暦赤絵はその華麗濃艶によって明中期の文化の爛熟を象徴するものとされているが、これをうみだすには当時の明の経済力と都市生活の繁栄、市民生活の向上が背景となっていることをわすれてはならない。

# 第四章　元朝はほろびず

## 三つの時代

ここで明時代のモンゴル高原の情勢をみてみよう。ふつうの歴史の本では、元朝は一三六八年、大都《だいと》（北京）が明軍に占領されたときにほろびたことになっているが、これがとんでもないまちがいであることはさきに述べた。それから二十年後、一三八八年のブイル・ノールの戦いで皇帝トクズテムルが明軍に大敗し、敗走の途中イェスデルの軍に殺されたのが、実際の元帝国の滅亡であった。

しかし、元帝国そのものは瓦解したが、これ以後モンゴル高原に君臨した歴代の大ハーンたちは、あいかわらず大元皇帝の称号を名のった。つまり元朝の伝統はほろびなかったのである。

一三八八年のブイル・ノールの戦い以後のモンゴルの歴史は三つの時期にわけられる。

第一の時期は、この年から一四五四年までである。この時期には皇帝よりも臣下のオイラット部族の力がつよく、ついにその部族長のエセンが大元皇帝の位についたほどであって、オイラット時代ともいうべきであろう。

第二の時期は、北元正統のダヤン・ハーンの一族によって皇帝の権威が回復された時代である。これはやがて大遊牧帝国に発展したが、一六三四年に最後の北元皇帝リンダン・ハーンの滅亡とともにおわる。

第三の時期は一七五五年までである。リンダン・ハーンの滅亡後まもなくオイラットはジューンガル帝国に発展し、一世紀ちかく清朝と対立したのち、清帝国に吸収されてしまう。それからは二十世紀にはいってロシアの援助のもとに外モンゴルが独立を回復するまで、一世紀半の歴史の空白がつづくのである。

それではまず、第一のオイラット時代について説明しよう。

## オイラットの進出

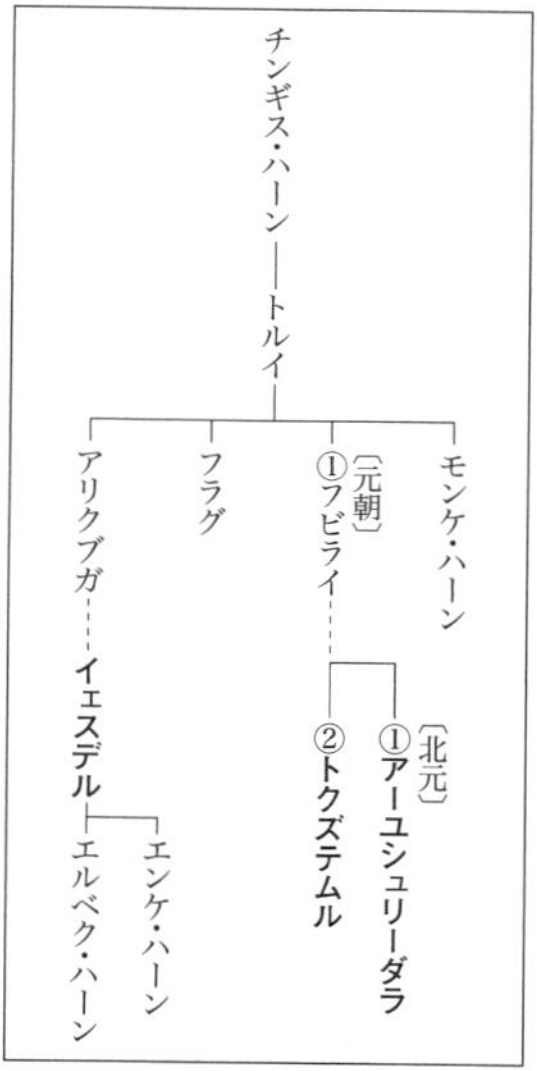

北元系図

元朝最後の皇帝トクズテムルはなぜおなじモンゴル人のイェスデルに殺されたのであろうか。歴史は百二十年ほどさかのぼる。トクズテムルは元朝をたてたフビライの子孫であったが、彼を殺したイェスデルはフビライの弟アリクブガの子孫である。フビライとアリクブガは長兄のモンケ・ハーンの死後、四年にわたってモンゴル帝国を二分して帝位をあらそい、ついにフビライは弟を打倒して皇帝の位を確保し、元帝国をたてたのであった。その子孫がアリクブガの子孫にほろぼされたということになる。皮肉なまわりあわせであった。

イェスデルはかわって皇帝の位につき、あたらしい王朝を創立したが、国号は依然として大元を名のった。しかし実権はもはや帝室にはなく、イェスデルの叛逆をたすけたオイラット部族の手中におちたのである。

オイラットという部族はモンゴル系で、十三世紀のはじめに史上に姿をあらわした部族である。当時は外モンゴルの西北辺のダルハット盆地を本拠としていた。東方はバイカル湖の周辺の、いまのブリヤート・モンゴル人の祖先たちと交通し、西方はシベリア草原に遊牧していたキルギズ・トルコ人とも連絡があった。つまりシベリアの森林地帯に活躍した部族であって、その住地が交通の要衝にあたっているのを利用してさかんに東西貿易の中継ぎをしていたらしい。

チンギス・ハーンの時代から、代々のオイラット部族長はモンゴルの帝室と姻戚関係をもっていたほどの名家であった。それがこの一三八八年のイェスデルの叛逆に荷担して以来、急激に勢力をのばし、アルタイ山脈の方面に進出して、多くのモンゴル系・トルコ系の部族を吸収していったのである。

このころいかに皇帝の権威がおとろえたかは、イェスデルの二代後のエルベク・ハーンがオイラット人に殺されたというモンゴルの伝説からもうかがえる。つぎにその伝説を紹介しよう。

あるときエルベク・ハーンは雪のなかを狩猟にでた。そして弓をひいて一羽の兎を射とめた。兎の血が白い雪のうえに真紅にしたたった。これをみたエルベク・ハーンは、

「肌が雪のように白く、頰が血のように紅い美女があったらなあ」

とひとりごちた。するとオイラットのゴオハイという大臣が、

「そのような美貌の女はおりますぞ」

と言上した。ハーンが、

「それはだれか」

と問うたのに対して、ゴオハイはハーンの弟の皇太子の妃のオルジェイト・グワの容色がいかにうるわしいかを説いてきかせた。

この話をきいたハーンは、まだみぬ邪恋に胸をこがし、ゴオハイを使者として皇太子妃のもとにつかわして、自分の思慕の情をうちあけさせた。この道ならぬ横恋慕は、もちろん皇太子妃のいれるところとはならなかったが、はねつけられればはねつけられるほどハーンの思いはつのって、とうとうわが弟の皇太子を殺害するというおそろしい罪をおかしてその妃を手にいれたのである。

女人ながら気性のはげしいオルジェイト妃は、亡夫の仇を討とうとはかりごとをめぐらした。そしてある日、ハーンの留守にゴオハイがごきげんうかがいにきたとき、妃は彼を自分のテントにまねきいれて、おおいに敬意をあらわして酒をたまわるのであった。そして酒壺をささげてゴオハイの盃に手ずから酒をつぎながらこういった。

「身分のひくい皇太子妃にすぎなかったわたくしを、皇后にしてくれた恩人はそなたじゃ」

そうして自分の盃にもおなじ酒壺からついでは、何度も何度も乾杯をくりかえした。

ところがこの酒壺は、口はひとつだが内部はふたつにわかれていて、一方にはつよいブランデー、一方にはただの水がはいっていた。そして妃がゴオハイの盃についだのはブランデーで、自分が飲んだのは水だったのである。いかに酒につよいモンゴル人でもたまらない、ゴオハイはひとたまりもなくもりつぶされて、正体もなく寝こんでしまった。

しすましたりと妃はゴオハイを自分のベッドに寝かせ、自分は顔に爪でひっかき傷をつけ、辮髪《べんぱつ》をひきちぎっておいて、ハーンをよびにいかせ、ゴオハイが酒に酔って自分を凌辱しようとしたと訴えた。すっかり信用したハーンは、逃げだしたゴオハイを追っていった。

ゴオハイは抵抗してハーンの小指を射おとしたが、とうとうとらえられて殺された。ハーンはゴオハイの背中の皮をはいで、自分の小指とともにオルジェイト妃のもとへもってこさせた。妃はこれをうけとると、ハーンの小指の血とゴオハイの皮の脂肪をまぜあわせて口にふくみながら、

「弟殺しのハーンの血と、主殺しのゴオハイの脂肪を嘗《な》めて、女ながらもわたくしはみごとに夫の仇を討ったのだ。殺すなりなんなり勝手にするがよい」

と、復讐のよろこびを宣言した。

まんまと妃の謀計にひっかかったことをさとったハーンは、もともと自分の非からでたことであるから、オルジェイト妃をゆるし、ゴオハイの子のバトラ丞相をオイラットの領主と

した。しかしオイラットの領主のバトラはハーンをうらんでモンゴルにそむき、一三九九年に彼を殺害した。これ以来モンゴルとオイラットは分裂して敵味方の関係になったのである。

以上の伝説がどこまで史実にちかいかは保証しかねるが、このころオイラットの勢力がアリクブガ家の帝室を圧倒するまでに成長していたことは読みとれる。

**クラヴィホのみたティームール**

ここでちょっと目を中央アジアにうつそう。このころの支配者はいわずと知れたティームールである。ティームールはバルラス氏族出身のモンゴル人で、最初はチャガタイ・ハーン国の臣下の家柄だったが、サマルカンドに都をさだめ、西北はバルト海、西南は地中海におよぶ広大な東ヨーロッパ、西アジア全域にむかうところ敵のない武威をふるっていたのである。

ティームール

一三九八年、すなわちエルベク・ハーンの横死の前年のこと、当時アフガニスタンのカーブルに駐営していたティームールの宮廷に、オルジェイテムルという皇子が亡命してきた。この皇子とエルベク・ハーンとの関係はわからないが、オイラット人の手をのがれてティームールのもとにはしったのである。彼はティームールのもとではタイジ・オグラン（皇太子）の名で知られていたから、きわめて高貴な身分の人であったことはまちがいない。ティームールはこの亡命の皇子をサマルカンドに安置してたいせつにとりあつかった。

そのうちに北元のハーンの死の報道がサマルカンドに達し、やがて三人の息子たちのあいだの内戦と、次男の勝利の報がつたえられてきた。つねにモンゴル高原の情勢に注意をおこたらなかったティームールには、こうした北元の内紛こそ、元帝国の再興の好機と思われた。そのおりもおり、北元の使節の一行がサマルカンドに到着して、長年未払いのままになっている、ティームールからの貢物の納入を要求した。

これは一見奇妙にきこえるかもしれないが、実はいまティームールの領しているアム川以北の土地は、チンギス・ハーン以来モンゴル帝国の大ハーンの直轄地であった。フビライが元帝国をたててからも、この地方は元の帝室の領地であったが、のちチャガタイ・ハーン国がこれを横領し、さらにティームールがこれをうけついだのである。ところで北元のハーンは元朝の正統の後継者のつもりでいたから、前代からの正当な権利として、皇帝の取り分をティームールに要求したのである。

これに対してティームールは皮肉にこうこたえた。

「まことにそのとおりである。さっそく支払おう。ただし、自分はおまえたち使節に、それをキタイ（北元のこと）までもちかえる手数はかけさせたくない。自分自身で持参しよう」

そうしてただちに東方への遠征の準備にとりかかった。

たまたまスペイン王エンリケ三世からティームールのもとに派遣された使節の一行のひとりであるクラヴィホの紀行は、このティームールの決心の模様を如実にえがきだしてみせている。クラヴィホが一四〇四年九月ティームールに謁見したあとの宴席の模様はこうである。

侍従たちは、われらイスパニア使節をキタイの皇帝トクズ・ハーンの使節とおぼしきものの下座につかせようとした。その使節は最近ティームールのところへ、彼らにいわせれば当然その主君に支払うべき、そしてかつてはティームールが年々支払っていた貢物を要求にきたものだった。しかしわれわれがキタイ皇帝からの使節の下位にすわらせられようとしているのを目にとめた殿下（ティームール）は、われわれが上位に、他の使節は下位につくべきことを命じた。われわれがそのとおりに席をしめさせられると、貴族のひとりがすすみでて、ティームールのことばとして、そのキタイ使節に語りかけたが、同時に列席者一同につぎのように言明した。すなわち「殿下はわたくしをしてこのキタイ人にこのように通告させられた。『ティームールのよき友であり、息子でもあるところのエスパニア王の使節たちこそ上座をしめるべきで、盗人、悪人であり、ティームールの敵であるものの使節は下座をしめるべきである。なおもし神のおぼしめしさえあるならば、余は遠からず〔申し出の〕諸件を検討し処理するであろう。したがってキタイ人は二度とこの男のごとき使者を派遣するにはおよばぬ』と」。このようなわけで、その後殿下がわれわれを宴会に招待したときは、いつも上席をあたえられたのであるが、そのとき殿下は、席順についてこのように処置したこと、その指令したところを通訳に命じて説明させたのである。すでに述べたとおり、このキタイの皇帝はトクズ・ハーンとよばれた。「九つの帝国の皇帝」を意味する称号であるが、タタール人たちは嘲弄してトングズとよんでいた。それは彼らには「豚皇帝」とでもいうようなものである。それにしても彼は広大な国土を支配している皇帝であり、〔その国はそれまで〕老ティームールにも貢物を支払わせてきていた。ただし、いまやティームールも、もうその気のないこと、われわれの知ったとおりであり、その後はかの皇帝になにも支払わなかった。(『チムール帝国紀行』)

〔**注記**：普通はクラヴィホの紀行にある「キタイ」は明朝のことで、「トクズ・ハーン」は洪武帝のことであると考えられている。それでかつて「前皇帝の死後、三人の息子たちの間に相続争いが起こった」とクラヴィホの報告にあったのを、洪武帝の孫の建文帝とその叔父の永楽帝との間の四年間の内戦のことだと原本に書いた。しかし、キタイは契丹帝国が支配したモンゴル高原と満洲と華北のことで、明朝の皇帝は華南に本拠があるから、モンゴル人ならば「マンジ」〔蛮子〕のハーンと呼ぶはずである。さらに「トクズ・ハーン」は北元のトクズテムル・ハーンのことであると確信できたので、文庫化する際にこの部分は書きあらためた。〔岡田英弘〕〕

## オイラット帝国

一四〇四年の春、いよいよ準備なったティームールは、二十万の大軍をひきい、オルジェイテムルをつれてモンゴル高原をめざして進軍を開始した。

しかしこの冬はまれにみる厳寒が襲来し、翌一四〇五年の一月にオトラールの町に達したティームールは、寒さよけの酒を飲みすごして二月十八日に急死した。東征の壮挙はとりやめになった。

だが、オルジェイテムルは断念しなかった。彼は独力で東方にむかい、天山山脈の北側をへて一四〇八年モンゴルの地にかえって皇帝となり、プニヤシュリー・ハーンと号した。

強力な新指導者をむかえて、北元はふたたびさかんになるかにみえた。この形勢を憂慮した明の永楽帝は、有名な五回の親征でプニヤシュリーの勢力を粉砕した。これを「五出三《ごしゅっさん》犂《り》」というが、五度モンゴル高原にはいって三度敵をやぶったという意味である。そしてその最後の親征の途次、永楽帝はモンゴル高原で病死した。しかしこれは元の帝室の発展をくいとめただけで、オイラットは邪魔者をとりのぞかれたために、かえってますます強力になっていった。

当時のオイラットには有力な首領が三人あり、その筆頭がマハムードであった。マハムードとは明の記録にあらわれる名前で、まえにひいたモンゴルの伝説のバトラ丞相と同一人物である。

一四一六年のマハムードの死後、あとをついだその子のトゴンもきわめて有能で、まず他のふたりの首領をほろぼして内部を統一し、つぎにモンゴル高原の東部に残存していたプニヤシュリー・ハーンの一党を掃蕩して、全モンゴル人の事実上の独裁者となった。それでもチンギス・ハーンの一族ではないから、あえて帝位にのぼろうとはせず、トクトアブハ・ハーンという人をむかえて皇帝とし、その看板のもとに四方に号令した。

トクトアブハの出自は不明だが、チンギス・ハーンの子孫のなかでももっとも高貴な血筋の人であったことはたしかである。こうしておもてむきは元朝の継続という形式をとったが、実質はトゴンによってオイラット帝国が建設されたのである。

## 土木の変

そのトゴンは一四三九年に死に、その子のエセンがあとをついだ。エセンの代になると、オイラット帝国の発展はますますめざましく、東方では大興安嶺をこえて満洲の女直人を服従させ、さらに朝鮮に国書をおくって通好をうながすほどであった。西方でも東チャガタイ・ハーン国を制圧し、西トルキスタンにまで出兵してウズベク人を攻めやぶるといういきおいで、ほとんどチンギス・ハーンのモンゴル帝国の再現を思わせた。

しかし明に対しては、オイラットは伝統的に平和な関係を維持してきた。それは明との貿易が円滑につづけられて、彼らの欲するシナの産物がどんどん流れこんできて、オイラットの経済をうるおしていたからである。ところがこの平和が明側の挑発でやぶれ、オイラット軍の大侵入をまねくことになってしまった。

当時の明の皇帝は正統《せいとう》帝であったが、まだ二十歳になったばかりで、気はつよいが無分別な天子であった。そのうえ強力な独裁者である明の皇帝に通有の現象でもあるが、側近の宦官に絶大な権威をふるわせていた。当時もっとも羽振りのよかった宦官は王振《おうしん》で、宦官にはありがちのことであるが、病的に名誉欲がつよく、皇帝をあおってオイラットに対して必要以上に好戦的な態度をとらせた。

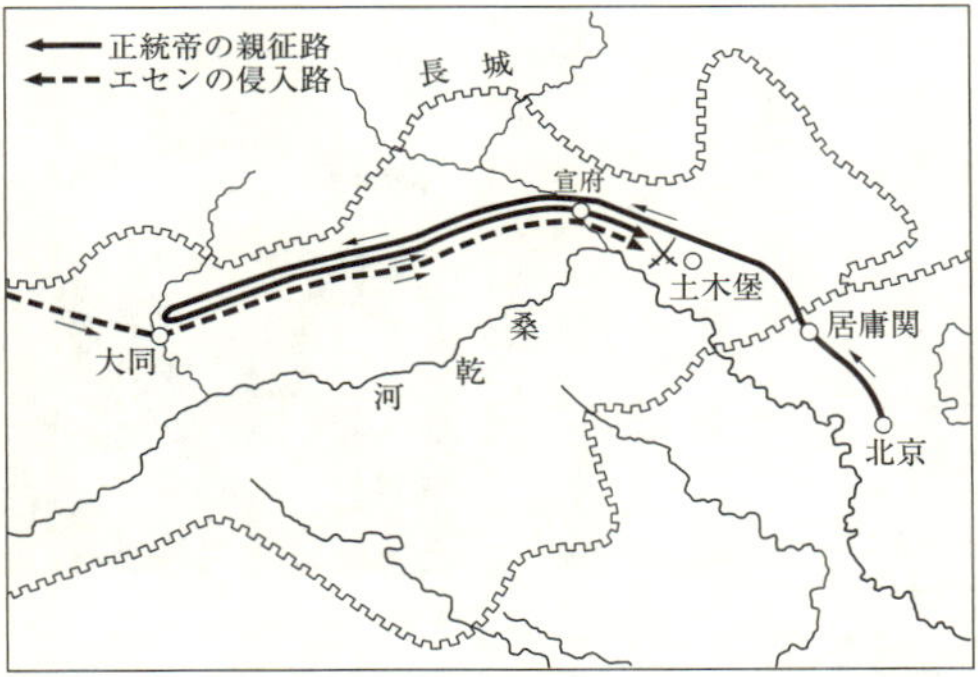

土木の変

直接に両国の決裂の原因になったのはオイラットの朝貢使節の人数問題で、正統帝は三千人にものぼったその人数をきびしく制限して、オイラットにあたえられる回賜《かいし》の額をも大幅にけずったのである。この挑発はエセンを憤慨させた。一四四九年の夏、オイラット軍は四手にわかれて、東は満洲から西は甘粛《かんしゅく》にいたる明の国境をおかした。エセン自身のひきいる本軍は大同《だいどう》を攻めた。

この知らせをうけた正統帝と王振はただちに親征を決意し、八月五日、五十万の軍とともに北京を発し、居庸《きょよう》関をでて宣府《せんぷ》をへ、十九日大同についた。エセンの軍はひとわたり掠奪をおえてひきあげたあ

于謙

とであったが、あまり戦火の被害の大きいのにおどろいた王振はにわかに恐怖心にかられて北京にひきかえすことにし、二十八日には宣府に達した。

しかし危険はたちまちせまってきた。皇帝や宦官の日用品いっさいをつみこんだ何万輛という牛車隊の足どりが遅々としてはかどらずにいるうちに、皇帝の所在を察知したエセンの騎兵部隊が全速力で追いついてきたのである。

九月四日、宣府を出発しようとした皇帝軍の殿軍は、オイラット軍の攻撃をうけて四万人が戦死した。翌五日、宣府の東方の土木堡《どぼくほ》にたどりついた皇帝軍は、そこで二万のオイラット軍に包囲されて動くことができず、六日の総攻撃のまえに数十万人の死者をだして全滅した。王振をはじめ、親征に従軍した大官、大将たちはみな死んだ。これを土木の変という。

正統帝は乱軍のなかで、馬でかこみを突破しようとしたがはたせず、あきらめて地上にすわりこんでいるところを捕虜になった。ひとりのオイラット兵が皇帝の着衣をはごうとした。皇帝がこばんだ。その兵士は怒って皇帝を斬ろうとした。するともうひとりの兵士が、

「これはふつうの人ではない」

ととめて、彼らの上官のサイハン王のもとへ皇帝をひきたてていった。サイハン王はエセンの弟のひとりである。皇帝をみたサイハン王はおどろいて、皇帝らしい捕虜がいるとエセンに急報した。エセンは以前北京に朝貢使節としていったことのある部下に首実検をさせ、明

の皇帝にちがいないことをたしかめ、恰好の取引材料がころげこんできたことをよろこんで鄭重に待遇することとした。

一方、皇帝とらわるとの悲報に、北京は大混乱におちいった。国軍の精鋭は土木堡で全滅して、首都の防備はきわめて手薄である。そこで南京に遷都しようとの議もおこったが、兵部尚書（国防大臣）于謙《うけん》は断乎として北京の死守を主張し、正統帝の弟の景泰《けいたい》帝を皇帝にたてて、皇帝の身柄がオイラットの取引材料につかわれることをふせいだ。

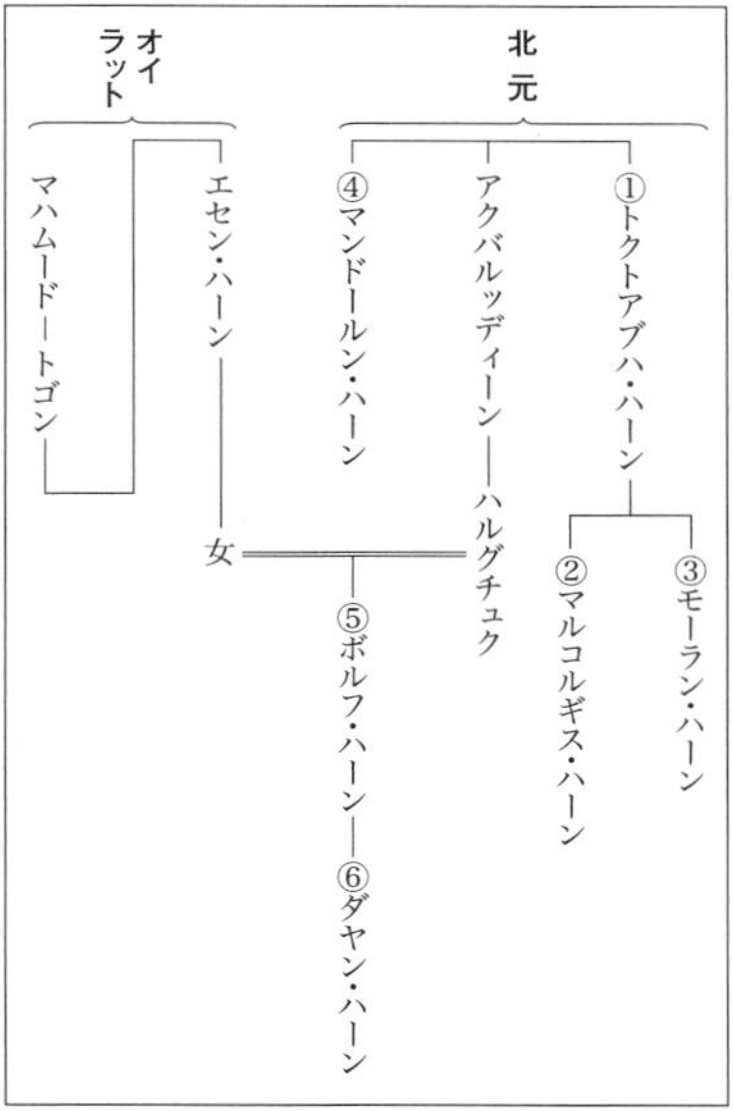

北元・オイラット系図

## エセンの最期

エセンは正統帝を、有利な条件とひきかえに送還するつもりであったが、即位したばかりの景泰帝は兄の帰国をかならずしも歓迎しない。なかなか和議がまとまらないのに業をにやしたエセンは、この秋ふたたび明に侵入し、正統帝をつれて五日間北京を包囲したが、これも効果がなく、結局翌一四五〇年の九月、無条件で正統帝を送還した。正統帝はまる一年とちょっと、虜囚の生活をおくったわけである。

この一四四九年の土木の変で皇帝が捕虜になり国都が敵に包囲されたことは、明人にぬきがたい恐怖心を植えつけた。その結果、明朝はこれ以後長城線を維持することだけに努力をそそぎ、もはやモンゴル高原への進出など考えようともしなくなった。つまり明朝はいよいよ世界帝国への夢をすてて、シナ王国たることに満足し、モンゴル人の要求に対しては、唯々諾々と財物をおくってその歓心をかおうとつとめるようになったのである。万里の長城が栄光の歴史の象徴でなく、苦悩の歴史の象徴であるとまえに書いたのはこの意味からである。

明に勝って威名ならびないエセンは、父トゴンの代から皇帝の座にあったトクトアブハ・ハーンと衝突を生じた。直接の原因は帝位の継承問題である。トクトアブハ・ハーンの第一皇后はエセンの姉で、皇子をひとりうんだ。エセンは当然この皇子が皇太子に指名されることを希望したが、ハーンはこれをいれず、かえって他の皇后のうんだ皇子を皇太子にたてた。そこで内戦となり、エセンに撃破されたハーンは敗走の途中で殺された。

勝ったエセンは元の皇族をみなごろしにし、ただオイラット人を母とするもののみが助命された。オイラットの勝利は完全であった。ついにエセンは一四五三年、みずから大元天聖《てんせい》皇帝の尊号を採用し、天元《てんげん》元年と建元した。チンギス・ハーンの一族でもないのに元朝の帝位にのぼったのは、あとにもさきにもエセン・ハーンただひとりである。いまやエセンの勢威はゆるぎないかにみえた。しかし彼の天下はわずか一年の寿命であった。

翌一四五四年の秋、彼の部下の筆頭の大臣アラクが私怨によって叛乱をおこし、エセン・ハーンの本営を急襲した。ふたりの腹心の部下と逃走したエセンは、喉がかわいたので途中のテントにたちよって飲物を乞うた。留守番をしていた婦人は酸乳《ヨーグルト》をあたえた。エセンがたちさったのち、かえってきた主人は客の様子を妻からきいてエセンであることを察知し、馬にとび乗って追いかけ、ついに彼を殺した。

エセンの死とともにオイラット帝国はたちまち崩壊した。モンゴル高原には多数の部族が割拠してたがいに攻伐をくりかえし、二十年以上も空白状態がつづいたが、やがて一四七五年ごろから故トクトアブハ・ハーンの一族によって統一運動がはじまり、十六世紀のはじめにはいってダヤン（大元）・ハーンが元朝の復興をなしとげるのである。

# 第五章　大ハーンと大ラマ

## モンゴル最大の英雄

ダヤン・ハーン（一四六四～一五二四）の父はモンゴルのトクトアブハ・ハーンの甥とオイラットのエセン・ハーンの娘とのあいだにうまれている。だからダヤンは北元の皇族であると同時にオイラット王家の血をもうけていたわけである。一四八七年にモンゴルの帝位についた彼は、その三十八年の治世に、外モンゴル東部から内モンゴルにかけての地帯の統一をほぼ完成した。

ダヤン・ハーンの時代には、再建なった北元と明との関係はわりあい平和的であったが、その死後にたった孫のボディアラク・ハーンの時代（一五二四～四七）にはいると、明の辺境に対するモンゴルの侵入掠奪が急に活潑になる。その先鋒となったのがボディアラク・ハーンの従弟のグンビリク、アルタン兄弟で、一五三二年以来毎年のように甘粛《かんしゅく》、寧夏《ねいか》、陝西《せんせい》、山西《さんせい》の国境に侵入してははげしい掠奪をおこなった。

一五四二年、前年に山西を掠奪したグンビリクは、捕虜の妓女におぼれて日夜歓楽にふけり、健康を害して急死した。このとき三十六歳のアルタンは、兄にかわって一方の旗頭となったのである。

アルタンはあとでみられるように、元帝国の瓦解後にあらわれたモンゴル最大の英雄である。

アルタンがまず計画したのは明との平和交渉であった。このため彼はその信頼する漢人の部下の石天爵《せきてんしゃく》というものを正使とし、証拠として二本の矢と一枚の牌《はい》（鑑札）をもたせ、ふたりのモンゴル人をつけて大同の鎮辺堡《ちんぺんほ》につかわした。石天爵は明の官吏に語っていった。

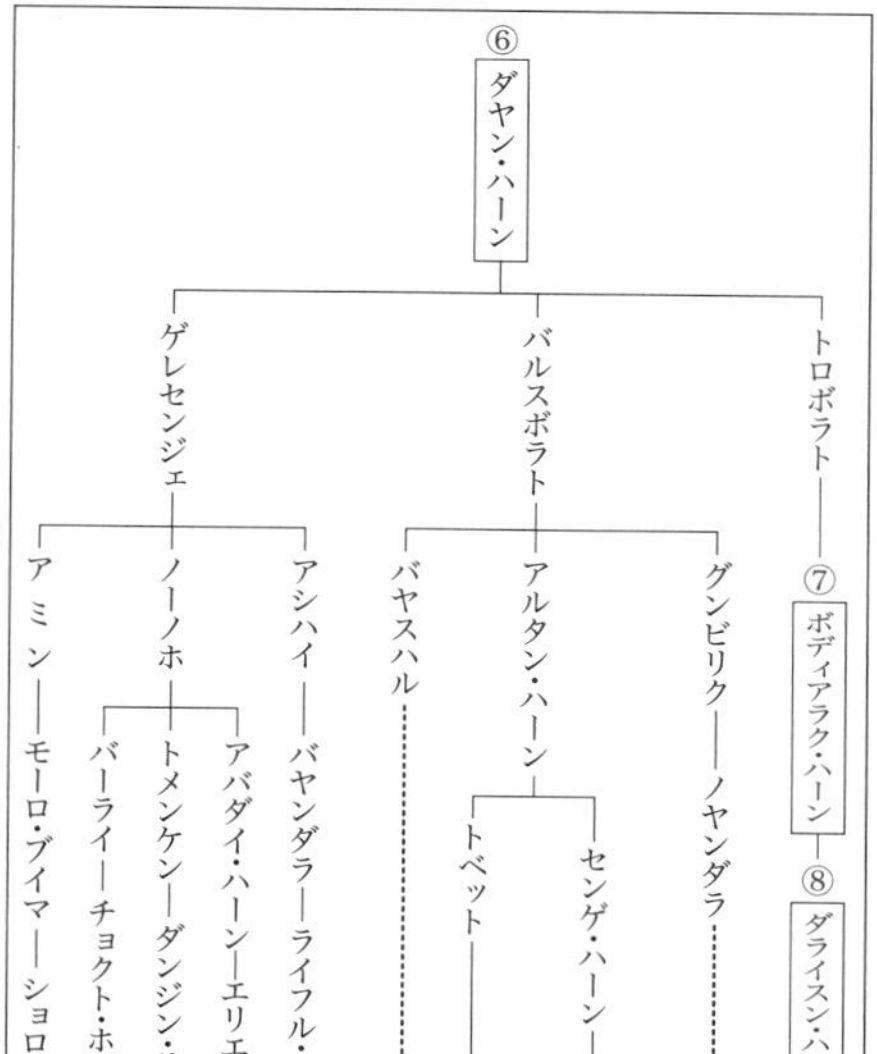

ダヤン・ハーンの子孫

「いまボディアラク・ハーン以下の九部族が陰山《いんざん》山脈に遊牧していて、中国の絹織物をほしがっている。これを手にいれるには掠奪と貿易のふたつの方法があるが、掠奪では人間や家畜はえられても絹織物はほとんどなく、また味方の損害もまぬかれないので、貿易のほうが得であると考えて、わたくしたちをつかわして貿易をひらくことを要求するのである。一度で承諾がえられなければふたたび要求し、二度でえられなければ三度要求し、三度でもえられなければ三十万の兵を発して、一手は黄河の東岸ぞいに南下し、一手は太原から東南方にむかい、精兵は大同に屯して決戦をまとうという計画である」

このとき大同に駐在して防衛の監督にあたっていた龍大有《りゅうだいゆう》は自分の手柄にしようとの悪心をおこし、石天爵らをだまして長城の内にはいらせてとらえ、ふたりの副使を殺し、石天爵をしばって、計略をもちいて捕虜にしたように北京に報告した。明の嘉靖《かせい》帝はすっかりよろこんで龍大有およびその部下数十人にそれぞれ陞職《しょうしょく》やら加俸やら賞銀やらをあたえたうえ、石天爵を北京の市場ではりつけにし、その首を北方の国境ぞいにもちまわってさらしものにさせた。

使者を殺すのは重大な背信行為である。これをきいたアルタンは憤激のあまり、予定をくりあげてただちに進攻を開始した。このときの侵入は明はじまって以来の大規模なもので、七月三十一日大同左衛（左雲県）の双山墩《そうざんとん》で長城を突破して大同盆地にはいり、雁門《がんもん》関をこえ、つづいて太原をくだし、その先鋒は長駆して山西省の東南端の長子《ちょうし》県にまで達した。この間の殺戮は残酷をきわめ、石天爵の仇を討つのだといったという。モンゴル軍は九月二日にいたってようやく長城の北にひきあげたが、前後三十四日間に明のこうむった損害は、攻めおとされた衛は十、州県は三十八、殺されたりつれさられたりした人は二十余万人、うばわれた家畜は二百万頭、焼かれた建物は八万軒に達した。これに対して明軍はなんらなすところなく、茫然として傍観するのみであったという。

## アルタン、ハーンを称す

一五四七年、ボディアラク・ハーンは死に、あとには二十七歳の長子ダライスンをはじめとする三人の子供がのこされた。実力をたくわえていたアルタンは、この機をとらえてダライスンを放逐し、一挙にして全モンゴルの支配権を手にいれた。かくして四十一歳にしてアルタンは事実上のモンゴル王となり、ダライスンはやむなく、自分に忠実な部族をひきいて東方に移動し、大興安嶺の東斜面、遼河《りょうが》の上流域の方面におちついた。

あらたに全モンゴルの指導者となったアルタンは、五年前とおなじく明に一撃をくわえてその屈服をうながそうとこころみた。一五五〇年八月二十八日、その指揮下のモンゴル騎兵は古北口《こほくこう》をやぶって南下した。古北口から北京まではわずかに百キロばかりである。翌二十九日には北京城東の通州《つう》に達し、数日間付近を掠奪したのち、九月二日には北京を包囲し、北門の安定《あんてい》門外の民家に火をはなち、その光は一晩中天をこがした。城外から避難してきた人民は、とじている城門の扉をたたいて泣きさけび、その混乱は名状すべくもない。恐怖に逆上した皇帝のもとに、アルタンからの手紙がとどけられた。それには、

「年金を支払え。貿易をひらけ。そうしなければ毎年一回侵入して北京を包囲するぞ」とあった。すなわち降服の要求である。明軍が反攻にでる勇気もないうちに、五日になるとモンゴル軍のひきあげがはじまり、八日には全軍つつがなく長城の北にかえっていった。明軍は敵との接触をさけ、ただ距離をたもってあとをつけるのみであった。これをみてモンゴル軍はいたるところの壁に「見送りご苦労」と書きのこしてからかったという。このときの侵入で明側のこうむった損害は人畜二百万に達した。

この事件の結果、明もすこしおれて、翌年の春にはまず大同で、ついで延綏《えんすい》、寧夏でも交易市場がひらかれ、明は銀十万両をついやしてモンゴルの馬四千七百七十一頭を買いいれたが、モンゴルが穀物を買おうとし、明が拒絶したことから衝突がおこり、せっかくひらかれた平和貿易の門もまたとざされてしまい、毎年モンゴルの侵入掠奪がはてしなくくりかえされることとなった。

おなじ一五五一年、アルタンの実力をみとめざるをえないダライスンは、やむをえずアルタンと妥協し、その同意のもとに正式に即位式をあげることができた。ダライスン・ハーンの宗主権をみとめた代償として、アルタンは元代以来の、臣下としては最高の地位のひとつ、司徒《しと》の称号をさずけられ、ハーンと自称することをゆるされた。これ以後アルタンは司徒ゲゲーン・ハーンとして知られ、その子孫もこの称号を世襲することとなる。ゲゲーンとは、モンゴル語で聡明という意味である。元代はもちろんのこと、北元にはいっても帝室の正統でないのにハーンと称することをえたのは、オイラットのエセン・ハーンをのぞけばアルタンが最初であった。いかに彼の実力が強大であったかがわかる。

内部の統一に成功すると、アルタン・ハーンは一転してオイラットの征服にむかった。すなわち翌一五五二年、外モンゴル西部を基地とするオイラットのホイト部族を撃破した。ホイトは元代以来のオイラットの王家で、代々元の帝室と婚姻した名族である。これ以後くりかえされた攻撃の結果、オイラットの諸部族はおとろえて勢力をうしない、もはやモンゴルの敵ではなくなった。

オイラットのつぎは中央アジアの征服である。一五七二年、モンゴル軍は遠く天山《てんざん》山脈の北をめぐってシル・ダリヤに達し、そこでカザフ王の軍を奇襲して大勝利を博し、翌年、また侵入して三人の王子を捕虜としたが、そのまま釈放してやったという。ともかくこれによってアルタン・ハーンの威光は西トルキスタンにまでおよび、シルク・ロードを支配下にいれたのである。

### 漢人の集団移住

一方、チベット方面に対してもモンゴルの進出はめざましかった。すでに一五六六年にその軍は青海地方のチベット人を征服したが、七二年にはカム（西康）方面にまで進出した。こうした活動は、やがて元代以来のモンゴル、チベットの政治的・文化的なむすびつきを復活させ、やがてのちに説くアルタン・ハーンのゲルク派改宗となるのであるが、現にこのときの遠征でとらえられたアセン・ラマという僧からはじめて仏教についてきいたアルタン・

ハーンは、すこしく信仰の心をいだいたとつたえられている。

アルタン・ハーンは、そのたびかさなる明への侵入ごとに多数の漢人をとらえてモンゴルにつれさったが、これらのひとびとは高原の各地に集団移住して農耕に従事し、モンゴル人に穀物を供給するためにはたらいた。こうした漢人の入植地の中心には漢式の建物がならんだ都市が成長し、ここには市場がひらかれて、遠くはなれた北アジアの各地から隊商があつまり、さかんに交易がおこなわれた。こうして建設された都市をバイシンとよんだが、バイシンのなかでもっとも大きかったのはアルタン・ハーン直轄のフヘ・ホト（青い城）で、いまも内モンゴル自治区の首都であることからわかるとおり、内モンゴル最大の都市である。バイシンに住んだのは捕虜ばかりではなく、明の治下で生活できなかった漢人たちもぞくぞくと自発的に逃げこんできた。そのなかでも呂鶴《りよかく》、趙全《ちようぜん》らの白蓮教徒の指導者はとくにアルタン・ハーンに信任されて、その内政のみならず、明に対する戦争でも献身的にはたらいた。そして一五六五年フヘ・ホトをつくったときその中心になったのは趙全であったが、彼はアルタン・ハーンを皇帝の位につけようとしたのだといわれる。いまやアルタンはモンゴル人のハーンたるのみならず、数十万の漢人のコロニーの支配者にもなったのであるから、元の世祖以来の伝統からすれば、皇帝と称する資格は十分にあったわけである。こうして漢人たちはモンゴルを北朝、これに対して明を南朝とよび、ふたつの帝国が対立しているものと考え、アルタンにさかんにすすめて山西方面を経略せしめ、ゆくゆくは北シナを征服させようとしたのであって、一五六七年にアルタンが大挙して山西を蹂躙《じゆうりん》し、男女数万を殺したのはその影響と思われる。いずれにせよ一度明を見かぎった彼ら漢人が、乗りかかった舟で明の滅亡とアルタンの成功を熱望したことは十分理解できることで、古来北方の異民族がシナを征服するたびに、先頭にたって活躍したのは、実にこうした漢人たちであって、ちかくは清朝の初期にもこの現象はめだっている。彼らの力なくしては、遊牧・狩猟民族のシナ征服は不可能だったのであるが、ただアルタン・ハーンの場合は、つぎにいうとおり明と妥協してしまったので、彼ら漢人の運命もだいぶちがったものになった。

## 平和のおとずれ

講和のきっかけとなったのは、アルタン・ハーンの孫の亡命事件であった。アルタンには八人の子があったが、その第三のトベット・タイジ（タイジは漢語の「太子」からでて「皇子」の意味）は若死にし、ひとり子のバーハン・エジ（バーハンは「小さい」という意味）をあとにのこした。アルタンはこの孫をあわれんで、手もとでそだてていた。この祖父と孫とのあいだに衝突がおこったのは、ご多分にもれず女性問題からであった。英雄色をこのむというとおり、アルタン・ハーンも美人は大好きで、自分の娘が嫁にいってうんだ孫娘がはなはだ美貌で頭もよかったのにほれこんで強引に自分の第三夫人にした。これが三娘子《さんじょうし》といって、アルタン・ハーンの晩年から死後にかけてフヘ・ホトの実権をにぎった女傑になるのであるが、それはのちのことである。この三娘子は実はアルタン・ハーンの亡兄グンビリクの子ノヤンダラ・ジノンの許婚者であったので、ジノンはおおいに立腹した。そこでアルタン・ハーンは甥のきげんをとるべく、孫のエジの許婚者であった人をとりあげてジノンにあたえた。おさまらないのはエジである。憤懣のあまりついに亡命を決意し、一五七〇年十月、一家をあげて明の国境にはいり、大同の官憲に事情をつげた。当時大同の総督であった王崇古《おうすうこ》はこの好機をとらえてアルタンと取引きすることを主張し、歴年の被害につかれた政府もこれに賛成したので、アルタン・ハーンと明とのあいだに交渉がひらかれ、エジの送還の代償として、趙全らこれまでアルタンの顧問としてその対明作戦の指導にあたっていた漢人たちをとらえて明にひきわたした。これを転機として両国のあいだにはとんとん拍子に和議がすすみ、翌一五七一年にはつぎの条件で講和が正式に成立した。

一、明はアルタンに順義王《じゅんぎおう》の称号をあたえ、その長子センゲと弟バヤスハル、およびノヤンダラには都督同知《ととくどうち》の官職をあたえ、エジらにもそれぞれ指揮使《しきし》などの官職をあたえる。

二、モンゴルの首領らは、友好の表明として毎年皇帝へのおくりものをもった使者を北京におくる、つまり朝貢する。

三、毎年定期に国境において市をひらき、モンゴルは家畜や皮製品、乳製品を、明人は織物や日用雑貨などをもってたがいに交換する。

四、明はモンゴル人に対し、その地位に応じて手当を支給する。

念のためにいうが、朝貢というのは、中国の伝統では、友好国の大使が定期的にシナの皇帝を訪問することをさすだけである。だからここでアルタン・ハーンのモンゴルが明の朝貢国になったというのは、決して彼らが明の皇帝の臣下になったことを意味しない。明側からいえば、朝貢を許可するのは、単に相手を独立国として承認する手続きにすぎない。ともかくこの講和によって明の北辺にははじめて平和な日々がおとずれ、連年の国防の負担をまぬかれえた明の社会は急激な成長をとげることができて、万暦の文化はなやかな時代がやってくるのである。

一方、モンゴルの社会にも、明との平和な貿易を通じて流れこんでくる物資のために空前の繁栄がやってきた。平和の時代にはいって、モンゴルの指導者たちは、熱心に精神文化面の充実に力をいれた。その最大のあらわれが、アルタン・ハーンがダライ・ラマをチベットからよびよせたことである。

## チベットとは

ここでチベットの歴史を概観しておこう。地理からみれば、チベットは一本のトンネルに似ている。一方の出口は崑崙《こんろん》山脈の西端と、カシミールのカラコルム山脈のあいだで、東トルキスタンのタリム盆地の西南辺のホタンあたりにひらいている。もう一方の出口は、黄河の水源地から青海の西寧《せいねい》あたりにひらいている。そしてトンネルの内部では、チベットの南境をかぎるヒマラヤ山脈にそって、ツァンポ川が延々と東へ流れ、その渓谷は気候が温和で

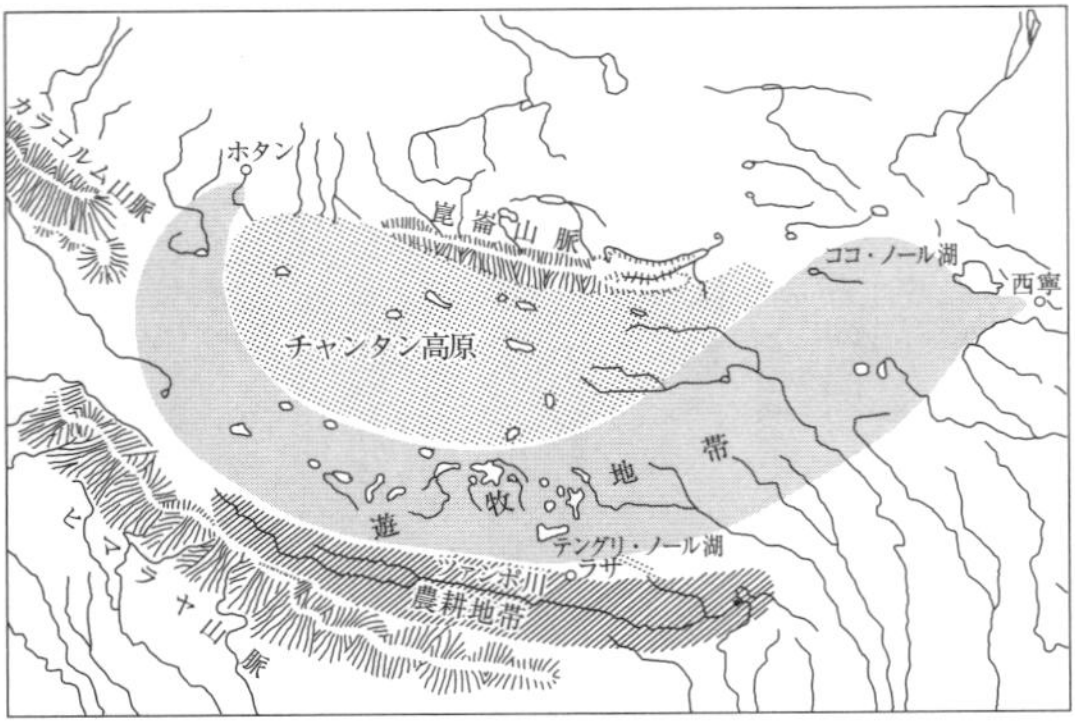


チベットの人文地理

農耕に適している。この農耕地帯の北側に平行して、湖の多い草原地帯がずっと東西にのびているが、雪が多いので農耕には適せず、むかしから遊牧民の住地になっている。この遊牧地帯の両端が、さっきいったホタンと西寧なのである。遊牧地帯のさらに北、崑崙山脈よりの広大なチャンタン高原はきわめて乾燥していて水がないので、人間はおろか野獣も住めぬところである。これがトンネルの北壁をなしているわけである。

こうした特殊な構造のため、チベットはむかしから政治的・軍事的にはインドともシナとも関係がうすく、純粋に文化的な影響だけをうけてきた。むしろ関係がふかいのは、ふたつの出口を通じて接触のあったモンゴル、東トルキスタン方面の遊牧民族とであった。チベットではじめて中央集権の国家ができたのは五世紀のはじめのことで、ホタン方面からはいってきた遊牧民の王家がツァンポ川の流域の農耕民を征服して王国を建設した。これをトルコ語、モンゴル語でトベットとよび、漢人は吐蕃《とばん》とうつした。いまのチベットという名前は、このトベットがなまったものである。

七世紀のはじめになると吐蕃はチベットだけでなく、新疆《しんきょう》、青海を併合し、雲南を支配する大帝国に成長したが、それにとどまらず、さらに甘粛を占領してシルク・ロードをおさえ、東西貿易の利益を独占した。約二世紀半もつづいた繁栄のあと、八四一年に最後の吐蕃王が暗殺されるとともに帝国は瓦解し、チベットは多数の小さな地方王国に分裂するようになった。

十一世紀になると、インドから多数の仏教学者たちがチベットへ逃げこんできた。これはこのころアフガニスタンのトルコ系イスラム教徒が北インドに侵入を開始し、仏教に猛烈な迫害をくわえたからである。インドの高僧たちは、仏教の神学、哲学だけでなく、医学、天文学などあらゆる科学技術をもちこんできた。チベットが完全に仏教化したのはこのときからである。

この時代のチベットの地方王家は、むかしの吐蕃王家とはちがって農耕民の政権である。その軍隊も、常時戦闘態勢にある遊牧民の軍隊とはちがい、農閑期にだけ戦争をして農繁期がくると解散してしまう農民兵である。それに土地の生産力がひくいので、一年以上戦争をつづける余裕はない。いきおい勢力の拡張には平和的な手段しかないが、そうした政治的必要にぴったりあったのが仏教であった。

各王家の保護下にぞくぞくと寺院が建立された。寺院には多数の僧が住み、大きな消費がおこる。各地から商人があつまり、市場がひらかれる。寺院は資本を貸しつけて銀行の役割もはたすし、そのなかには病院、工房、印刷所、図書館もある。つまり寺院はひとつの都市なのである。そして仏教の教えでは、人間はだれでも平等なのであるから、一度寺院にはいってしまえば、ふるい氏族の壁をこえた自由な個人同士のむすびつきが可能である。こうしてあたらしいチベット仏教文化の花がひらいたのである。

## ゲルク派の勝利

チベット仏教の教義は、日本の真言宗や天台宗とよく似た密教であって、段階を追った修行によってだんだんに心を純化してゆき、ついに仏の境地に達することを目的とする。その修行には訓練をつんだ経験者の指導が欠かせないが、この指導者をチベット語でラマ（上師）とよぶので、チベット仏教をラマ教ともいう。宗派はいろいろあるが、その間の差異は修行の手順や技術などに関する小さなものであって、おもに本山の所在地と保護者の王家にしたがって区別するだけである。

まえにもいったとおりチベットの生産力はひくいので、本国だけでは寺院の維持はむずかしい。そこで各宗派ともきそって国外の信徒の獲得につとめる。最初にチベット仏教の財源となったのは、寧夏、甘粛、青海を支配していた西夏《せいか》王国の信徒からの莫大な寄進であった。敦煌《とんこう》の千仏洞《せんぶつどう》からでた多量のチベット語の仏教経典はこの時代の遺物である。西夏王国がほろびたあと、かわってチベット仏教の保護者となったのはモンゴル人であった。チベットの各宗派はそれぞれモンゴルの有力者とむすびついて保護をうけたが、そのうちフビライとむすびついたサキャ派のパクパが、元帝国の成立と同時に帝師《ていし》に任ぜられた。これ以来サキャ派の檀家《だんか》である、シガツェのちかくのサキャの地のコン氏族が事実上のチベット王家になる。

元末になると革命がおこってサキャ派は勢力をうしなった。それにかわったのがカルマ派で、一四〇三年、明の永楽帝が宦官の侯顕《こうけん》というものをチベットに派遣すると、その招待に応じたカルマ派の教主デシンシェクパはみずからシナにおもむいて永楽帝に面会している。しかしその地理的構造から、チベット仏教のもっとも熱心な伝道活動の対象となったのは、あくまでもモンゴル人であった。

アルタン・ハーンの力でモンゴルが統一されると同時に、サキャ派とカルマ派はさきをあらそって彼の保護をもとめ、フヘ・ホトには多数のチベット僧があつまった。このころチベット仏教のうちでもっともおくれて発足した宗派のゲルク派が、ラサを中心とするウイ地方を地盤に急速に勢力をきずきはじめた。ゲルク派の本山はラサのちかくのガンデン寺であり、その他デプン、セラなどの大寺があったが、そのデプン寺の住職として学徳のほまれ高かったのがソェナムギャツォ（一五四三〜八八）であった。

ソェナムギャツォは観音菩薩の化身と称せられ、転生によってえらばれた初代の住職であった。転生というのは、ある高僧が死ぬと、その霊魂は苦界の衆生を救おうという慈悲の心から、仏にはならずまたこの世にもどってくるという理論であって、実際には死の十ヵ月後にうまれた幼児のなかから適当なものをえらんで寺院にひきとり、専門の養育係をつけて教育をほどこすのである。この際別に貴族の子がえらばれるとはかぎらない。いまのダライ・ラマ十四世も西寧のちかくの農家の出身であるという。ともかくこの転生の制度によって、結婚をゆるされない僧侶が財産を相続してゆくことができるようになったのである。ソェナムギャツォがアルタン・ハーンの招請に応じてモンゴルにおもむき、その帰依をうけてから、ゲルク派はつねにモンゴルの権力とむすびついて、しだいに勢力をえ、ついに全チベットの政権をにぎるようになるのである。

## ダライ・ラマ誕生

一五七六年、アルタン・ハーンはすでに七十歳の老齢に達した。中年以後足痛風の持病になやまされていて、人一倍無常を感じていた彼は、長寿の霊水をうけようと、使者をチベットのソェナムギャツォのもとに派遣した。使者の一行がデプン寺に到着するまえ、ソェナムギャツォはある日突然、

「あのモンゴルのアルタン・ハーンは、年こそ高齢であるが、志はかたいのであるな」

といった。かたわらの弟子たちは意味がわからず、「これはなんのことをおおせられたのだろう」といいあったのである。それからしばらくして、はたしてアルタン・ハーンの使者たちが寺に到着して、ハーンからの手紙とおくりものを奉呈して招請の旨をつげた。するとソェナムギャツォは微笑してこういった。

「われわれは前世の因縁があるのだから、いまわたくしはまちがいなくいこう。使者たち

よ、おまえたちはさきにかえって、ハーンはじめ施主たちに知らせよ」

使者がかえってきてこの旨報告すると、アルタン・ハーンはただちに青海のココ・ノールの南のチャブチャルというところに仰華寺《ぎょうか》という寺を建立して歓迎の準備をし、翌一五七七年にはハーン以下全首領がチャブチャルにあつまってソェナムギャツォの到着をまった。

その間ソェナムギャツォの一行は、各地でモンゴル人の出迎えをうけ、数々の奇瑞をあらわしつつ旅行をつづけていたが、なかでもウラーン・ムレン河畔に一泊した夜は、護法神ハヤグリーヴァの使役に服するベクツェ大黒という霊をつかわして、モンゴルの土地神や龍神、魔神、族霊らをことごとくとらえさせた。まもなくラクダ、馬、牛、羊、猫、鷹、狼などの頭をした神々が数かぎりなくあつまってきたが、ソェナムギャツォは彼らを調伏して、仏法守護の誓いをたてさせた。

いよいよ一五七八年、ソェナムギャツォはチャブチャルに到着して、まちうけたアルタン・ハーン以下の歓迎をうけ、一大法会が挙行されたのであるが、このときはじめてソェナムギャツォの顔をみたハーンは、なにかにうたれたごとく茫然としてみつめていた。ソェナムギャツォにわけを問われて、アルタン・ハーンはこういった。

「わたくしには足痛風の持病があります。以前痛風の発作がおこったとき、馬の胸腔にいればよくなるというので、馬を殺させてその胸腔に足をいれましたが、たえられぬほど痛いので、上をあおいだところが、空中にひとりの色の白い人がいて、『ハーンよ、どうしてこんな大きな罪をつくるのか』といったかと思うとたちまちみえなくなりました。それからというものはいつも心が不安なので、アセン・ラマが六字の真言をとなえよというのにしたがって、まいにち百八遍ずつ念じてきました。みればその人はあなただったので、わたくしは驚嘆して茫然とみつめていたのです」

するとソエナムギャツォは微笑してこういった。

「ハーンのいわれるとおりです。われわれは今日はじめて会ったのではありません。むかしから何度もめぐり会っているのです。アルタン・ハーンよ、あなたがむかしフビライ・セチエン・ハーンとなってうまれたとき、わたくしはパクパ・ラマとなってうまれ、わたくしはあなたに種々の深密なる法をつたえ、あなたはわたくしに国師大宝法王の位をあたえて帰依なされたのです」

こうしてゲルク派に帰依したアルタン・ハーンは、ソエナムギャツォにヴァジュラダラ・ダライ・ラマの称号をたてまつった。ヴァジュラダラとはサンスクリットで「金剛《こんごう》をもつもの」、ダライとはモンゴル語で「大海」の意味で、これからゲルク派の法王をダライ・ラマとよぶようになったのである。したがってほんとうはソエナムギャツォが初代のダライ・ラマなのであるが、後世に公認された転生のデプン寺の住職としては三代目なので、ふつうは第三世ダライ・ラマとしてかぞえる。そしていまの第十四世にいたって、一九五九年中共軍の砲撃をのがれてラサを脱出し、インドのダラムサラに亡命政府を組織したのである。

## ダライ・ラマの政治力

ダライ・ラマ・ソェナムギャツォは以後青海にとどまり、その弟子のトンコル・ジャムヤン・チョエジェがアルタン・ハーンにともなわれてフヘ・ホトにおもむき、そこにハーンがたてた弘慈《ぐじ》寺に住んでモンゴル人の教化にあたった。一方、ダライ・ラマ自身はカム南部のニロム・タラの地にも別に一寺を創建して、主としてこの方面で活動した。

アルタン・ハーンは病気がちの日々をおくっていたが、このころ彼についで有力なモンゴルの首領といえば、ダライスン・ハーンの子のトメン・ジャサクト・ハーンと、外モンゴルのハルハ部族のアバダイであったが、彼らのところにもダライ・ラマの噂が達したのである。アバダイは交易にきた隊商からダライ・ラマのことをきき、さっそくアルタン・ハーンに使いをつかわして伝道者の派遣をもとめた。ちょうどハーンは危篤状態で、もう七昼夜も人事不省であったが、お側のものが「使いがきました」とつげると、「ゴマン・ナンソをつれてゆくがよい」とひとことといってそのまま息をひきとった。ときに一五八二年一月十四日、享年七十五であった。

このころダライ・ラマは内モンゴル各地を巡錫《じゅんしゃく》していたが、一五八五年トメットをおとずれ、アルタン・ハーンの遺骸を土葬にしてあったのをとがめて、

「惜しむべきこれほどの無比の宝を、どうしておまえたちは地にすてたのか」

といい、掘りださせて荼毘《だび》に付すると、思いもかけなかった多数の舎利《しゃり》があらわれたので、みなみな驚嘆したのであった。

アルタンの死後、その子孫の統制力は急激におとろえて、各地の首領たちが勢力をあらそ

ってせりあうようになった。それにつけこんだゲルク派はしきりに布教活動を展開してつぎつぎと首領たちをだきこみ、ハーンの称号をさずけては自派の信者にしていった。その最初のひとりがハルハのアバダイで、一五八七年、みずから内モンゴルへたずねてきてダライ・ラマに会い、貂《てん》の毛皮ではり、骨に漆をぬった組立家屋など数多くのおくりものをささげて法を聴聞し、かえるときにオチライ・ハーン（金剛王）の称号をさずけられた。またおなじ年、トメン・ハーンから招待されたが、ダライ・ラマは、

「今年中にむかえにくればゆくことができるが、来年きてもゆくひまはないだろう」

と返事をした。そのときこのことばの意味を理解したものはなかったが、ラマはすでに自分の死期をさとっていたのである。

その翌年、一五八八年の冬のはじめのある日、ダライ・ラマは高い山のうえの、実のいっぱいなった樹の根もとにすわっていた。そこへひとりのふるびた衣をきた僧がやってきてダライ・ラマと挨拶をかわし、ふたりでインド語でなにやら語りあってわかれた。かたわらの弟子たちがダライ・ラマに問うと、

「あれはニロム・タラの寺に住むタルペギェンツェンというもので、わたくしの出発のときがちかづいたので会いにきたのである」

という返事であった。それからまもなくダライ・ラマは病の床にふした。ちょうど明の万暦帝とトメン・ハーンとからそれぞれむかえの使者がやってきたが、もはや再起の力はなく、四十六歳を一期として入寂した。

アルタン・ハーンの孫のひとりにスメル・タイジという人があった。その妃ダラ・ハトンがみごもったが、腹のなかから声がきこえる。翌一五八九年、月みちてひとりの男の子をうみおとしたが、うまれるやいなや、

「わたくしはダライ・ラマだ」

といった。先代のダライ・ラマの馬をみせると、この子は、「これはわたくしの馬だ」といい、遺品の数珠《じゅず》と経をほかのものとまぜてみせると、まちがいなくえらびだして、「これはわたくしの持物だ」といった。しかもチベット語で話すことがたびたびであった。これが第四世ダライ・ラマ・ユンテンギャツォである。これがゲルク派のうった大芝居であったことはいうまでもない。一六〇二年、十四歳に達したユンテンギャツォはチベットにつれていかれた。しかし一宗の法王としてはあまりにおさないので、その養育と監督にはロサンチョエキギェンツェンという高僧があたった。これが初代のパンチェン・ラマであり、そのうまれかわりは代々チベットではダライ・ラマにつぐ地位にあった。しかし、パンチェン・ラマの教育のかいもなく、第四世ダライ・ラマは一六一六年、わずか二十八歳で入寂した。

しかしその翌年、一六一七年、ダライ・ラマはチベットのチョンギェの地の一貴族の子としてうまれかわったので、一六二二年、パンチェン・ラマはこの子をデプン寺につれかえり、ガワンロサンギャツォと名づけた。これが第五世で、不世出の有能な政治家として、十七世紀の北アジアの政局をおおいに動かす人物となるのである。

# 第六章　日本国王

## 明からの使者

明が元朝にはじまる、シナを中心とした中国たらんとしたことは再三述べた。明と当時の日本との関係はその視点で考えると納得がいくことが多い。それはともかく中国の歴史において、わが日本の本土に積極的に攻めこんできたのは、ただモンゴル人のたてた元朝だけで、あとにもさきにもその例がない。文永の役、弘安の役と二度にわたる元寇《げんこう》はついに失敗におわったけれども、元帝国にとっては、日本もその天下の一翼にはいるべきものと考えられたのである。明朝がおこると、さっそく日本に使者を派遣したのは、このころ朝鮮沿岸から北シナの海岸をあらしていた倭寇《わこう》の禁止のためという目的もむろんあったが、根本的には元以来の中国の世界観によってであろう。

明が建国した一三六八年は、日本ではまだ南北朝の時代で、おさない足利義満が室町幕府の三代将軍となったころである。洪武帝は、明の建国を知らせる使者を、チャンパー、ジャワなどの諸国とともに日本にもさっそく派遣した。使者楊載《ようさい》は一三六九年日本に到着したが、その当時大宰府を中心に北九州を勢力下においていた南朝の征西将軍懐良《かねなが》親王を日本国王と誤解したらしく、親王のもとに明からの国書を呈した。これに対して親王は使者の一行のもの五人を斬り殺し、楊載を三ヵ月も拘留するという強硬な態度をとった。しかし翌年明はふたたび使者を親王のもとにおくり、ついで親王のほうからも明へ九人の僧侶を派遣したので、ようやく日明間に使者の往来がはじまったのである。その結果、明側では日本の内情がいくらかわかってきた。懐良親王と対立する別の勢力すなわち北朝が京都にあって実力をもっていることが知られたようであるが、まもなく幕府の九州探題《たんだい》の今川貞世《さだよ》は、大宰府を攻略して親王を奥地に駆逐し、北九州を幕府の支配下にいれてしまった。日本人が仏教を尊崇しているというので、明からとくに使者として派遣された禅僧は、一三七三年やっと京都へむかえられた。こうして明と室町幕府との交渉がはじまったけれども、日本を明の朝貢国とする目的は達成されなかった。

一三八〇年に明でおこった胡惟庸《こいよう》の獄についてはさきに述べたが、胡惟庸の罪状のひとつとして、日本と通謀したという作り話がつたえられている。胡惟庸は謀叛の計画をたてるにあたり、日本の助けをかりようと考えて、まず日本への渡航地である浙江《せっこう》省の寧波《ニンポー》の軍隊の長官林賢《りんけん》と結託した。そしていつわって林賢の罪状を皇帝に上奏して、彼を日本に流し者としておくり、日本の君臣と往来させた。ついで胡惟庸は林賢を復職するように上奏して、日本に使いをだして、彼をめしかえしたが、その際、内密に日本王に手紙をおくって軍兵の援助をもとめた。林賢はすでに明にかえり、日本王は僧侶の如瑶《じょよう》というものをつかわし、兵卒四百人をひきいて、いつわって入貢させた。そのとき如瑶は巨大な蠟燭を献上したが、そのなかに火薬や刀剣がかくされていた。しかし彼が到着したのは、すでに胡惟庸の陰謀が失敗したあとであったので、せっかくのこの計画も役にたたずにおわったという話である。それからさらに数年たって、この計画が露見したと称して、林賢は一族もろとも処刑された。洪武帝は『皇明祖訓《こうみんそくん》』をあらわして、この事件を理由に日本を十五の「不征《ふせい》の国」のひとつにいれた。祖訓とは子孫にあたえる訓誡書《くんかいしょ》で、不征の国とは関係をもたない国との意味である。これは明の内部事情から日本を中国世界の外にしめだしたのである。ただ胡惟庸の獄にまつわる日本の援助計画など話としてはまことにおもしろいが、どこまで信用できるか疑問である。ともあれ洪武帝の時代の日明関係ははなはだつめたいものであった。

### 前期倭寇

明の建国をつげるための使者楊載は、日本に対して倭寇の取締りを強硬に申しいれ、もし倭寇がおこれば日本を征伐するぞと威嚇さえした。倭寇は最初から日明間の中心問題だったのである。この時代の倭寇は前期倭寇といわれているが、元朝の末、わが南北朝のなかごろからはじまり、はじめのうちはおもに朝鮮半島の沿岸に発生していた。ちょうど朝鮮では高麗《こうらい》朝の末期の国土の疲弊している際で、倭寇の侵害にいたくなやまされた。倭寇はまず朝鮮南部の沿岸や国都の開城《かいじょう》付近で、租税として徴収された米を都へはこぶ船や倉庫を襲撃して米豆などの食料品をうばったり、住民を奴隷としてかすめたりしていたが、しだいにはげしさをくわえ、朝鮮北部や奥地にまでも進出しておかした。その集団も、最初は船二、三艘で五、六人という小さいものであったが、やがて四、五百艘、数千人におよぶ大きな勢力となった。

古来、日本と朝鮮とのあいだの交通につねに大きな役割をはたしてきたのは、朝鮮海峡に飛石のように点在している対馬、壱岐である。元来土地がせまくて良田のない島のため、その住民は魚をとって生活するほか、海上の交易に活路をもとめていた。高麗時代に対馬人は、日本からの進奉《しんぽう》と称する貿易に従事し、釜山《ふざん》のちかくには彼らの宿舎までもうけられていたが、高麗がモンゴルの圧迫をうけて苦しむようになると、日本との貿易も断絶してしまった。島内での自給自足のできない対馬の住民は、こうなっては力ずくでも食糧を確保し、奴隷のような転売のできる代物も入手しなければならない。こうして対馬はじめ壱岐や北九州の松浦地方の住民が、暴力をもって朝鮮をおかしたのがそもそもの倭寇である。そのうえ当時九州や瀬戸内海で活躍していた海賊衆や武装商人団などもくわわって、さかんに朝鮮半島の沿岸をあらした。これに対して高麗は、日本に使者をおくって倭寇の取締りを要求する一方、軍備を強化して討伐に苦心した。

**李朝成立**

この倭寇の討伐に功績をたてて出世したのが女直（女真）出身の将軍李成桂《りせいけい》で、のちに高麗王朝をたおして李氏朝鮮王朝をたてた太祖王である。

元朝の時代、高麗王国は元帝国の一部であった。歴代の国王は大都（北京）に広壮な邸宅をかまえ、元の皇帝の皇女と結婚して駙馬《ふば》（婿）高麗国王の称号をもらい、うまれた王子は

太祖王李成桂

幼少のうちから皇帝の宿衛《しゅくえい》（侍従）となって、モンゴル貴族のひとりとしての生活をおくった。国王にとって高麗ははるかにはなれた知行地にすぎず、一生のあいだかぞえるほどの回数しかかえらなかった。その高麗を統治した実際の機関は、もはや形骸をとどめるのみの開城の政府官庁ではなく、元の中書省に属する征東行中書省《せいとうこうちゅうしょしょう》であって、国王がその左丞相（長官）に任命されるのが例であった。

ところで高麗の北境に接する満洲では、遼陽《りょうよう》行中書省が最高の行政機関であったが、これまた高麗人が要職をしめるのが例であった。というのは、高麗は元に降服するまえ、三十年間にわたってモンゴルの侵入軍に抵抗をつづけたのであるが、その間に捕虜として満洲につれさられた高麗人や、朝鮮北部がしばらく元の直轄領となった時期に移住した高麗人が、遼陽、瀋陽《しんよう》一帯の平野に定着して農業をいとなみ、一大コロニーを形成していたのである。遼陽行中書省は彼らのためにもうけられた機関で、その管轄範囲は、日本海側では双城《そうじょう》（咸鏡南道永興）におよんでいた。これは高麗人とともに女直の住地でもあったから、元の時代には女直人と高麗人がこの方面でまざりあい、ともにモンゴル文化の影響をふかくうけたのである。

元朝の末期、順帝の時代の高麗国王は恭愍《きょうびん》王という人であった。順帝の皇后の奇氏は高麗人で、皇太子のアーユシュリーダラをうんだので、皇后の兄の奇《き》轍《てつ》もきわめて羽振りがよく、その権勢は国王をも圧倒した。それで恭愍王は内心危険を感じていたが、たまたま南シナで張士誠《ちょうしせい》の叛乱がおこり、その討伐のために高麗からも軍隊が徴発された。この指揮官として出陣した高麗の将軍崔瑩《さいえい》から元の末期症状をきいた恭愍王は、いよいよ元との衝突を覚悟で奇轍を処分することに決心し、一三五六年、抜打ちのクーデターで奇轍を殺した。同時に高麗軍は二手にわかれて出動し、一軍は鴨緑江をこえて遼陽への交通路を占領し、もう一軍は双城をおとしいれた。

このとき双城にいて高麗軍にくだった女直の首領に李ウルスブハという人があった。その子が李成桂で、崔瑩の部下にはいって軍人としての生活をはじめたが、一三五九～六〇年、一三六一～六二年の二回にわたった紅巾軍の半島侵入の撃退作戦で手柄をたててからめきめきと頭角をあらわした。

元と敵対関係にあった恭愍王は、一三六九年明の洪武帝から正式に建国の通告をうけると、即座に明と国交をひらき、同時に李成桂をつかわしてふたたび遼陽を攻撃させた。この作戦で李成桂軍は遼河《りょうが》以南の地方をことごとく掃蕩したという。

恭愍王は一三七四年暗殺され、長男の禑《ぐ》が国王となった。このころは倭寇の被害が頂点に達したときで、ことに一三八〇年の侵入ははなはだしかったが、李成桂は部下の女直兵をひきいてこれを全羅《ぜんら》道の雲峰《うんぽう》で撃滅した。これ以来倭寇はやや下火になった。

李成桂が倭寇の討伐にかけまわっているころ、一三八七年には満洲では北元のナガチュの大軍が明にくだり、明の勢力が高麗の北辺に進出してきた。これに脅威を感じた国王禑は、崔瑩と相談のうえ実力で満洲をうばいとる計画をたてた。翌一三八八年、曹敏修《そうびんしゅう》、李成桂のひきいる左右軍は開城を出発して鴨緑江にむかい、国王と崔瑩は作戦指揮のため平壌にうつった。

崔瑩の目的は、遼河の線に進出してここを国境とすることであった。元代以来遼陽、瀋陽一帯は高麗人の住地であったし、遼河は古来天険として有名であり、隋唐の高句麗《こうくり》（満洲）征伐軍もこの線でつねに撃退されたほどであった。ことにこのとき、明軍の主力はブイル・ノールに元帝トクズテムルを撃つため出動していて、満洲の防備はまったく手薄であったから、崔瑩の計画は決して無謀ではなかった。もしこれが成功していたら、満洲には朝鮮人と女直人の連合王国が出現して、アジアの歴史もそうとうかわっていただろう。しかしことはそうはこばなかった。

高麗軍が鴨緑江の中洲の威化島《いかとう》に陣をはったとき、曹敏修と李成桂は共謀して命令にそむき、軍をかえして開城に進軍した。国王は廃位され、崔瑩は殺された。

禑の子の昌《しょう》が国王にたてられたが、まもなく曹敏修は李成桂と対立して追放され、李成桂は容赦なく反対派から土地を没収して再配分し、自分の権力の基礎をつくりあげていった。昌は廃位されて傍系の王族の恭譲《きょうじょう》王がかつぎあげられたが、もはや軍事・行政の実権はことごとく李成桂の手中ににぎられた。こうして用意がととのって、一三九二年いよいよ恭譲王は廃位され、李成桂が高麗国王となる。明にこの革命を通報したところ、洪武帝からは新国号をなんにするのかとの問合せがあった。そこで翌年、洪武帝の勅許をえて朝鮮国と改称した。こうして、朝鮮半島は中国から分離して独立国となったのである。

さて倭寇はあいかわらず侵入をくりかえしていたが、朝鮮政府は、日本人に食糧、住居、官職をあたえたり、通商をゆるしたりして懐柔策をとり、積極的に対策を講じたので、さしもの倭寇も急速におとろえていった。

また倭寇は、元末から明初にかけてシナの沿岸でも発生した。これは朝鮮半島を北上していった倭寇が大陸沿岸におよんだのであって、朝鮮にちかい山東沿岸がもっともひどく、それから南下して江蘇、浙江、福建方面にまでいたった。シナ沿岸の倭寇も、朝鮮の場合とおなじく米や住民をかすめたが、明は日本にその取締りを要求するとともに、みずから防備をかためた。そして一四一九年明軍は遼東《りょうとう》半島の望海堝《ぼうかいか》で倭寇に決定的な大打撃をあたえた。さらにこの年李朝では対馬に大軍をおくって攻撃したので、倭寇もついに終熄《しゅうそく》することとなったが、そのころにはすでに室町幕府と明とのあいだに正式な国交がうちたてられていた。

## 日本国王

南北朝を合体させて天下を統一した足利義満は、まもなく将軍職をおさない長子にゆずって出家し、隠居所として北山に宏大な別荘をいとなんでそこにうつった。この山荘の一角にたてられたのが名高い金閣である。隠居とはいってもあいかわらず実権をにぎり、得意の絶頂にあった彼が、つぎに意を動かしたのは明との貿易であった。

九州の博多商人は宋元時代以来中国に商船を通じていたが、その肥富《こいつみ》というものが明からかえり、対明貿易の利益の大きいことを義満にふきこんだらしい。この勧告をよろこんでうけいれた義満は一四〇一年、肥富を副使に任じて正使とともに大明皇帝陛下にたてまつる書をもたせて明へつかわした。そのときは洪武帝はすでに死んでいて、建文帝の時代であったので、不征の国の祖訓も実際にはおこなわれていなかったのであろう。それに対して翌年明から禅僧が使者としてやってくると、義満はわざわざ妻女をつれて兵庫の港まで見物かたがた出迎え、ついで北山の別荘で使者を接見して盛大な歓迎をした。義満が明との通交をいかに熱望していたかが察せられよう。このとき明の使者は、建文四年二月六日の日付の国書を持参したが、その文中に「爾《なんじ》日本国王源道義」の文字があり、さらに大統暦《だいとうれき》をわかち正朔《せいさく》を奉ぜしめようといっている。大統暦とは明の暦の名にほかならない。元来中国では暦は皇帝の制定にかかり、その人民や属国はすべてその暦を使用しなければならなかった。正朔とは正しい朔《ついたち》の意味で、要するに皇帝の暦にしたがうというわけである。そこで日本も明への国書には明の年号をもちいなければならなかったが、国内ではこれまでどおり独自の暦をもちい、年号も独自のものをつかった。

ところでこの建文四年の六月には建文帝が南京で攻めほろぼされて靖難《せいなん》の役がおわり、あらたに永楽帝が即位した。そうしたニュースは意外にはやく義満のもとにつたえられていて、彼は翌年明使が帰国するに際して、天龍寺の圭密《けいみつ》を使者としてつかわし、永楽帝に国書を呈したが、その文中にみずからを「日本国王臣源」と称している。ちょうど永楽帝の即位をつげるため日本へ使者を派遣しようとしていたところへ圭密らが到着したので、永楽帝がよろこんだのはいうまでもない。彼は圭密らが帰国するとき使者をつかわして国書をおくり、「ああ爾日本国王源道義は天の道を知り、地の義に達していて、朕《ちん》が帝位につくと、すぐ朝貢にきた。そのすみやかな来帰は、ほめるに十分である」といい、国王の冠服や金印を持参させた。金印とは国王の象徴であって、いまや義満は明の皇帝から正式に日本国王に封ぜられたのである。彼は北山の別荘に明の使者をむかえて接見し、うやうやしく国書とともに金印と冠服をうけとった。そして翌々年明の使者がきたときには、日本の山を封じて寿安《じゅあん》鎮国《ちんこく》の山とし、その地に碑をたてて永楽帝みずから碑文を撰したという。この山はひさしくあやまられて阿蘇山であろうといわれていたが、京都の万寿寺所在の地をさすようである。

足利義満が明から日本国王に封ぜられ、みずからもその称号をもちいたことは、日本の国体をわきまえぬ恥ずべき国辱的行為といわれて、わが国ではふるくその当時から非難されてきた。日本人の感情からすればそれも当然であろうが、明と貿易をおこなうためには日本国王の封をうけねばならなかったのである。古来、漢民族はみずからを中華とほこり、周辺の諸民族を戎狄蛮夷《じゅうてきばんい》とよんで蔑視した。皇帝とは中華帝国の君主として、天下にただひとり存するだけで、蛮族の君長とは別格の高い地位にあった。このような世界観のもとでは、シナと対等の国交はありえず、周辺諸国の君長はシナの皇帝にただ朝貢をゆるされるにすぎない。ところが明は国初から倭寇などのために海禁《かいきん》政策をとり、いっさいの民船の海上へでるのを厳禁するとともに、外国船が勝手に中国に渡航するのも禁止したので、通交はすべて公的なものでなければならなくなった。公的な通交といえば、朝貢関係以外にありえないのであり、朝貢するにはシナ皇帝から官爵をさずけられねばならない。朝貢といっても、それはおもてむきの形式で、実はその名のもとに貿易がおこなわれていたのである。したがって日明貿易をおこなうには日本国王の封爵《ほうしゃく》が絶対に必要であった。

## 勘合制度

義満は日本国王の金印をさずけられるとともに、勘合符《かんごうふ》をあたえられた。勘合とは外国に派遣したり、外国からくる使者の真偽を証明するための割符で、明はシャム（タイ）、チャンパー（ヴェトナム）、カンボジアなど五十余国に勘合符を支給したが、日本もそのなかの一国だったわけである。

日本の勘合には、「日」の字と「本」の字の二種があった。日の字は「日字壹号」から「日字壹百号」まで百通あり、本の字のほうも同様である。ともにこの文字の左半分を捺印した紙片が勘合符で、右半分を捺印したのが底簿《ていぼ》といって元帳である。底簿は百枚ひとつづりとなっていて一扇といい、二部つくられた。日字の勘合符百通は明の中央政府の礼部に保管され、その底簿の一扇は礼部、もう一扇は日本におかれた。本字の勘合符は日本に保管され、その底簿の一扇は礼部、もう一扇は浙江の布政使司におかれた。そして新皇帝がたつたびにあたらしい勘合符が支給されるたてまえになっていた。日本から遣明船がだされる場合には、日本に保管されている本字の勘合符を船ごとに一通ずつ順次に持参する。そして勘合符はまず寧波の港において浙江布政使司の底簿と照合され、ついで北京で礼部の底簿と照合され、使用ずみとなると礼部に回収された。この勘合制度によって、贋の朝貢船や密貿易船はシャットアウトされることになった。

## 遣明船

日本国王足利義満は、倭寇をとりしまるとともに一四〇四年第一回の遣明勘合船をおくった。ひきつづいて彼は毎年のように遣明船をだしたが、彼が死ぬと将軍義持《よしもち》は父の政治や対明政策に批判的で、明への朝貢を拒否したので、二十年あまり遣明船がおくられなかった。しかしその弟の義教《よしのり》が将軍となると遣明船も復活され、それから百余年をへた一五四七年に最後となるまで、前後十一回派遣された。

遣明船の乗組員の最高の地位は、日本国王から大明皇帝への国書と貢物を持参する正使、副使で、京都五山の禅僧のなかからえらばれるのがきまりであった。しかし遣明船は実は貿易船であるから、貿易関係の事務をつかさどる役員や従者、通訳などが十名前後おり、それに商人と船頭が乗りこむ。だいたい船は千石前後の大きさで、百五十人前後の乗組員がいたようである。毎回の船の数は、はじめは六、七艘であったが、将軍義政の時代の一四五一年には九艘千二百人からなる大編成となった。寧波で上陸した一行のうち一部のものが北京までゆくのが例で、このときは三百人のおおぜいがでかけたので、給与もわるかったとみえ、道中で住民に酒食をもとめて暴行し、山東省では掠奪をとがめた官憲をなぐり殺すという暴力事件がおこった。そのため遣明船の数は三艘、人員は三百人以下と制限され、その後、人員のほうはともかくとして、船数はよくまもられ、だいたい十年に一度派遣された。

さて正使が持参する貢物は、馬、太刀、硫黄《いおう》、瑪瑙《めのう》、金屏風《びょうぶ》、扇のようなもので、これに対し明の皇帝は回賜《かいし》といってかならず返礼の品を下賜する。銀、銅銭、錦、紵糸《ちょし》などで、のちには銅銭がなくなったが、要するに朝貢もいわば交易である。とはいえ、これはなんといっても儀礼的なものであるから、数量もさほど多くない。それよりも貢物とともにつみこまれている多量の商品の交易こそ、遣明船のほんとうの目的であった。商品の一部は北京におくられて、明の政府とのあいだに取引きされる。そのおもな商品として日本刀、硫黄をはじめ銅、赤色染料の蘇木《そぼく》、扇などがあり、その価格は銅銭や絹、布で支払われた。この交易のほか、寧波や北京、あるいはその両地を往復する道中で、明の商人との取引きもおこなわれた。

商品の取引きの価格は、ときによって差があるのはいうまでもないが、一四五一年の遣明船の場合を例にあげれば、日本で一把八百文か一貫文の日本刀が明では五貫文になり、日本で一駄十貫文の銅が明では四、五十貫文になる。もっとも利益の多いのは生糸で、明で一斤二百五十文が日本では五貫文というから二十倍にあたる。日本の商品を明で売ってもうけ、逆に明の商品を日本へもちかえって得するのであるから、運搬費はじめ諸経費をさしひいても、遣明船一艘について一万貫以上の純益があったらしい。こんなに利益があがるとすれば、道中の危険をおかして熱心になるのは当然で、幕府はじめ天龍寺などの社寺や、細川、大内氏などの有力大名が堺や博多の商人とむすんで遣明船をおくり、多大の利益をおさめたのであった。

## 琉球の登場

遣明船がはこんでいった主要な商品のひとつに蘇木があった。これはわが国ではスオウとよぶが、インド、マレー原産の小さな灌木で、その心材や実の莢《さや》を煎じて赤色の染料とする。もとより南方の植物で、日本の産物でないから、日本はただ転売したまでで、その入手は琉球をとおしてなされた。

琉球の名がはじめて文献にあらわれるのは、ふるく七世紀のことで、隋《ずい》の煬帝《ようだい》のとき「流求」に遠征したとつたえられているが、その流求はいまの台湾であって、沖縄ではない。ところが明のはじめ洪武帝が日本へもきた楊載を琉球につかわすと、彼は沖縄へいってその住民をつれかえり、琉球国人の入貢と称したので、それから沖縄を琉球とよぶようになったという。琉球の住民はもとより日本民族であるが、日本本土から遠くはなれているため、そのふるい歴史はあまりあきらかでない。十四世紀になると、ようやく動きが活潑になり、沖縄本島の諸豪族のあいだに統合ができて三勢力が対立した。洪武帝が使者を派遣したのは、まさにそうした状況にあった際で、明ではこの三勢力を山北《さんほく》、中山《ちゅうざん》、山南《さんなん》とよび、それぞれに王爵をあたえた。ここにおいて琉球は史上はじめてシナの朝貢国となり、中国世界の一角に登場したのであって、琉球にとっても中国にとっても劃期的なできごとといわねばならない。これは宋元時代から東洋針路といわれるあたらしい航路がひらかれ、台湾海峡や東シナ海の航行がしだいに発達してきた結果であろう。

さて三山のうちで中山がはじめからもっとも優勢で、王爵もいちばんはやくあたえられ、しばしば明に入貢したが、十五世紀のはじめ、中山王の尚巴志《しょうはし》が山北、山南をあわせて統一したので、これからは中山王が琉球国の代表となった。ところで土地がせまく物資にめぐまれない琉球の住民が生活していくには、海上貿易に活動するよりほかなかった。東シナ海の東方に弧状につらなる琉球列島は、地理的に海上の活動に適していたし、明が海禁政策をとり自国民の海上への進出を厳禁したことは、琉球人にとって幸運であった。琉球は福建省の泉《せん》州（のちに福《ふく》州）の市舶使司《しはくしし》を通じて明に頻繁に朝貢したが、要するにそれは中継貿易にほかならない。琉球船はシャム、マラッカ、スマトラのパレンバン、ジャワ、ヴェトナムなど東南アジアの各地としきりに往来して南方の物資を買いいれ、明や日本、朝鮮に転売した。九州の博多などは琉球と朝鮮との中継港として利用され、琉球国王の使者として朝鮮に貿易にでかける博多商人もすくなくなかった。十五世紀には琉球船の活動がとくにさかんで、それを中心に日本、朝鮮、明、東南アジアがむすびつけられていたわけである。

琉球と外国との往復文書を編纂した『歴代宝案《れきだいほうあん》』という書物をみると、当時の琉球船の活動の実態をきわめて具体的に知ることができるが、たとえばシャムへはシナ産の陶磁器や日本産の扇子などをもっていき、そのかわりに蘇木などの物資をもちかえっている。ともあれ万里の波濤をこえて休むひまもなく中継貿易に従事した琉球人の苦労は、たいへんなものであったといわねばならない。

## 遣明船の末路

十五世紀の後半におこった応仁《おうにん》の乱の結果、室町幕府の権威はまったくうしなわれ、世は戦国の時代となった。このとき遣明船をもっぱら支配したのは、堺商人とむすぶ細川氏と、博多商人とむすぶ大内氏である。この両氏は、はじめから遣明船にふかい関係をもってはいたが、乱後それを独占するようになると対立がいよいよ激化し、ついに一大事件をひきおこした。

一五二三年、大内氏のしたてた三艘の遣明船は、正徳《せいとく》年度のあたらしい勘合符をもって寧波に入港した。ところが細川氏は別に一艘の遣明船を用意し、すでに無効となっているはずの弘治《こうち》年度のふるい勘合符をもっていかせた。かくて細川船が大内船より数日おくれて寧波に入港したので、ここでたがいに真偽をあらそうことになった。この細川船には明人の宋素《そうそ》卿《けい》というものが役員として乗りこんでいた。彼は寧波のうまれで、日本商人に対する叔父の債務の質として日本につれかえられたが、文字の心得もあり、細川氏に重用されていたらしい。宋素卿はさっそく寧波の市舶使司の長官の宦官に賄賂をおくった。市舶使司は遣明船の事務をつかさどる役所で、宦官が派遣されてきていたのであるが、彼らにはもともと賄賂をとるのはあたりまえのことであった。明人の宋素卿はそのへんの呼吸をよくこころえていて、うまくたちまわったのであろう。効果は覿面《てきめん》で、細川船はおくれてきたにもかかわらず大内船よりさきに貨物の陸揚げ点検をすませ、長官の招宴の際には、大内船の正使の宗設《そうせつ》より宋素卿が上座につけられた。これに憤慨した宗設は、武器をもちだして細川船の正使の鸞《らん》岡《こう》を殺し、細川船を焼きはらったうえ、明の官憲にまもられて避難した宋素卿を追いかけ、紹興府《しょうこうふ》の城下までいって暴行をはたらき、寧波にもどると明の武官をとらえ、船をうばって海上に去った。国内での対立が、商売先の外国で爆発して、はなばなしい乱闘を演じたのである。

この寧波事件は、今後の日明関係に暗いかげを投げかけるものであった。その後、遣明船は大内氏に独占され、一五三八年十六年ぶりに派遣され、ついで一五四七年に天龍寺の策彦《さくげん》を正使としておくられたが、それが最後になった。策彦が帰国した翌年、大内氏は老臣陶《すえ》氏の叛逆によって滅亡してしまったからである。そしてまもなく、ふたたび倭寇が猛烈ないきおいでおこってきた。

**密貿易**

十六世紀になると東シナ海や南シナ海の形勢が大きく変化してきた。十五世紀にあれほどさかんであった琉球の貿易活動が、十六世紀にはいるとしだいにふるわなくなったのもそのためである。ヨーロッパが近世にはいり、「地理上の発見」がおこったとき、インド航路を発見したポルトガル人は、一五一一年マレー半島の交通の要地マラッカを占領し、東アジアへ進出してきた。それから数年後の一五一七年には、はやくも広州港《こう》にポルトガル船が姿をあらわし、明に対して通商貿易をもとめた。ちょうど明朝の中期、正徳帝の時代であったが、海禁政策をとっている明が通商を拒否したのはいうまでもない。しかしシナ貿易の利益に着目したポルトガル人は密貿易をすすめてさらに北上していった。明では海禁政策をとっているとはいえ、たびたび禁令が発せられているのをみると、効果が十分でなかったのであろうが、十六世紀になると密出国や密貿易がはげしくなり、シナ商人が海上に進出してきた。その結果、福建省漳《しょう》州の月港《げっこう》や寧波の双嶼《そうしょ》のように漢人やポルトガル人が密貿易にあつまる根拠地ができてきたのである。

また明の商船は、ちょうど最後の遣明船がだされるすこしまえごろから、にわかに日本の各地に来航するようになった。むろん禁令をおかした密貿易船で、そのおもな目的は、日本から銀をもちかえることであった。銀は十五世紀なかごろからシナで流通がさかんとなり、これまで現物をおさめていた地租《ちそ》も金花銀《きんかぎん》といって銀で納入し、徭役《ようえき》もしだいに銀で代納することがおこなわれた。当時のシナ社会においてなににもまして貴重な存在となった銀は、シナ国内での産出がすくなかったのに対し、日本では十六世紀のなかばちかくから急激に増産されたのである。明の商人がこれに目をつけるとともに、彼らに誘導されて日本商人もシナへ往来しはじめ、ここに密貿易がにわかにさかんとなってきた。

一五四七年明の嘉靖帝は、朱紈《しゆがん》というものを浙江、福建地方の責任者に任じて、目にあまるようになった密貿易を徹底的にとりしまらせた。彼はきわめて職務に忠実なまじめな人物で、さっそく現地におもむいて海防をととのえ、翌年密貿易の巣窟の双嶼を攻めて賊をとらえたり殺したりし、港口をふさいでしまった。しかし朱紈に対する反対運動が他の官僚のなかからおこり、その結果、彼はついに官をうばわれ罪されたので、毒をあおって自殺した。

いったい密貿易に従事していたものは、福建はじめ浙江、広東の沿海の住民であった。とくに福建は土地がせまいので、はやくから海上に進出して生計をたてていた地方で、泉州、漳州がその中心であった。そして彼ら密貿易業者の背後には郷紳《きょうしん》がいた。郷紳とはだいたい富裕な地主層出身の読書人で、官をやめて故郷にかえったものや、科挙の試験に合格しながら官につかずに本籍地にいるものである。つまり彼らは現在役人ではないにしても官の身分をもっているので、地方官と結託することができ、中央の高官とも連絡がつく。密貿易はもとより非合法な行為であるが、取締りにあたる役人も郷紳の圧力や賄賂によって、これを暗黙のうちにゆるしていた。しかるに朱紈が法令を盾に強硬な措置を講じたので、これまで利益をえていた郷紳が打撃をうけ、彼を憎んで罪におとしいれたのである。彼は職務に忠実なあまりばかをみたわけで、これから海禁はゆるみ密貿易はますますさかえた。

**後期倭寇**

朱紈の弾圧によって双嶼が潰滅して以後、東シナ海の密貿易の首領となったのは王直《おうちょく》である。彼は五峯と号し、うまれつき俠客肌の男で気前がよく、智略にもたけていたので人望があった。はじめ塩商をいとなんでいたが、失敗すると海上に進出し、仲間の連中と硝石、硫黄、生糸などの禁制品をつんでシャム、マラッカなど東南アジアの諸地におもむいて交易し、五、六年のあいだに巨富をきずいた。一攫千金の金もうけをするには、国法をおかして禁制品を売買するのがいちばんである。東シナ海も彼の活動の舞台で、日本にもしきりに来航し、九州の平戸に居館をもっていた。一五四三年ポルトガル人を乗せた船が種子島につき、鉄砲をはじめてわが国につたえた話はよく知られているが、この船に王直が乗っていたといわれている。

さて王直は、当時さかんに海上に進出して密貿易にしたがうようになった沿海の窮民をひきいて、ますます勢力をはり、貿易の自由をもとめてゆるされぬと、一五五二年ついに江蘇、浙江地方を襲撃した。これから十年ばかりのあいだがいわゆる後期倭寇のもっともはげしかった時期で、ことに五五年には一年間に百回をこえる入寇があった。だいたい密貿易である以上、いつ官憲の取締りにあうかもしれないから、いざという場合武器をとってたたかえる用意をしていたのは当然である。密貿易があまりにひどくなれば、官憲は取締らねばならず、取締りを強化すれば反抗がおこる。それがくりかえされると狂暴化していよいよ手がつけられなくなるのであって、倭寇はついにその極点に達した。

倭寇は沿岸各地に出没し、掠奪、放火、殺人のかぎりをつくしておそれられたが、ときにはわずか六、七十人の一行ながら、八十日間に内陸ふかく安徽《あんき》省の奥地にまで侵入し、四千人を殺すという行動半径の大きな例もあった。ところで当時の明の文献にも「ほんとうの日本人は三割」としるされているように、この後期倭寇の主体はあくまでも漢人であって、参加した日本人はわずかであった。その点、おなじく倭寇とよばれていても、前期倭寇とは性格を非常にことにするのである。したがってそのあらした地域も前期の場合とちがい、おもに密貿易の根拠地があった揚子江以南の沿岸地方であった。

まず大挙して入寇した王直はまもなく日本へのがれ、五島を根拠地としてみずから徽《き》王と称し、海賊を指揮しておおいにいきおいをふるった。明では彼の首に一万両と伯爵の賞をかけたが、明に誘引してとらえるのは容易でなかった。倭寇鎮圧の最高責任者の総督に任ぜられた胡宗憲《こそうけん》は、王直と同郷人である関係もあって、彼に対して懐柔策をとり、獄につながれていた彼の母と妻子を釈放して厚遇し、その手紙をおくって、貿易をゆるすという条件で投降をすすめた。王直は家族の安全なのを知ると心が動き、日本からでて舟山《しゅうざん》の港にはいったが、なお疑念をいだいてためらっていた。しかし宗憲は陳弁これつとめて人質をおくったので、王直はやっと信用し、宗憲のもとに出頭したところ、結局はかられてとらえられ、殺された。また王直とならんで日本へ往来して密貿易をいとなんでいた頭目に徐海《じょかい》がおり、さかんに入寇したが、胡宗憲はその仲間の離間工作に成功し、徐海を投降させて殺した。

このようにしてさしもの倭寇も、一五六〇年代になるとようやくいきおいがおとろえ、さらに名将戚継光《せきけいこう》らが福建で倭寇の巣窟を撃破して大打撃をあたえた。そのため倭寇の残党は、明の官憲の手のとどかぬ台湾などによって活動をつづけた。しかしそれにもまして倭寇を終熄させるのに力のあったのは、海禁令の解除であった。年号が嘉靖から隆慶《りゅうけい》とあらたまった一五六七年、明初以来二百年にわたって実施されてきた海禁をやめ、海外への出航貿易をゆるすことになった。福建の漳州の月港は密貿易の根拠地であったが、この方面にあらたに海澄《かいちょう》県をおいて門戸としたのである。ただ日本への渡航はなおゆるされなかったが、それは表面上だけであって、これから漢人の海外出航と貿易は飛躍的に発展していった。

## 朝鮮の役

日本ではまもなく戦国の世がおわり、安土桃山の時代をむかえた。これまで半世紀にわたった後期倭寇の活躍の時代に海外貿易の経験をつんでいた日本人のあいだには、外国に対する関心がたかまっていた。こうした時代に国内を統一した豊臣秀吉は中国征服の野望をいだき、朝鮮に先導を命じて思うままにならぬと、一五九二年ついに朝鮮征討の軍をおこした。わが文禄元年で、明では万暦《ばんれき》二十年にあたる。

ちょうど朝鮮では李朝の中期、宣祖《せんそ》王の時代であったが、政治は党派あらそいにあけくれていて、日本との外交もそれに左右されて定見がなく、なんの防衛準備もなかった。そこへ突如として日本軍がおしよせてきたのである。この年五月釜山に上陸した日本軍は、破竹のいきおいで北上し、わずか二十日ばかりで国都のソウルをおとしいれてしまった。それから軍をわけて、小西行長《ゆきなが》はさらに北へすすんで平壌をとり、加藤清正は東北にむかって日本海に面した咸鏡道《かんきょう》にはいり、国境の豆満江《とまんこう》のちかくで朝鮮の二王子をとらえた。

朝鮮は国初以来明の忠実な朝貢国である。日本軍に追われて鴨緑江岸の義《ぎ》州までおちのびた朝鮮王は、さっそく宗主国の明に救援を乞うた。これに対し明では賛否両論あったが、結局ほかならぬ朝鮮の一大事とて援助にふみきり、まず朝鮮にちかい遼東の部隊を先鋒としておくると、もろくも大敗し、大将が命からがら脱出する失態を演じた。そこで明はいよいよ本腰をいれて援軍の陣容をととのえ、名将李如松《りじょしょう》を派遣した。彼は四万の大軍をひきいて平壌を急襲し、たちまちこれをとりもどし、日本軍を追って南下したが、ソウルの手前の碧蹄《へきてい》館《かん》で小早川隆景《たかかげ》らに逆襲されて大敗し、平壌にしりぞいた。はじめ明に援軍を乞うにあたり、朝鮮の大臣のなかには、かえって明兵の横暴に苦しむ結果になるからとて求援に反対の意見もあった。しかしいまや朝鮮の国土はともに外国である日明両軍の戦場となったのであって、その困苦は言語に絶した。だが一方、朝鮮の各地では義軍が蜂起し、水軍の名将李舜《りしゅん》臣《しん》は制海権をうばって日本からの補給を困難にしたので、日本軍は緒戦にみられた威勢をうしなって、ようやく朝鮮南部を確保するにとどまり、戦争は膠着状態におちいった。かくて日明間に講和の機が熟した。

**講和交渉**

明では朝鮮救援はたいへんな負担であるので、はじめから他方では和平工作をすすめていた。その交渉にあたったのが沈惟敬《しんいけい》である。彼は浙江省のうまれというが、身元もたしかでないあやしげな人物で、和平交渉のため日本通を政府が募集したのに応募してもちいられた。したがって胆力もすわり、なかなか口達者の外交のかけひきに長じた手腕家であった。外交の舞台には往々にしてそのような人間が登場するのである。

沈惟敬はさっそく朝鮮にはいり、平壌で小西行長と折衝を開始した。これからこの両者は足かけ五年にわたって終始和平交渉をともにしたが、碧蹄館の戦いののち、講和の下交渉がだいたいまとまった。かくて日本軍はソウルを撤退して朝鮮南部にしりぞき、明の講和使が日本へ派遣されて、秀吉の面前で和議を講じた。秀吉はその際、

一、明の皇女を日本の后妃にむかえること。

一、明と勘合貿易を復活すること。

一、朝鮮にはソウルおよび北部の四道を還付し、南部の四道を日本に割譲すること。

一、生けどりにした朝鮮の二王子を放還すること。

など七ヵ条の条件を提出した。そして講和が成立するものと思ってか、講和使の帰国とともに二王子を送還し、朝鮮から日本軍を、一部のこしてひきあげさせた。

一方、これと並行して日本からも北京へ講和使が派遣された。ただ明の政府内では講和について異論があったのでひまがかかったが、ようやくにして和議がまとまった。明側の条件は、秀吉を日本国王に封じ、行長以下を都督などに任ずるかわりに、朝貢と貿易をゆるさず、釜山の日本軍はことごとく撤退し、ふたたび朝鮮をおかしてはならぬというのである。日明両者の条件にはあまりにも大きなひらきがある。明からいよいよ正式の講和のため正使、副使が派遣されることになったが、いずれ日本に到着したあかつきには、無事にはすまされまい。当事者たちはせいぜい時間をかせいで糊塗しようとしたとみえ、使者は北京を出発してから一年九ヵ月もかかってやっと大坂に到着した。しかもその途中、日本軍が駐留し

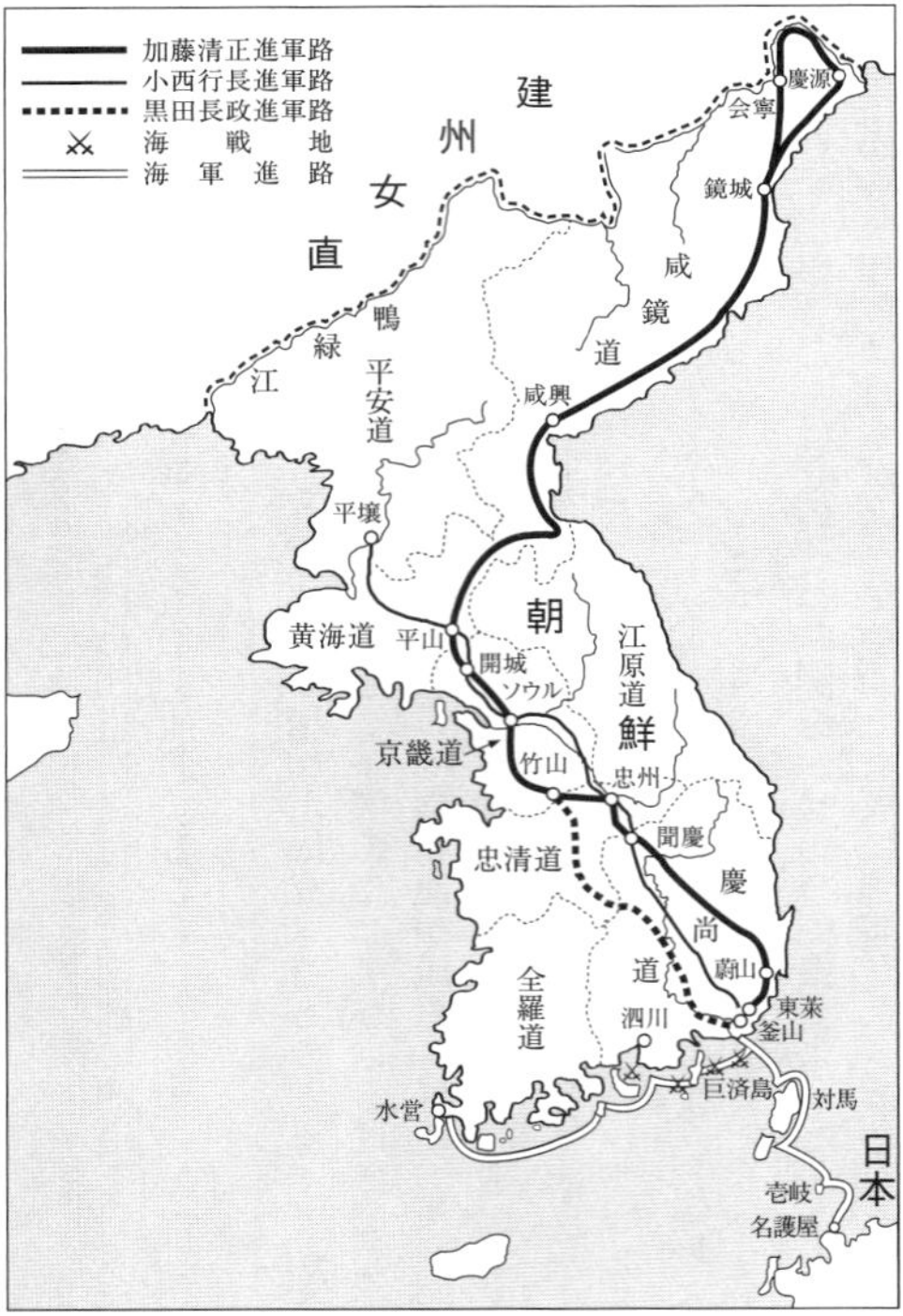

日本軍の朝鮮侵入

ている釜山で滞留中に正使の李宗城《りそうじょう》が逃亡するという前代未聞の珍事件さえおこった。

　李宗城は明の開国の功臣李文忠《りぶんちゅう》の子孫という名門の出である。彼が逃亡した原因については、つぎのような話がつたえられている。彼は道中どこでも物品をあくなくもとめ、対馬の領主が夜寝所に美女二、三人をすすめるとおおいによろこび、さらに領主の妻が美人だときくと通じようとした。そんな貪欲好色のため日本人に追われて逃げたという。これはむろん疑問で、真実は目前にせまってきた秀吉との会見がかならず失敗して身の安全さえわからぬという予想におののき、いたたまれなくなったからであろう。宗城はある日の未明、一兵卒の姿に変装して釜山の城門をはしりでたのであった。

その結果、副使の楊方亨《ようほうこう》が正使に昇格し、沈惟敬があらたに副使となり、ついに一五九六年すなわち慶長元年の九月、大坂城で秀吉と会見した。明の使者は秀吉に日本国王の金印と冠服、誥命《こうめい》（辞令書）をあたえたが、たちまちにして講和は決裂してしまった。その理由はいろいろいわれているが、要するに根本は両者の講和条件にあまりに大きなくいちがいがあったからである。そもそも明では正式な国交をひらくには封爵の形式が必要である。祖訓に「不征の国」としるされている日本の秀吉を国王に封ずることさえ明にとっては問題で、反対意見もすくなくなかった。ただ先例として足利義満を日本国王に封じたことと、さきにモンゴルのアルタン・ハーンを順義王《じゅんぎ》に封じたことから、ようやく王に封ずることに決したしだいで、日本側の提出した朝鮮割地の条件などはじめから問題でなかった。ただ中にたった沈惟敬や小西行長が講和をまとめるべく策を弄したままでのことで、はじめから無理な相談であった。

秀吉は翌年ふたたび朝鮮に出兵したが、前回のように意気があがらず、明・朝鮮軍の襲撃をうけて苦闘をつづけた。ついで一五九八年秀吉が死ぬと、遺命によって軍を朝鮮からひきあげたので、前後七年にわたった戦争もやっとうやむやのうちに終了した。しかしこの戦争のために、日本人は朝鮮のすぐれた技術や学問に接触する機会をえた。たとえば唐津《からつ》焼、薩《さつ》摩《ま》焼などの陶芸は、捕虜としてつれかえられた多数の朝鮮人陶工によってはじめられたものである。また活字印刷の技術は、世界でもっともはやく朝鮮で発達したものであるが、銅活字が朝鮮からもちこまれて、日本の印刷文化が飛躍的にたかまった。

学問の面でも、これから江戸時代を通じて日本の指導的な思想となる朱子学は、この戦争を契機として普及したものである。朝鮮ではすこしまえに大学者李滉《りこう》（退渓《たいけい》）がでて、朱子学の理論をよく消化した。日本の朱子学の開祖といわれる藤原惺窩《せいか》らは、まったく李滉の著作にたよって研究をすすめたのである。

豊臣秀吉の朝鮮出兵すなわち文禄・慶長の役が東アジア史上に投じた波紋は実に大きなものであった。豊臣氏自身没落して徳川氏の天下となったことはともかくとして、戦場と化した朝鮮は直接戦禍をうけて国土が極度に荒廃した。他方、明のはらった犠牲も決して小さくなく、これがひとつの原因となってその衰亡をはやめた。ところが明や朝鮮が苦しんでいるのに乗じて、逆に利をえたのは両国と隣接する満洲の女直であった。ちょうどこの時期に勃興してきた女直の勢力が、やがて発展して清朝をたて、東アジアを制覇していったのである。

# 第七章　大元伝国の璽

## 狩猟農耕民族

モンゴル高原の東端は、急斜面になって満洲の平野におちこんでいる。この境界が大興安《だいこうあん》嶺《れい》山脈で、西側のモンゴル高原からみればひくい丘にすぎないが、東側の満洲からみると、そそりたつ峰々なのである。大興安嶺をさかいにして、東西の気候はがらりとかわる。乾燥したモンゴル高原とちがって、大興安嶺の東斜面には河川が発達し、雨量も多く、渓谷のなかでは農耕のおこなえる地域も多い。この方面の住民は、ふるい時代から遊牧と同時に農耕をおこなってきた。つまり農耕と遊牧の中間地帯なのである。北魏《ほくぎ》をたてた鮮卑《せんぴ》、遼《りょう》帝国をつくった契丹《きったん》などもここの住民であった。元朝以後、モンゴル人の住地となり、現在内モンゴル自治区に属している。

さらに東方にひらけるのが、本来の意味での満洲平野である。遼河《りょうが》と松花江《しょうかこう》をつらねる線の東方には、長白山《ちょうはくさん》をのぞいてあまりけわしい山岳地帯や密林はなく、ひくい丘陵がどこまでもうねってつづき、疎林がこれをおおっている。この方面はムギ、アワ、ヒエ、キビなどの耕作がおこなわれる天水農耕地帯である。しかし土地の生産力がひくいので、農耕だけでは自給自足ができない。そこで狩猟が重要な生産手段になるし、副業として豚も飼っている。この豚を飼うのがこの地方の住民の特色で、彼らをツングース民族とよぶのは、トルコ語で豚を意味する「トングズ」がなまったものなのである。

狩猟といっても、鳥や獣や魚をとって食用に供するのがおもな目的ではなく、むしろ交易用の商品の蒐集のことである。松花江をくだってアムール川にはいると、両岸はシベリア特有のタイガ（密林）で、貂《てん》、キツネ、リス、ミンクなどの良質の毛皮が豊富にとれる。また、朝鮮とのさかいの長白山塊の原始林のなかでは、高貴薬としてあまりにも名高い朝鮮人参、中華料理には欠かせないキクラゲ、キノコ類、松の実などがとれる。また淡水産の真珠も方々ででる。こうした産物は、現地で消費されるのではなくて、奥地からリレー式に集落から集落へはこばれて遼河の下流の瀋陽《しんよう》、遼陽《りようよう》方面に達する。この一帯は、遼河の河口に発達したデルタ地帯で、ふるくからシナ式の灌漑農耕がおこなわれてきた。ここにあつまった商品はさらに熱河《ねつか》の山地をとおり、北シナの平野に達すると、そこが北京である。この商業ルートを通じて満洲の住民が見返りとしてうけとるのは穀物、織物、金属製品、その他各種のシナの産物である。このルートは歴史時代以前から存在し、満洲の住民はどんな奥地にいても、北京を介してシナの経済と目にみえぬ糸でむすびつけられていたのである。

松花江、遼河以東の満洲の住民は、十世紀以来ツングース民族のひとつの女直《じよちよく》（女真）であった。これは彼らの言語で自分たちのことをさす「ジュシェン」の音訳である。女直人の社会では、ひとつの家族は主人と奴隷の二種類のひとびとで構成されていた。主人は狩猟にでて毛皮や人参などをあつめたり、あつめた商品を遠くはなれた取引場へもっていって生活必需品と交易する役割を担当している。戦争も、掠奪を目的とするわけだから一種の狩猟であるが、これにでかけるのも主人の仕事である。

一方奴隷は畑をたがやしたり豚の世話をしたりして、せっせと食糧を生産する。そして主人は主人、奴隷は奴隷と代々かわらないが、生活はおなじ屋敷にいっしょに住んでひとつ釜の飯を食い、主人の交易や戦争で手にいれた物資も、奴隷が収穫した食糧も、みな身分のへだてなく均等に分配して消費するのである。主人と奴隷とは一家族の内部での分業なのであって、たとえば主人は夫、奴隷は妻にあたる。だから家族内における主人と奴隷の精神的なむすびつきはきわめてつよく、「主従は三世」を地でゆくようなものであった。これは家族が生活共同体で、主人と奴隷のどちらを欠いても他は生存できないのであるから当然である。

**部族をもとにした「衛」**

女直人は十二世紀にはいって北シナを征服して金《きん》帝国をつくったが、それがモンゴル人にほろぼされたあと、満洲に残留した女直人は元《げん》の遼陽行中書省の管轄下にはいった。しかし元の統制はゆるやかなもので、彼らはほとんど完全な自治をゆるされていた。この遼陽行中書省は、前章でもふれたとおり、遼河デルタに移住した高麗人農耕民の統治をおもな目的とした機関だったからである。

明朝がおこると、洪武帝はモンゴル高原と朝鮮半島との連絡を断って、北元を包囲するために満洲に軍をおくって占領した。このときの進出はまったくモンゴルに対する軍事上の必要からであったが、永楽帝の時代になると事情がかわる。永楽帝は永年燕王として北京に駐在していたので、自然満洲の女直人とも関係がふかく、女直の大首領アハチュの娘を第三夫人にめとったほどである。そこで靖難《せいなん》の役のあいだ、女直兵と大興安嶺東のモンゴル兵は永楽帝の軍隊に参加して奮戦した。建文帝をたおすと、永楽帝は即位早々の一四〇三年、彼らを正式に明の国軍に編入し、内地にならって部族単位に衛所制度をしいた。女直に対しては吉林《きつりん》のちかくに建州《けんしゅう》衛がおかれ、アハチュがその指揮使に任ぜられた。またハルビンの北方には兀者《ウジェ》衛がおかれた。大興安嶺東のモンゴル人に対しては、朶顔《ドヤン》衛、泰寧《たいねい》衛、福余《フユル》衛がおかれた。この三衛がすなわち農耕をもおこなう遊牧民である。

はじめ女直人の衛は遼東都指揮使司に属していたが、やがて明の勢力がアムール川の流域にまで進出すると、満洲の奥地にもぞくぞくと衛が設置され、それらの統轄機関としてあらたに奴児干《ヌルゲン》都指揮使司の開設をみることとなった。

一四一一年、宦官の亦失哈《イシハ》は官軍一千余人をひきい、巨船二十五艘に分乗してアムール川をくだり、河口に奴児干都指揮使司を建設した。この地には元代にすでに東征元帥府《とうせいげんすいふ》という機関がおかれていて、サハリン、北海道方面のアイヌなどを支配していたが、いままた明の前進基地がここにできたのである。実はこの奴児干都指揮使司の開設の事実は、十九世紀のなかごろにロシア人のペルミキンがこの地にたてられた永寧寺《えいねいじ》の碑を学界に紹介したときにはじめて知られたのであって、ながいあいだわすれられていた。これは清朝が、その祖先の地である満洲の奥地まで明の勢力がおよんだことを否認しようとして、その歴史事実を記録からとりさったからにほかならない。永寧寺というのは都司のちかくに建立された観音堂で、文化六年（一八〇九）にサハリン（カラフト）から沿海州にわたってこの地をおとずれた間宮林蔵《まみやりんぞう》の『東韃地方紀行《とうだっちほうきこう》』にこの石碑のことがみえている。

此日経し処にサンタンコヱと名づくる地あり、其昔魯斉亜《ロシア》賊ホンコー河（其国中より流れ来て此川に入る）を乗下し、此処に至て居家を営み、傍夷を撫して其産物をかすめ、此辺の地方を蚕食せんと欲せしに、満洲夷の為に討伐せられ、敗走して其国に去りしと云（年代不知）、其時賊夷の建し者なりとて、此処の河岸高き処に黄土色の石碑二頭をたつ。林蔵船中よりの遠望なれば、文字は彫刻せるや否をしらず、衆夷此処に至りぬる時は、齎《もたら》す処の米粟草実など川中に散して此碑を遥拝す、其意如何をしらず。

とあるが、内容は事実とだいぶちがっているにせよ、石碑はまさしくさきの奴児干永寧寺碑である。この碑の刻文によれば、亦失哈はこのとき海外苦夷《クイ》の諸民、つまりサハリンのアイヌまでも招撫したとある。

## ヌルハチの出現

永楽帝の死後、宣徳帝の治世（一四二五〜三五年）にも、明朝の満洲に対する直接支配体制はかわらなかった。正統帝の代（一四三五〜四九年）になると、明朝は新興のオイラット帝国の圧力に抗しきれず、モンゴル高原への進出をまったく断念して守勢に転じたが、満洲方面でも奴児干を放棄して遼河下流域に後退し、奴児干都指揮使司は廃止された。これ以後満洲における明の国防の第一線は開原《かいげん》、瀋陽でかぎられることとなった。

しかしおもしろいことに、もはや明の国軍の一部として戦争におもむくことはなくなったが、数十年のあいだ維持されてきた衛所制度は、女直人の社会組織そのものと化してしまっていた。世襲の指揮使、千戸、百戸などの官職は、平和な時代になると、明との国境貿易の特権を保障するものとなり、各衛の首領は部下の女直人があつめた商品をまとめて国境の関門でひらかれる定期市へもっていき、交易で入手した物資を衛にもちかえって部下に分配するのをおもな仕事とするようになる。

これらの関門のおもなものは開原東北方の鎮北《ちんほく》関と東南方の広順《こうじゅん》関、瀋陽東方の撫順《ぶじゅん》関の三つであった。関門のかたわらを占拠することは貿易上有利なので、これらの近辺には有力な女直人の部族国家が発達した。鎮北関外のを塔魯木《タルム》衛（イェヘ国）、広順関外のを塔山前《とうざんぜん》衛（ハダ国）、撫順関外のを建州左衛という。衛というのは明朝側からみた名前で、女直人の側からみれば衛はひとつの部族であり、ひとつの国家なのである。そして関門と奥地とをむすぶルート上の各地にも、商品の集散地としていくつかの部族国家ができた。もとの建州衛の故地の吉林北方には塔山《とうざん》衛（ウラ国）があり、三関と松花江、アムール川方面との結節点にあたっていたし、ウラの南方には輝発《ホイファ》川の渓谷にホイファ国があって、ハダ、建州左衛

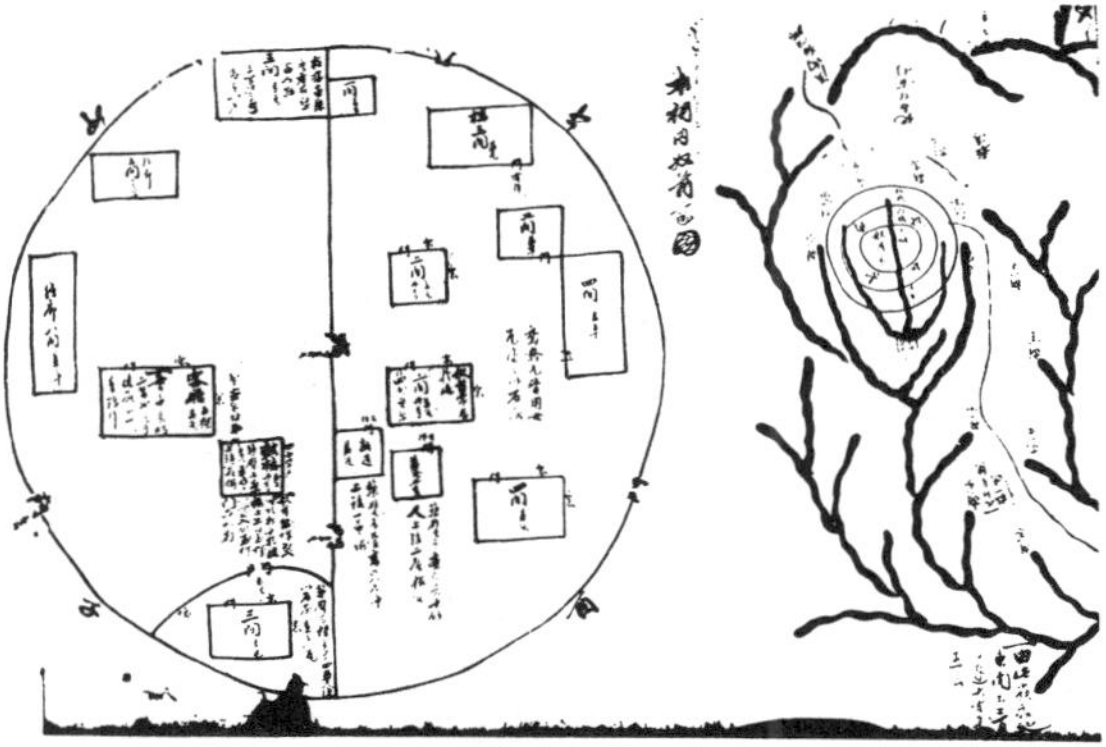

フェ・アラ時代のヌルハチ屋敷の配置図

とウラとをむすんでいた。さらに建州左衛から東方へゆくと、佟家江《とうかこう》の流域にアハチュの子孫のひきいる建州衛と建州右衛がかたまっていた。

このうち建州左衛からあらわれた有能な指導者がヌルハチ（清の太祖）で、当時の明の遼東の軍司令官李成梁《りせいりょう》の保護のもとに勢力を拡張し、一五八八年には建州三衛を統合することに成功した。このころヌルハチの居城であったのはフェ・アラといった。一五九六年にここをおとずれた朝鮮の使臣申忠一《しんちゅういつ》の『建州紀程図記《けんしゅうきていずき》』という報告書がのこっており、当時のヌルハチの様子をいきいきとつたえている。

それによると、城は三重の構造になっており、中心の内城に円形に木柵でかこまれたヌルハチの邸宅がある。これは図のように二分され、右側半分にヌルハチとその家族が住み、左側半分にはオフィスや合図の太鼓のおかれた鼓楼《ころう》がみえる。

その外側の内城にはヌルハチの親族が百戸あま

り、外城には部下の諸将とその一族が三百戸あまり、さらに外城の外には兵士が四百戸あまりおかれていた。なお外城中にはヌルハチの弟のシュルガチの邸宅もみえる。その構造もヌルハチの邸宅とほとんどかわらない。

またヌルハチの部将が百五十余人、シュルガチの部将が四十余人で、諸将はいずれも建州女直の首領たちであり、近在のものはすべて城中につめていた。しかしヌルハチといえども、シュルガチの部下についてはまったく干渉できなかった。申忠一も二人が対立関係にあり、まったく同等の立場にあったことをつたえている。

またヌルハチの風貌について、こまかい描写をしている。ヌルハチは中肉中背で、鼻が大きく、色は浅黒くて面長であり、貂《てん》皮の帽子をかぶり、龍の模様がつき貂皮でふちどりしたきらびやかな衣服をまとい、金のかざりのついた帯をしめ、大小の刀と火打石などをたばさみ、鹿皮の靴をはいていたとある。これは女直の伝統的な服装であったにちがいない。一方シュルガチもおなじ服装をし、身体が大きく、色が白く、耳に銀の耳環をつけていたとある。

ヌルハチはその後も、一五九九年にはハダ、一六〇七年にはホイファを併合して着々と女直民族の統一をすすめていった。

## 後金国の成立

ヌルハチを保護した李成梁は元代に満洲に移住した高麗人の子孫で、宮廷の宦官と結託して毛皮や人参の貿易の利益を独占した。これは当時明の社会が大量消費型になり、猛烈な消費ブームがおこっていたからである。そのまた李成梁と結託したヌルハチは、関門での交易権を独占したばかりか、商品の生産地である奥地をも直接支配しようとして、どんどん進出していったのである。

ところが一六〇八年明の宮中に勢力の変動があり、その結果李成梁が失脚し、ヌルハチは足場をうしなった。それでもヌルハチは実力をもって統一事業をおしすすめ、一六一三年ウラを併合し、さらに奥地にすすんで一六一五年には全女直人の統一を完成し、わずかにイェへをのこすのみとなった。

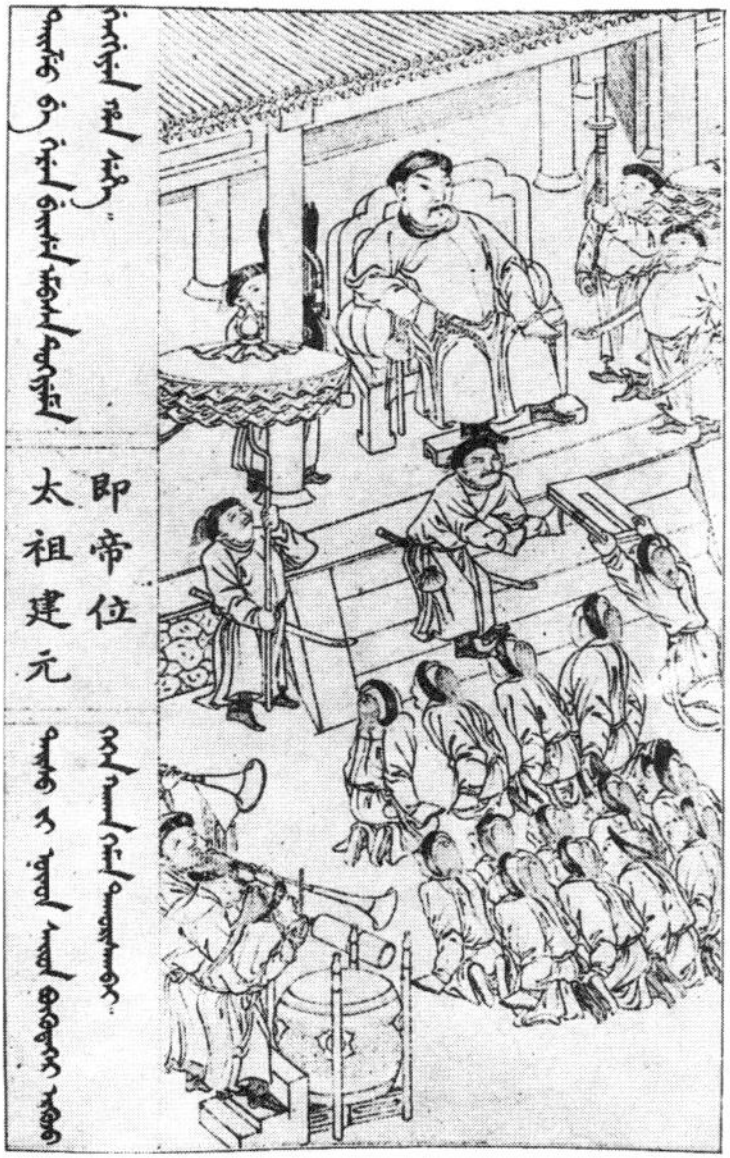

ヘト・アラの居城で、後金国ハンの即位式をあげるヌルハチ

そこで翌年の正月、即位式をあげて後金国《こうきん》ハンと称した。これはむかしの金帝国の復興という意味である。

後金国の内部は、ヌルハチによって八つのグサという集団に編成された。グサというのはこれまでの衛を原形としたものである。これからでる軍隊が、グサごとに色とふちどりのちがう軍旗をもっていたので、漢語ではグサを旗《き》と訳し、八旗《はっき》と総称する。軍旗の色は黄・白・紅・藍の四つで、これにふちどりのあるものとないものとがある。ふちどりのないものを「正《せい》」、あるものを「鑲《じょう》」といい、「正黄旗」「鑲黄旗」「正白旗」「鑲白旗」というふうによぶ。各旗は五つのジャラン（参領《さんりょう》）にわかれるが、これは衛の五つの千戸所にあたる。ジャランは五つのニルにわかれる。このニルが百戸所にあたるのであって、戦争、狩猟、賦役などすべてのおおやけの負担には、各ニルが三百人分の男手をだす義務を負っている。つまりヌルハチの後金国は八旗の連邦であった。この八旗はこれから清朝一代を通じて満洲人（女直人）の社会組織の根本をなした。のちに満洲人だけでなく漢軍《かんぐん》（漢人）、蒙古《もうこ》（モンゴル人）をもふくむようになるが、人種にかかわらず八旗に属するひとびとを旗人《きじん》とよぶ。この旗人が清朝の根幹である。

## サルフの戦い

李成梁の失脚以来、ヌルハチと明との貿易は円滑にいかなくなった。貿易が杜絶すればせつかくあつめた毛皮や人参の売り先がないばかりか、絶対必要な食糧の買入れもできない。窮したヌルハチは手っとりばやい掠奪の手段に訴え、一六一八年に撫順関から侵入したのを皮切りに、しきりと明領をあらして穀物をもちさった。

これに対して明は本格的な討伐作戦を実施した。万暦帝《ばんれき》はヌルハチ征討の勅諭を発し、文禄・慶長の役の勇将楊鎬《ようこう》を総司令官に任命した。楊鎬は十万の兵を四軍にわけて、一六一九

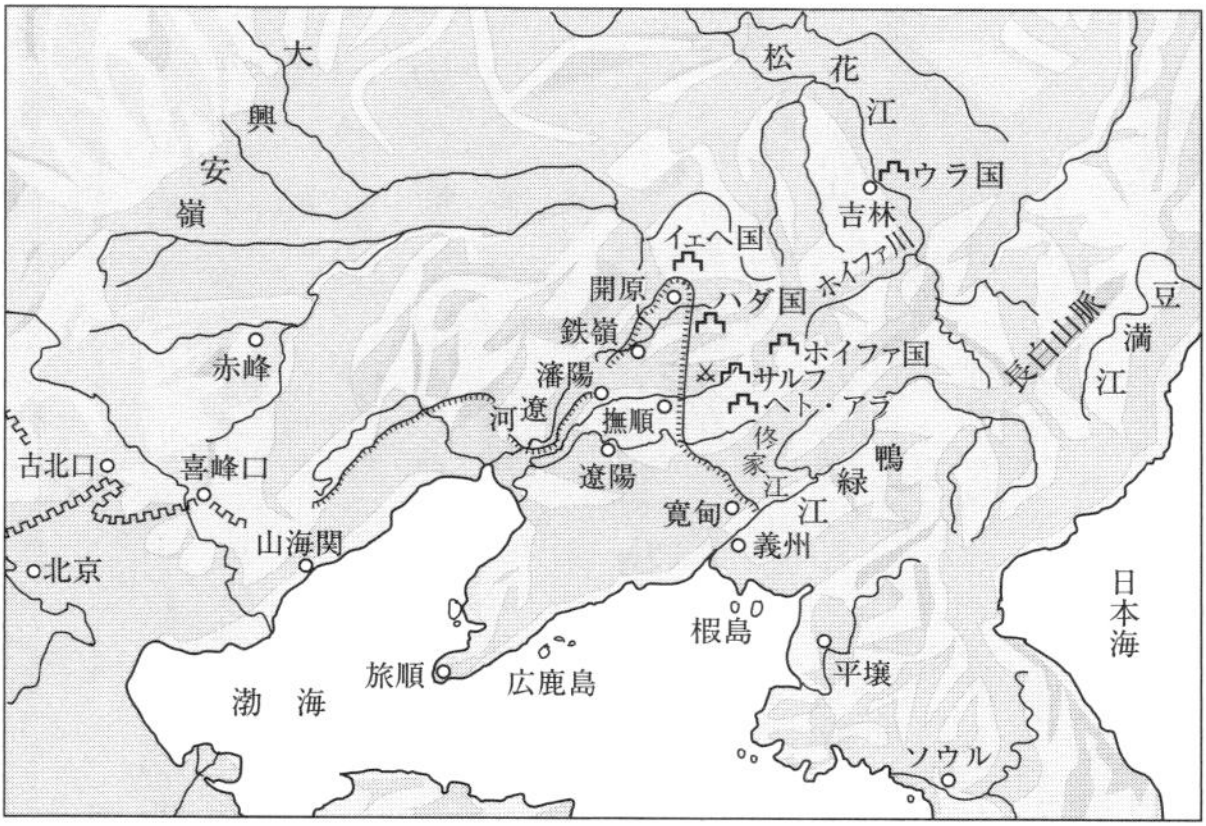


明末の南満洲

年ヌルハチの居城ヘト・アラにむかって四路より進撃を命じた。この分進合撃の戦法は、李成梁以来の女直討伐の常套手段であって、女直騎馬隊のゲリラ戦を封じ、一挙にヌルハチの居城をほふってしまおうというのである。しかもこの絶対優勢の兵力にくわえて、当時後金軍にはなかった大砲、小銃の火器が装備されていた。

　これに対して明軍出撃の報をきいたヌルハチは、城にたてこもって砲火の攻撃をうける不利をさけ、野戦における決戦策をとり、蘇《そ》子《し》河《が》をはさむサルフ、ジャイフィヤンの地に城をきずいて迎撃する作戦をさだめた。

　ところで明の分進合撃作戦は、四路にわかれた諸軍の緊密な連絡があってこそ功をおさめるものである。しかるに主力をひきいて、瀋陽より撫順をへ、渾《こん》河《が》にそって蘇子河にはいりヘト・アラにむかう左翼中路軍の主将杜《と》松《しょう》の抜駆けが、この作戦に手違いを生じた。すなわち杜松は後金側があらたに構築したサルフ城を急襲する策をとったのである。この報をうけたヌルハチは総兵力をひきいて、ヘト・アラより五〇キロの道のりをわずか五時間というおどろくべきはやさで進軍し、明軍の占領したサルフをときをうつさず攻撃した。明軍はこの不意の来襲に陣形をととのえるいとまもなく、一瞬のうちに殲滅《せんめつ》されてしまった。勝ちに乗じた後金軍は渾河をわたり、ジャイフィヤンによった杜松の本軍の背後をおそい、これまた殲滅したのである。

一方開原から進軍した馬林《ばりん》のひきいる左翼北路軍は、杜松軍の全滅も知らずに、シャンギヤン・ハダの南麓に設営していた。これを探知した後金軍はヌルハチの到着をまって攻撃にうつり、わずか数千の兵をもって二万の明軍を撃破した。

猛将劉綎《りゅうてい》のひきいる右翼南路軍は、朝鮮からの援軍一万とともに、寛甸《かんでん》から一路北上していたが、中路の李如柏《りじょはく》の進軍はきわめておそかった。すでに杜松、馬林の軍の覆滅を知った総司令官楊鎬は、劉綎、李如柏の軍に帰還を命じたが、瀋陽にちかい李如柏のもとにはとどいたものの、遠方の劉綎のもとにはまにあわなかった。かくて後金軍の主力の迎撃にあい、劉綎の本軍は全滅し、後続の朝鮮軍は戦意をうしない投降した。

かくのごとく、明清交替の関ヶ原といわれるサルフの戦いはヌルハチの一方的勝利におわった。明軍の戦死者四万五千、馬匹の損失二万八千とつたえられている。

## 遼東への進出

国境防衛軍の潰滅のあと、明の遼東地方はまったく防備をうしなってまるはだかになった。そこでヌルハチはこの年イェへを併合し、一六二一年には瀋陽、遼陽を占領して遼河の線まで進出した。

しかし遼河左岸の農耕地帯を手にいれて、食糧事情はいくらか好転したものの、明との平和な貿易なくしては後金国の安定はのぞめない。そこでヌルハチは山海関《さんかい》での貿易の再開を熱望して再三明に講和を申しいれたが、いったんこじれた関係はなかなかもとへもどらなかった。

そのうちに毛文龍《もうぶんりゅう》という明の軍人があらわれて、無断で山東から船で海をわたって鴨緑江口に達し、朝鮮領の椵島《かとう》（皮島《ひとう》）という小島に根城をつくり、商船から通行税をとりたて、また市場をひらいて貨物税を徴収した。彼は最初は後金国の後方攪乱のゲリラ戦をやっていたが、そのうちに妥協して、こともあろうに当の敵の後金国と密貿易をやりだした。

一六二六年、ヌルハチは六十八歳で病死した。まえにもいったとおり、八旗はそれぞれ独立性がつよかった。そこで国内の統一をたもち八旗の結束をかためるために、ヌルハチは各旗にそれぞれ自分の諸子と甥を封じてベイレ（王）としていたが、その死のころもっとも有力なベイレは四人あった。その四人の互選によって、第八子のホンタイジ（清の太宗）があたらしい後金国ハンになった。

翌一六二七年、後金軍は鴨緑江をわたって朝鮮に侵入し、ソウルに達し、朝鮮政府を威圧して、義州において定期市をひらくことを承諾させた。これからは明の物資は椵島をへて義州に達し、そこで朝鮮の商人を介して満洲の産物と交易されるようになった。つまり椵島は明と後金のあいだの密貿易の基地になったのである。

毛文龍は宦官の魏忠賢《ぎちゅうけん》と結託していたので、その庇護のもとに大きな勢力をきずきあげたのである。ところが魏忠賢が失脚したので、毛文龍はよりどころをうしない、ついに一六二九年に殺されて椵島の栄華も夢となった。しかし密貿易は明人や朝鮮人の商船によって依然おこなわれていたようである。

すでにヌルハチの生前から、山海関での貿易が実現しないのに焦慮した後金国は、あたらしいルートをもとめて熱河方面に進出を開始していたが、ホンタイジはこれを推進して途中のモンゴル人たちを征服し、ついに一六二九年長城をこえて北京を包囲し、皇帝に講和を申しいれた。もとより明が屈服するはずもない。そこでさらに明との貿易のあらたな窓口をもとめてモンゴル高原に進出することとなった。

北元の帝室の正統であるチャハル部族は、一五四七年にダライスン・ハーンがアルタンに放逐されてから大興安嶺の東方にうつり、熱河の赤峰《せきほう》のあたりに本営をおいて遊牧をつづけていた。ホンタイジのころのチャハルのハーンはリンダンであったが、後金が熱河に進出してきたので、それをさけて一六二八年、大軍をひきいて西方に移動し、内モンゴルの諸部族をほろぼしてフヘ・ホトを占領し、甘粛、青海方面にまで勢力をのばした。

ところが一六三四年、ホンタイジがみずから後金軍を指揮して大興安嶺をこえ、モンゴル高原に進軍してきたので、リンダン・ハーンはチベット遠征に出発し、青海にはいろうとしたが、途中で天然痘にかかって死んだ。チャハルは瓦解し、首領たちはさきをあらそって投降し、フヘ・ホトは後金の手におちた。

しかしホンタイジの遠征の主目的はチャハルではなかった。彼は明の辺境の大同の要塞を包囲し、軍司令官に講和を要求した。明の地方軍はそれぞれ別の組織であるから、山海関で戦争をしていても、大同のほうでは講和がなり、フヘ・ホトにおかれた後金の出先機関とのあいだに貿易がひらかれた。

## 大元伝国の璽

リンダン・ハーンの死後も、その長子のエジェイは部下をひきいて甘粛の辺外に遊牧していた。そこで翌一六三五年、ヌルハチの第十四子のドルゴンが後金軍をひきいて派遣され、黄河をわたってエジェイを降服させ、ひきつれて都の瀋陽にかえってきた。このときエジェイは大元伝国《だいげんでんこく》の璽《じ》なるものをたずさえてきてホンタイジに献上したのである。

これは玉を彫ってつくった大きな印で、「制誥之宝《せいこうしほう》」の四字がきざまれている。中国では古代から現在にいたるまで、印は権威の象徴である。官吏が任命されるときには公印が授与される。この印を捺さなければどんな公文書も効力をもたず、辞任するときには返納しなければならない。つまり印は権力そのものなのである。「制誥之宝」とは、皇帝が大官の辞令に捺す印の意味であるが、つたえられるところによると、これは元朝の皇帝の持物であった。順帝が大都（北京）から内モンゴルの応昌にのがれたときもこの印をもっていったが、のちゆくえが知れなくなった。アルタン・ハーンのときになってひとりの羊飼いが、自分の山羊が三日間草を食おうとせず、蹄で地面をけっているのをみて、そこを掘ってみたらこの印がでてきた。それからはアルタン・ハーンの子孫の家につたえられたが、リンダン・ハーンがフヘ・ホトをとったときチャハルの手におち、いままたホンタイジのものになったのである。つまり大元伝国の璽は、元朝の皇帝権の象徴だったのである。それがホンタイジの手にはいったということは、彼が全中国の支配権を元朝からひきついだことを意味する。ホンタイジがおおいによろこんだことはいうまでもない。

内モンゴルはことごとく後金の支配下にはいったが、これよりさき、ホンタイジは漢人の大集団の投降をも受けていた。さきに毛文龍が殺されたのち、その部下であった孔有徳《こうゆうとく》と耿《こう》仲明《ちゅうめい》は山東にうつっていたが、一六三三年叛乱をおこして海をわたり、旅順《りょじゅん》に達して後金国に降服した。孔有徳は八千十四名、耿仲明は五千八百六十名をひきいていたのである。つづいて翌年また広鹿島《こうろくとう》の明軍の指揮官尚可喜《しょうかき》も後金に投降したので、三人の将軍の配下の砲兵部隊がくわわって後金軍の戦闘力は大幅に強化された。

### 大清皇帝

いまやホンタイジは女直人、モンゴル人、漢人を統合した国家の君主となった。これは世祖フビライ・ハーンによって創始された元帝国の縮図のようなものである。つまり小中国が出現したのである。そこへ大元伝国の璽が手にはいった。他の三大ベイレはそれまでにつぎつぎと失脚していったので、ホンタイジは一六三六年瀋陽に女直の諸王大臣、エジェイをはじめとするモンゴルの首領、孔有徳ら漢人の将軍を招集し、そこで皇帝に推戴されて、国号を大清《だいしん》とあらため、年号を崇徳《すうとく》とさだめた。これが清朝の建国である。同時にジュシェンという自称を廃止して、マンジュ人とよぶことにした。満洲というのは、このマンジュを漢字でうつしたもので、これ以来女直を満洲というようになった。

このホンタイジによって創立された大清国は、満洲人を中心にした、モンゴル人、漢人との連合政権であった。したがって皇帝の推戴式でも満洲、モンゴル、漢人のそれぞれの代表が、つぎつぎと御前にすすみでて、それぞれ自分の国語で、ホンタイジを自分たちの皇帝として推戴する意思表示をしたのである。

こうした連合国家としての性格をもっともよくあらわしているのは、清朝歴代の皇帝の実《じつ》録《ろく》である。実録とは皇帝一代ごとにつくられる年代記であり、宮中奥ふかく秘蔵され、他見をゆるされない、もっとも大切な宝物であった。これほど重要な実録が、満洲語、モンゴル

チャハル系図

語、漢語の三種の国語で書かれることになっていたことこそ、清朝の本質をよくしめしているといえよう。清朝では、この三ヵ国語が公用語として対等にもちいられた。

皇帝となったホンタイジは、隣国朝鮮に承認をもとめたが、明の朝貢国である朝鮮はこれを断乎拒絶した。そこでただちにホンタイジは大軍をひきいて朝鮮に侵入し、漢江《かんこう》をわたって南漢山《なんかんさん》城に朝鮮王仁祖《じんそ》を包囲した。城中には食糧のたくわえがすくなかったので、翌年正月仁祖王は開城して清軍にくだることになった。漢江の渡し場三田渡《さんでんと》に式場がもうけられる。三月三十日、霧がふかくて太陽もかすんでいるなかを、仁祖王は群臣をひきいて城の西門をでる。城中の朝鮮人たちは声をはなって泣きながらこれを見送る。式場のはるか前で王は乗物をおり、徒歩でちかづいてくる。大清皇帝は壇のうえにたち、武装した兵士がその周囲に整列している。まず皇帝は座をたって、朝鮮王とその群臣をひきいて天を拝し、また座につく。王と群臣は地上にひれふして罪を謝し、皇帝はこれをゆるす。王は恩を謝し、式次第はおわって宴会にうつる。このとき以来、朝鮮は明と断交して清の朝貢国となったのである。

皇帝にはなったが、やはり明との貿易が必要なことはかわらない。そこでいろいろの外交ルートをつかって講和の実現に努力したが、いっこうにみのらないうちに、ホンタイジは崇徳八年（一六四三）八月八日の夜に急死した。五十二歳であった。

# 第八章　北京の四十日

## 万暦の三大征

ここで清の戦争相手である明の情勢をみてみよう。泰平の世を謳歌していた万暦《ばんれき》のなかごろ、突如として日本の豊臣秀吉の軍が朝鮮に侵入し、明が朝鮮救援の大軍をおくったことはすでに述べた。

この戦争は七年の長きにわたったが、さらにそれと前後して辺境地方でふたつも叛乱がおこった。そのひとつは朝鮮の役にさきだって、西北方の寧夏による投降モンゴル人の哱拝《ボバイ》がおこした叛乱であり、他のひとつはちょうど朝鮮の役の最中に、南方の播《は》州（貴州省遵義《じゅんぎ》県）の土司楊応龍《ようおうりゅう》のおこした叛乱である。播州の叛乱は、朝鮮の役がおわってからもつづいた。

もちろん叛乱の鎮圧に明は軍隊をさしむけたので、この三つの事件を総称して万暦の三大征といっている。いったい戦争に金がかかるのは、古今東西を通じてかわらぬ鉄則であるが、三大征のために要した軍事費は千数百万両にのぼった。当時の明政府の歳出の経常費が四百万両というからたいへんな額といわねばならない。

災難はかさなるもので、朝鮮の役の最中（一五九六年）に紫禁城の大奥の坤寧《こんねい》宮が焼け、乾清宮《けんせい》に延焼して、万暦帝をおののかせた。翌年には表御殿としてもっとも重要な皇極殿《こうぎょく》(清の太和殿《たいわ》)、中和殿《ちゅうわ》、建極殿《けんきょく》(保和殿《ほうわ》)の三宮殿が炎上して灰燼に帰した。

これよりさき、万暦帝はまだ二十歳《はたち》すぎの若さで、死後の陵墓として地下に豪華きわまりない宮殿を、六年の歳月をついやしてつくった。この地下宮殿は、先年中国の考古学者によって発掘され、三百余年のあいだ秘められていた姿をあらわして、おおいに世間の注目をあびたが、万暦帝はこんどは地上の宮殿の再建にとりかかった。坤寧、乾清の両宮は数年にして完成したけれども、三殿のほうはなかなかはかどらず、完成したのは万暦帝が死んで数年たってからであった。しかしその工事には、楠《くす》や杉の巨材を遠く揚子江の上流地方からはこび、約千万両の莫大な銀を投じたのである。

専制王朝においては、宮廷費の負担の大きなことはいうまでもない。とくに王朝もながくつづいて末期となると、増加した皇族の数だけでもたいへんであるし、宮廷はすべて贅沢になって、後宮の宦官や女官の数もいちじるしくふえ、女官の化粧代さえただならぬ金額に達し、冠婚葬祭はいよいよ華美に流れて、ばかげた冗費をかけるようになる。

万暦三十年(一六〇二)には、万暦帝はちょうど四十歳に達したので、それに万暦という年号の数三十をくわえて七十の寿と称し、豪華な祝典をひらいた。またこの年には皇太子が結婚し、そのため二百万両の出費がかさんだ。これは父の万暦帝の結婚費用の二倍にあたる金額であった。

経常費だけでも容易でないのに、このようにつぎつぎと莫大な臨時費がかさなっては、財政は破綻《はたん》しないはずがない。財政の窮迫をきりぬけるため、なんらかの対策がたてられねばならなかった。

## 礦税の害

万暦二十四年（一五九六）、あらたに鉱山の開採《かいさい》と商税などの増徴が実施されることになった。これは当時銀の流通がさかんとなって、銀の重要性がたかまったのと、商工業が発達して、商品の交流が活潑となっていたから、そこに目がつけられたのであろう。明では国初以来、宦官が皇帝の腹心として、おもてむきの政治に関与したり、使命をおびて地方や外国に派遣されたりしていたのであるが、またも礦税太監《こうぜいたいかん》として各地におくられた。宦官が皇帝の権力をかさにきて、専横をきわめたことはまえにも述べた。これは明一代を通じてかわらなかったが、こんどは直接ひろく民衆と関係する問題だけに、一般民衆のうけた害毒ははかり知れないものがあった。地方に派遣された宦官は、その地の無頼漢や前科者とむすび、鉱山の開採や徴税に名をかりて民衆を圧迫し、もっぱら私利をむさぼり、私腹をこやした。

たとえば揚子江中流域の湖広の礦税太監となった陳奉《ちんほう》は、金持の家に対して、勝手に鉱山をひらいたといいがかりをつけては金をまきあげた。さらに立派な家や墳墓にねらいをつけると、その下に鉱脈があるといつわり、金をさしだせば没収を免じてやるとおどし、したがわなければただちにわざわいがいたって、数百人が民家をかこんで掠奪し、婦女をはだかにして鞭打ち、暴行凌辱のかぎりをつくした。

また徴税の苛酷さも言語に絶するばかりであった。天津《てんしん》では商店倉庫の地代を官におさめ、広東《カントン》では真珠の採取の利益を独占し、浙江では外国貿易の関税を徴し、重慶《じゅうけい》では木材をとりあげるなど、各地で特別税を徴収したほか、数里ごとに旗をたてて商税を徴し、気弱い商人とみればその財産を没収した。さては僻村の鶏や豚にさえ税が課せられ、民衆の困苦はきわまりなかった。

このような状態に憤慨し、その非を皇帝に訴えようとした気骨のある官僚もなくはなかった。山東の知県（知事）の呉宗堯《ごそうぎょう》や巡撫（省の長官）の尹応元《いんおうげん》は、十年にわたって山東で悪行をほしいままにした礦税太監陳増《ちんぞう》の不法を上奏したが、不条理にも逆に罪された。地方官の正論の上奏はいっこうとりあげられないのに反し、礦税太監の上奏はただちに皇帝の耳に達し、かえって弾劾したものが罪になるありさまで、まったく無茶苦茶であった。

不当な苛斂誅求《かれんちゅうきゅう》に、民衆はいつまでもおとなしくしたがっているものではない。重圧にたえかねた民衆はあちこちで反抗の手をあげた。万暦二十九年（一六〇一）江南の蘇州でおこった絹織物業の織工二千余人の焼打ち暴動などその典型的なものである。

鉱山の開採も商税の増徴も、いたずらに宦官およびそれと結託したものたちの私腹をこやし、一般民衆を苦しめただけで、財政の窮乏を救うにはなんの役にもたたなかった。ただあまりにも礦税の弊害がひどいので、一時それをやめる詔をだしたこともあったが、いったん蔓延した悪習は容易にあらためられず、一六二〇年万暦帝が死ぬまでつづいた。

**東林党**

鳳陽《ほうよう》（安徽省）巡撫李《り》三才《さんさい》は、礦税の害を痛論したひとりであった。

「陛下は北斗星よりも高いほど無限の黄金を手にいれたいと思うのに、民衆にはわずか一升一斗の粃《しいな》や糠《ぬか》のたくわえさえゆるさない。陛下は自分の子孫が千年万年も永続するのを欲するのに、民衆には一朝一夕さえもたもたせない。こころみにむかしの書物をみれば、朝廷にこんな政令があり、天下にこんな現象があって、しかも乱れないことがあったであろうか」

彼のたびたびの切々たる訴えも、まったくかえりみられなかったが、万暦三十七年（一六〇九）彼を内閣大学士にすることについて賛否両論が続出し、数ヵ月にわたって議論が沸騰した。このとき李三才を弁護したものに、彼としたしい顧憲成《こけんせい》がある。憲成ははじめ役人となったが、反対派にやぶれて下野し、郷里の無錫《むしゃく》（江蘇省）にかえって私立学校を主宰していた。これはふるく宋代にできた東林《とうりん》書院を復興したもので、当時流行していた陽明学に反対して、もっぱら朱子学を旨とした。

顧憲成の名声をきいてしだいに人物があつまると、政治の批判がさかんとなり、そのうえはやくから彼とともに政治上の正論をとなえていたグループの趙南星《ちょうなんせい》や鄒元標《すうげんひょう》など当代一流の人物とも気脈を通じた。こうして東林書院を中心とする政治グループができ、東林党とよばれるようになった。このとき発生したのが李三才問題で、これをめぐって東林党と非東林党とのあいだにはげしい対立がおこったのである。

万暦帝は半世紀ちかく、ながい年月にわたって帝位にあったが、一六二〇年ついに死に、青年時代にみずから造営した地下宮殿に葬られた。そのあとただちに長子の皇太子が位についた。泰昌《たいしょう》帝であるが、わずか一ヵ月後にあっけなく死んでしまった。たまたま病気にかかり、丸薬をのむと、たちまち息がたえたということで、宮中奥深くの陰謀として紅丸《こうがん》事件といわれている。

もともと万暦帝の皇后には子がなく、泰昌帝は王《おう》貴妃のうんだ子であるが、別に鄭《てい》貴妃にも男子があった。万暦帝は鄭貴妃をとくに寵愛しているところから、長子をさしおいてその子を皇太子にたてようとして正論派すなわちのちの東林党の反対にあい、結局長子を皇太子にたてたいきさつがあった。そのため万暦帝の生存中にも、棍棒をもった男が、皇太子の居所に侵入するという事件が発生し、鄭妃派の陰謀としてさわがれたのであった。

泰昌帝が急死すると、その長子天啓《てんけい》帝が即位した。そのとき天啓帝の養育にあたってきた女官李選侍《りせんじ》を、皇帝と乾清宮に同居させるべきでないとして別の宮殿にうつそうとし、問題がおこった。これとさきのふたつの陰謀をあわせて三案というが、それをめぐって東林・非東林の両派のあいだで、火花をちらす党争がくりひろげられた。

元来党争は、儒教イデオロギー上の意見の対立をめぐってはじまり、理論派と現実派にわかれるのであるが、やがてはまったくの派閥闘争の泥沼におちいってゆくのがつねである。東林党は、新興の江南の商工業者の支持をうけていたなどといわれるが、明の政治は党争にあけくれておとろえていくばかりであった。

## 魏忠賢の登場

明代の政治に宦官が権勢をふるったことについてはこれまでたびたび述べてきたが、魏忠《ぎちゅう》賢《けん》の登場によってクライマックスに達した。彼は少年のころから奸智にたけた無頼漢で、賭博に負け、市中にかくれていたのを追及され、ついにみずから去勢して宦官になったという。この経歴からみても決して一筋縄でいく人間ではなかった。

宮中にはいると万暦帝の皇太孫づきとなり、その乳母の客《かく》氏にたくみにとりいり信用をえていた。この皇太孫が幸運にもにわかに天啓皇帝となったのである。客氏もいまやときめいて、奉聖《ほうせい》夫人に封ぜられ、魏忠賢も無学なのに皇帝にかわって文書を起草する秉筆《へいひつ》太監の重職をあたえられた。しかも天啓帝はまだ十六歳の少年にすぎず、明朝でもとくにはなはだしい暗君ときていた。魏忠賢にはいよいよ皇帝の権力をかさにきて実力をふるうチャンスが到来したのである。

彼は宦官に火器の訓練をさせて、宮廷内の軍備をかため、憲兵司令官である提督東廠《とうしょう》を兼任して、着々と実権をおさめた。その専横に対して東林党の楊漣《ようれん》が二十四の大罪状を上奏すると、魏忠賢は皇帝と客氏に泣きをいれ、逆に楊漣が失脚する羽目になった。しかし魏忠賢の不法をならすものはあとをたたず、七十余人の多きに達した。

そこで魏忠賢は非東林党の官僚とむすび、非東林党も魏忠賢を利用して東林党をおさえようとしたので、東林党に対し徹底的な弾圧がなされた。東林党のものはすべて要職から追放され、非東林党の連中が登用された。党争もここに絶頂に達した。

非東林党が官界で勢力をしめると、その守り本尊である魏忠賢に、歯のうくような追従をつかうものがでてきた。ある地方官が、魏忠賢の功徳をたたえ、生き神様としてまつると、バスに乗りおくれてはならぬと、われもわれもとまねし、またたくうちに全国いたるところに魏忠賢をまつる社《やしろ》ができてしまった。もとよりその建設には贅をこらすので、莫大な費用がかかるが、金を惜しんではならない。しかしその財源は、結局は一般民衆の膏血《こうけつ》からでたものであった。

飛ぶ鳥をおとすような権勢をほしいままにしていた魏忠賢にも、やがて没落の日が到来した。一六二七年天啓帝が死に、異母弟の崇禎《すうてい》帝が即位すると、さっそく風向きがかわり、魏忠賢を弾劾《だんがい》する上奏文がぞくぞくとたてまつられ、ついに彼を宮中から放逐し、ついで逮捕することになった。

皇帝の権力をかさにきて権勢をふるっていた宦官が皇帝から見はなされれば、もうそれまでである。彼はこれをきいて自殺したが、その屍ははりつけにされて市中にさらしものになり、魏忠賢と組んで大奥でわがもの顔にふるまっていた客氏も笞《むち》でうち殺された。

そして追放されていた東林党の連中がふたたび登用されたが、政治を根本からたてなおすには、すでにあまりにもおそきに失した。まもなく非東林党のまきかえしもはじまり、政治の混迷はもはや救いようがなかった。

## 流賊の発展

崇禎帝の即位した翌年、陝西《せんせい》地方は深刻な飢饉にみまわれた。中国のようにひろい国では、ふだんでも洪水、旱害、蝗害などの災害がほとんど毎年どこかでおこるのであるが、政治がわるくなるとその被害が増大することはいうまでもない。万暦・天啓の時代にもしばしば災害がおこり民衆を苦しめたけれども、こんどばかりは異常のひどさであった。

安塞《あんさい》県では、この年は一年間ほとんど雨がなく、草木は枯死してしまったので、最後には樹皮をはいで食べ、かろうじて飢えをしのいでいたが、やがてそれさえなくなると、石で空腹をみたして死んでいった。また幼児やひとり歩きのものが、ひとたび城外へでると蒸発してしまい、そのあと人骨を薪とし、人肉を煮て食べる光景がみられたとつたえられている。漢文では飢饉の形容に「人あい食《は》む」とか、「草根木皮ことごとく尽く」とかいう文字がよくつかわれるが、まさにそれを現実化した状態であった。こうなっては人は餓死するのを坐視していなければならない。無力なよわいものはあわれにもばたばた死んでいったのであろうが、力のあるものは積極的に流亡し、掠奪をはじめた。

それに陝西省にはもともと辺境防衛の兵隊が多かった。ところが彼らの月給は天啓時代以来遅配がひどく、くわえて上官のピンハネがあったりして、崇禎のはじめには三十ヵ月以上も給料が支払われなかった。

またこの地方には、官吏の護送や文書の伝達などのためにもうけられた駅站《えきたん》が多く、したがってそこではたらく人夫も多かったが、崇禎時代になると、経費の節約から駅站を三割へらしたので、多くの人夫が失業した。生活に窮した兵隊や人夫はこれまた逃亡し、暴動をお

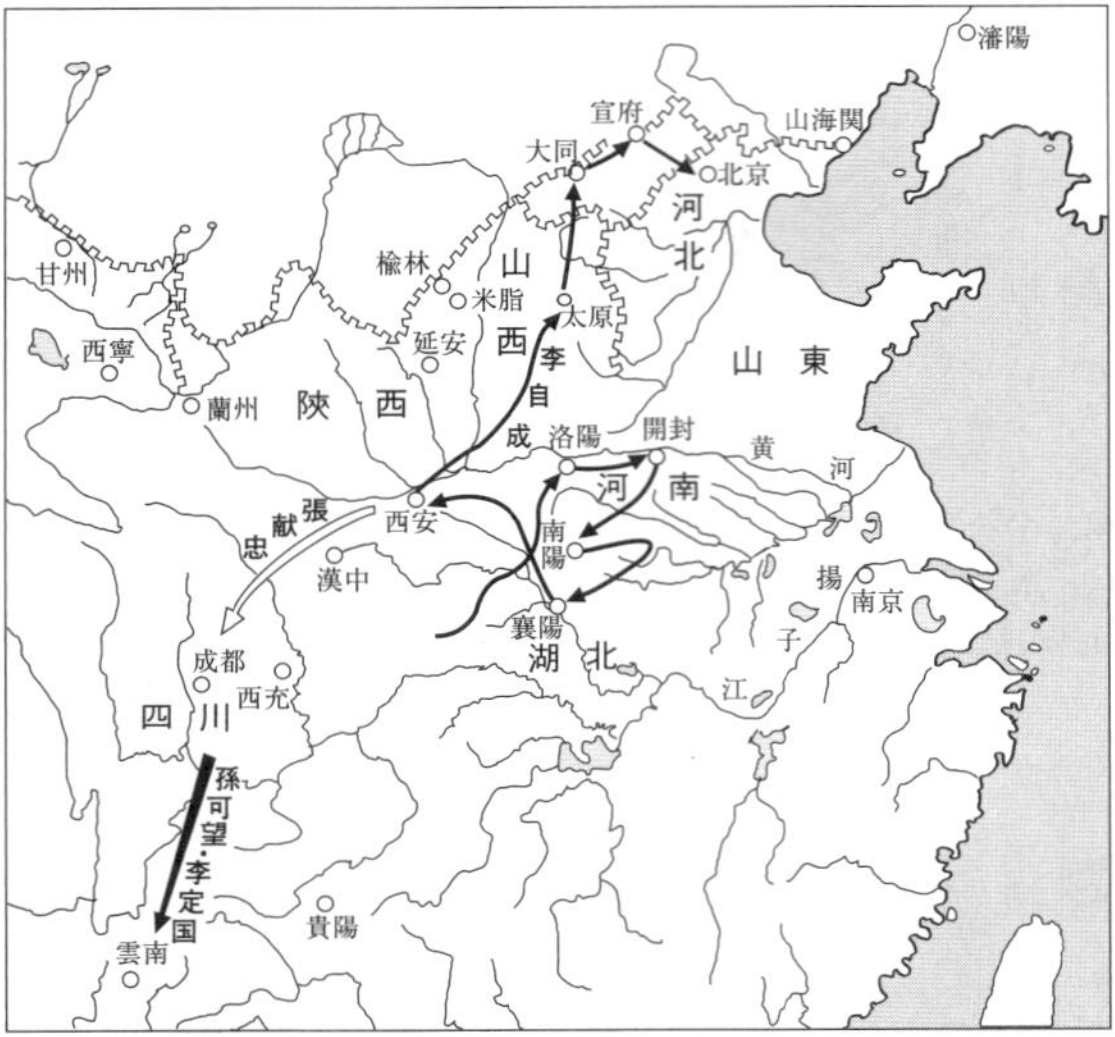


流賊の移動

こすよりほかなかった。ただ彼らは、一般農民とちがって武器をもち、訓練をうけていたので、暴動を組織化し、指導的役割をはたした。

府谷《ふこく》の王嘉胤《おうかいん》と、安塞の高迎祥《こうげいしょう》らは暴動の頭であった。その地方はいずれも陝西省の北部、のちに中共の根拠地となった延安《えんあん》のちかくであるが、この辺鄙《へんぴ》なところで点ぜられた火は、たちまちにして付近一帯に燃えひろがり、やがて暴動は黄河をこえて山西省におよんだ。これを流賊《りゅうぞく》という。

万暦の末からはじまった満洲の後金国との戦争は、おわることのない長期戦と化し、そのため明では毎年莫大な軍事費があらたな負担となった。この軍事費は遼餉《りょうしょう》とよばれているが、数百万両にのぼる多額の経費をまかなうには、増税よりほかなく、それもほとんど全国にわたる地租の付加税というかたちで徴収された。そこへおこったのが流賊で、その討伐のため勦餉《そうしょう》といわれる数百万両の経費が入用となった。そしてさらに軍隊の訓練の費用として練餉《れんしょう》がくわわり、三餉あわせるとついには千数百万両の巨額に達し、増税につぐ増税に、民衆の生活苦はとどまるところがなかった。こうした社会状況のもとに暴動はいたるところで発生し、流賊は陝西、山西ばかりでなく、河南、河北、湖北、四川の各地に拡大していった。これに対し、流賊の鎮圧にでむいた官兵はいっこう役に立たず、陝西三辺総督に任ぜられた洪承《こうしょう》疇《ちゅう》の多年にわたる奮闘も効果がなかった。

**闖王李自成**

流賊の一方の旗頭の高迎祥はみずから闖《ちん》王と称し、もっともいきおいがさかんであったが、その部下としてめきめきと頭角をあらわしてきたものに李自成《りじせい》があった。

彼はやはり陝西省の北の米脂《べいし》の人で、はじめ駅站の人夫に応募し、罪をおかして逃げて辺兵となり、武力にすぐれていたところから重用されているうち、暴動がおこり、流賊に投じたのである。李自成は容貌魁偉《かいい》で、頰骨が高くて眼がおちくぼみ、狼のような声であったとつたえられているが、やがて高迎祥が明軍にとらえられて殺されると、李自成がかわって闖王となり、おなじく陝西の出身で、湖北、四川方面でおもに活動した張献忠《ちょうけんちゅう》とともに流賊の中心人物となった。

その後、河南省では挙人《きょじん》（科挙の地方試験及第者）の李巌《りがん》や牛金星《ぎゅうきんせい》などの知識人が李自成のもとにくわわり、政策や組織についてなにかと入れ知恵をした。暴動がしだいに拡大して大勢力にまとまっていくには、単なる腕力や政治力だけでは限界があり、知的な要素を必要とするのである。

「田地をひとしくわけあたえ、税の徴収を免じ、百姓を殺さず、百姓から掠奪しない」というスローガンは一般民衆の心をひきつけた。河南省の洛陽に広大な土地と邸をもっていた福王は、かの万暦帝の寵妃鄭氏の子であるが、李自成に殺され、その金銀財宝はとりあげられて飢民にばらまかれた。革命後の中国で、流賊を農民起義軍と称讃し、李自成を農民解放の英雄としてまつりあげているのもこのためである。

李自成は、崇禎十六年（一六四三）湖北省の襄陽《じょうよう》をとると、ここを襄京《じょうけい》とあらため、あらたに官爵や称号を制定したが、ついで北上して陝西省の都の西安をおとしいれると長安と改称し、翌年正月元日みずから王と称し、国名を大順《だいじゅん》と称し、年号を永昌《えいしょう》とさだめた。そして大学士以下、さらに官爵を制定し、いちおう国家組織ができた。それから三月たたないうちに北京をおとしいれたのであった。

## 悲劇の崇禎帝

崇禎十七年（一六四四）三月十八日、北京は恐怖のどん底におちいった。破竹のいきおいで攻めよせた李自成軍をまえにして、北京の近衛兵はまったく無力で、抵抗らしい抵抗もしないうちに、宦官が内応して、夕刻はやくも外城がおち、夜半すぎには内城もやぶられた。

十八日の夜、もはやこれまでと観念した崇禎帝は、生きながら賊のはずかしめをうけてはならぬと、まず皇后の周《しゅう》氏を自殺させた。皇子ふたりは男の子のこととて逃げさせたが、皇女ふたりは宮殿で斬り殺した。皇女のひとりは長平公主《ちょうへいこうしゅ》といい、十五歳の少女で、結婚がすでにきまっていたけれども、時局の悪化でしばらく延期されていたのであった。皇帝は、すがりついて泣くこの公主に、「おまえはどうしてこんな帝王の家にうまれたのか」といって、左腕にきりつけた。公主は五日後に息をふきかえしたというが、まことにあわれな運命といわねばならない。

このとき後宮の女官たちも多く難に殉じた。うら若い十六歳の費《ひ》氏は、空《から》井戸にかくれていたのをみつけられると、公主といつわって賊をあざむき、李自成のもとにさしだされた。しかし宦官の首実検によってたちまちそのいつわりがみやぶられ、李自成の部下の大将にあたえられることになった。やがて婚礼の晩、費氏は、酒に酔いしれた大将の喉を懐剣でかききり、本望をとげてみずから頸をはねて死んだという。幸田露伴の小説『暴風裏花』はこれを題材としたものであるが、亡国にまつわる一場の悲話である。

さていよいよ最期がせまってきた崇禎帝は、紫禁城の裏手の万歳山《ばんざいざん》にのぼった。山といっても人工の小高い丘で、煤山《ばいざん》ともいわれ、のち景山《けいざん》とよばれて、いまでは公園になっている。十九日の未明、皇帝は、万歳山の一角にある寿皇亭《じゅこうてい》でしずかにみずから頸をくくって死についた。皇帝にしたがっていた宦官の王承恩《おうしょうおん》もつづいて頸をくくってはてた。こうして一三六八年以来二百八十年ちかくつづいた明王朝はほろんだのであった。

崇禎帝は死にのぞんで、きていた衣服をさき、襟に「自分の遺骸は賊がきりきざむのにまかすが、ひとりの人民さえも傷つけないように」と書いたとつたえられている。この有名なつたえからみても、崇禎帝は決して亡国の暗君ではなかった。むしろ暗君の多い明王朝の皇帝のなかでは、めずらしく立派な人物であったといえる。しかし「明は崇禎にほろんだのでなく、万暦にほろんだのである」とふるくからいわれているように、崇禎帝ひとりの力では、すでに滅亡に瀕した明王朝をたてなおすことは不可能であった。万暦以来半世紀にわたる積弊に、明はほろぶべくしてほろんだのである。

三月十九日の正午ごろ、北京城内にのりこんできた李自成は、承天門すなわちいまの有名な天安門からはいって、皇極殿の玉座にすわり、皇帝と皇后を捜索し、百官に三日以内に朝見することを命じた。まもなく皇帝と皇后がすでに死んでいることがわかると、李自成は宮殿の扉にのせて遺体をはこびださせ、柳の棺にいれて東華門外に放置したので、あまりの悲惨さにそのかたわらをとおるひとびとは泣いた。

北京の陥落とともに、国に殉じて節をまっとうしたものは、大学士の范景文《はんけいぶん》ら四十余人いたが、一方、期限の三日後には、大学士魏《ぎ》藻徳《そうとく》らにひきいられた文武百官は喪服をきて、李自成のもとに朝賀におもむいた。彼らのなかには、亡国の念にはらわたのちぎれるばかりのものもいたであろうが、また新政権にいかにうまくとりいるかに腐心していたものもあったであろう。

李自成は北京にはいると、さっそく官制を整備し、これまでの名称を変更しただけで、ほとんど明の制度を継承した。そして刑部（法務省）や錦衣衛《きんいえい》（憲兵隊）の監獄につながれていた囚人を釈放し、宮中の宦官を放逐した。官吏に対しては比較的地位のひくいものは多く登用されたが、高官のものはただひとりももちいられたにすぎず、魏藻徳らの大官八百余人は、李自成の部将の営へおくられ、拷問にかけられて賄賂を要求され、心身にたえがたい苦痛を味わった。こうして北京は、混乱のうちにもしだいに李自成による秩序再建がなされつつあったとき、ふたたび大変動が生じたのであった。

## 呉三桂と陳円円

これよりさき李自成の軍が北京にせまってくると、明ではにわかに北京の防衛に全力をあげてあたることになった。当時、明でもっとも精鋭をほこっていたのは、満洲軍防備のため、山海関をこえて遼西地方に駐屯していた呉三桂《ごさんけい》のひきいる軍団であった。彼はうまれながらの軍人で、武将の父にしたがって遼西で成長し、はやくから勇名をとどろかせ、名将として遼西で指揮をとっていた。明にとっては、満洲軍防備もさることながら、いまとなっては背に腹はかえられず、北京防衛のため遼西から大軍をよびもどしたので、三桂はみずから精鋭をひきいて西にむかった。

しかし李自成の進撃はあまりにもはやく、三桂がやっと山海関に到着したとき、すでに北京が陥落した知らせに接した。ついで北京防衛司令官であった父からの手紙をうけとると、李自成に強要されて三桂の投降をうながす内容であった。三桂にとってはいよいよ身のふりかたをせまられたわけである。山海関から北京へむかってしばらくいくと、あたらしいニュースが三桂の耳にはいった。

呉三桂には陳円円《ちんえんえん》という愛妾がいた。円円にまつわる逸話はいろいろのかたちでつたえられているが、元来彼女は江南の古都蘇《そ》州の歌妓で、絶世の美人とうたわれていた。崇禎帝の皇后の父周奎《しゅうけい》は、故郷の蘇州にかえったおり、この美妓を買って皇帝にすすめた。そのわけは、皇帝が非常の時局に苦悩してたのしまないのをなぐさめるためとか、皇帝が別の貴妃を寵愛して皇后をうとんじたためとかいわれている。しかしせっかくの周奎の心づくしも皇帝にいれられず、かくて陳円円は彼の邸でやしなわれていた。明の運命がいよいよあやうくなると、皇后は実家の安全を保障してくれる人物は呉三桂しかないと父に説いたため、周奎は三桂の歓心をかおうとして自邸に招宴し、円円をはべらせた。そのとき三桂は円円をみそめたが、まもなく三桂は遼西におもむき、円円はやがて彼の父の家におくられたのであった。三桂は千金の大枚を投じて円円を手にいれたともいわれている。こうした話には尾鰭がついてだんだんおもしろくされていくが、ともかく呉三桂に陳円円という愛妾がいたことは疑いない。

この陳円円が李自成の部将にうばわれたという知らせをきくと、呉三桂は激怒し、ただちに父に手紙を書いて李自成への投降をやめ、踵をかえして山海関にもどった。そしてこれまで敵としてたたかっていた清に助けをもとめた。ひとりの愛妾のために、国を敵、しかも異民族に売ったと、その変節がふるくから責められている。おなじく亡国の悲哀を身にしみて感じていた明末清初の名高い詩人呉梅村《ごばいそん》（偉業《いぎょう》）は、のちに「円円曲《えんえんきょく》」と題して、

鼎湖《ていこ》当日人間を棄つ
敵を破り京を収めんとして玉関を下る
慟哭《どうこく》六軍倶《とも》に縞素《こうそ》
冠を衝《つ》いて一怒するは紅顔の為なり

（その日、崇禎帝はなくなり、呉三桂は、賊をやぶり、北京をうばいかえそうとして山海関をはいった。全軍は泣きかなしみ、みな喪服をつけていた。呉三桂が激怒したのは、美女陳円円のためである）

ではじまる長篇の七言古詩をつくり、三桂を痛罵したのであった。しかし明の滅亡、李自成の新政権の成立、清軍の圧迫といった複雑かつ変転きわまりない現状のもとで、呉三桂の身のふりかたはそんなに簡単ではなかったであろう。日に日に隆盛となっていく清国の実力も、長年遼西でつぶさにみていた。また李自成政権の不安定さにも感づいていたにちがいない。決断をくだしたきっかけには、あるいは陳円円の問題があったかもしれないが、単にそれだけの理由で清に助けをもとめたとは思われない。

## 清軍の入関

明の滅亡した前年、満洲の清国では、第二代の英主ホンタイジが死に、そのあとわずか六歳の順治帝《じゅんちてい》が即位した。そして父ホンタイジの従弟の鄭《てい》親王と、叔父の睿《えい》親王のふたりが摂政として政治を担当したが、実権は睿親王にあった。睿親王は名をドルゴン（満洲語でアナグマを意味する）といい、太祖ヌルハチの最愛の皇后にうまれた子で、幼少より資質すぐれ、ホンタイジのあと第三代の皇帝にとさえいわれている人物であった。いまや三十二歳のはたらきざかりとなっていた彼は、幼帝を擁して、清国の運命を一身に担ったのである。

遼西地方の明軍が内地へひきあげ、ついで明が滅亡したという情報は、清にとって大ニュースであった。清では、はやくから投降した漢人がもちいられていたが、彼らは清が積極的に北シナに進出すべきことをつねに進言していた。いよいよ好機が到来したのである。

ドルゴンは、旗本兵である八旗の満洲兵、蒙古兵の三分の二と漢軍全部、およびさきに投降していた漢人軍閥の軍団とをひきいて、四月九日瀋陽を出発した。まさに清国の全軍をあげての大デモンストレーションである。そしてその参謀役は、かつて明の陝西総督として流賊の討伐にあたったかの洪承疇《こうしょうちゅう》であった。

彼はその後、薊遼《けいりょう》総督に任ぜられ、遼西地方での清軍との戦争を指導したが、ついに松山《しょうざん》の戦いの際にやぶれて清軍にとらえられ、清に投降した。洪承疇はなんといっても明の高官、人物中の人物であったから、その投降は清にとって非常なプラスとなった。彼にはかつての主君であった明の皇帝とたたかうのは気がとがめたであろうが、流賊との戦いはねがうところであった。清軍を北京へみちびきいれるのに、もはやなんの抵抗も躊躇もなかった。

遼西地方へ進軍してきたドルゴンのもとに、呉三桂から援兵の要請がきたのは四月十五日であった。三桂はもっぱら明をほろぼした李自成を討って仇を報ずるために清の救援を請い、ドルゴンに李自成のあつめた子女財宝をおくることを提示した。ドルゴンはこれに対し明の仇をほろぼすために進軍すると称し、呉三桂を藩王《はんおう》に封ずることを保証した。

両者の約が成立すると、ドルゴンは呉三桂の先導で山海関を突破して北シナに侵入した。これまで清軍は何度か北シナに侵入し、ときには北京を包囲したこともあったが、いつも熱河の山中をへて万里の長城をこえてはいったのであって、満洲から北シナへの表街道をとおることはできなかったのである。

これよりさき李自成は、呉三桂が途中から山海関にひきかえしたときくと、みずから大軍をひきいて山海関にむかった。しかし二十二日、清軍および三桂の軍は山海関の内側でこれをたちまちやぶり、一路北京へとすすんだ。やぶれた李自成はいそいで北京にもどり、掠奪した金器をとかして千両ずつの金塊とし、数万個を騾馬《らば》にのせて西安へはこんだ。二十九日にはあわてて皇帝の位につき、先祖七代に対してもみな皇帝皇后の称号をたてまつった。そしてその晩、宮殿に火をつけてそそくさと逃げさった。

二日おいて五月二日、ドルゴンは明の文武百官の出迎えをうけて、威風堂々と北京城に、その東側の朝陽門《ちょうようもん》からのりこんできた。明の崇禎帝が万歳山で縊死《いし》して以来、実にめまぐるしい北京の四十日であった。そしてこの年十月には、順治帝は紫禁城の玉座にすわり、清朝はついに明のあとをつぐ中国王朝になった。

## 日本漂流民

一六四四年清が満洲から北京に進出した当時、その場にたちあった日本人の一行があった。この年は三代将軍家光の寛永二十一年にあたるが、四月一日、江戸時代に日本海岸の良港として繁栄していた越前の三国《みくに》港を出発した竹内藤右衛門ら五十八人は、朝鮮国境にちかい、現在ロシア領のポシエット湾に漂着した。そこで土民とのあいだにトラブルがおこり、四十三人が射殺されるという大惨事となったが、生きのこった十五人は、清の官憲に護送されて、国都の瀋陽に到着した。それはちょうど順治帝が北京へ出発した数日後であった。

瀋陽で取調べをうけた一行は、二十数日ここに滞在したあと、順治帝のとおったあとを追って、山海関経由で北京におくられることになった。彼らは山海関の状況について、

韃靼《だったん》と大明との国境に石垣を築申候。万里在候よし申候。高さは拾二三間ほどに見へ申候。但石にては築不申候、瓦の様成物《ようなるもの》、厚さ三寸四寸にして重ね、しつくひ詰に仕候。

と述べ、北京の城壁と紫禁城については、

大明の北京の王城は日本道六里四方程も御座候。……総廻りは国境に築申候石垣の如く

にて候。〔……〕口には石垣丸くくり抜、上に門矢倉を立、総廻りに石火矢《いしびや》を仕掛け申候処御座候。六里四方の真中に二十町四方程に堀をほり廻り、其中に御殿の数ことの外多く見へ申候。瓦は五色にて薬をかけ、光かがやき、四方に門四口御座候。口口我等共見物仕候、大手の御門には大成石橋五つ並て置申候、橋柱のゆきげた踏板らんかん、いづれも石にて欄干には龍を彫付申候。橋を並て五つ掛候事何のために候と尋候へば、正月其外御礼日の時橋一つ二つにては人込合候にて不レ成候よし申候。

といきいきと描写している。越前の船乗りたちにとって、北京城の雄大さと紫禁城の豪壮さはまったく驚嘆のかぎりであったにちがいない。

日本漂流民の一行は、翌年十一月北京を出発して、朝鮮経由で帰国し、二年三ヵ月ぶりに故郷の地をふんだ。彼らの漂流談は、『韃靼漂流記《だつたんひょうりゅうき》』とか『異国物語《いこくものがたり》』の書名でおこなわれているが、偶然とはいえ、彼らはまことに千載一遇の経験をしたものである。

# 第九章　国姓爺合戦

## 北京の玉座

紫禁城の玉座は東アジア諸民族のあこがれの的である。清朝は幸運にも、明王朝の内部崩壊によって、いわばたなぼた式にこの玉座を手にいれたのであるが、これから絶対多数のしかも一筋縄ではいかぬ漢人を統治してゆくのは容易でなかった。「天下はこれを馬上に得《う》といえども、馬上をもって治むべからず」とは中国古来の名言である。清朝としてももちろん武力のみでは漢人をおさえてゆけないのであって、人心をとらえることこそまずなすべき急務であった。

摂政王ドルゴンは、北京にのりこむとさっそく、非業の死をとげた明の崇禎帝のために、天下の官民を三日間喪に服させた。ついで明の十三陵《じゅうさんりょう》、すなわち歴代の皇帝の陵墓にとくに役人や墓守りをおいて祭りをたやさなかった。十三陵は北京の北郊にあって、今日北京をおとずれる観光客がだれでも見物にでかける名所である。その参道の両側にならんでいる文武官や動物の石像は、よく写真にうつされていてひろく知られているが、清朝では後世まで十三陵の保護につとめた。

要するに清朝としては、明をほろぼし崇禎帝を自殺させたのは李自成であり、清は明と敵同士であったにもかかわらずそれをあわれみ、明のために仇を討ったのであるから、漢人から感謝されこそすれ恨まれるすじあいはないことをおおいに宣伝したのである。そして遼《りょう》餉《しょう》、練餉《れんしょう》など明末の付加税を廃止し、戦災をこうむった地方の租税を減免するなどの布告をだして、民生の安定をはかるのにつとめた。

ことに清朝として留意したのは、当時のシナ社会の中心層である読書人を懐柔して、彼らの協力をもとめることであった。逆に読書人の側からいえば、自分たちの地位と財産をおびやかす李自成らの暴動に対抗し、社会の秩序を維持するために、より強力な清朝の武力を必要としたのであろう。

したがって清朝は明の官僚機構をほとんどそのまま継承し、明の官僚をさかんに登用した。そして伝統的なシナ文化を尊重し、政治のイデオロギーとして明とおなじく朱子学を採用し、さっそく科挙の試験をおこなった。爾来科挙は、二十世紀のはじめ清の滅亡の直前に近代化の一環として廃止されるまで、二世紀半以上にわたって定期的に実施され、多くの漢人読書人が合格して官途についたのである。

しかも中央官庁はたいてい満漢併用であるから、実権はともかくとして、満洲人とまったく同等の高級官僚のポストが漢人のために確保されていた。こうして漢人読書人の大多数は、清朝政権のもとで官僚としての立身出世に憂身をやつすようになった。

このような清朝の漢人統治に対する基本方針は、まえにモンゴル人がたてた元朝と根本的にことなっている。もともと清朝はまだ北京にはいらない時代から六部などのシナ的官制をとりいれ、漢人を登用して、かなりシナ的な国家体制をととのえていた。満洲族は元来狩猟と農耕をいとなむ民で、その勢力が拡大すると農耕国家へと発展してゆかざるをえない運命にあった。その点遊牧からおこり農耕に関心のなかったモンゴルの場合と非常にことなる。

また満洲族は、モンゴルのように西方の高度の文化に接する機会がなかったので、文化的にはシナ文化をとりいれねばならなかった。それには漢人とくに読書人の協力がなくては不可能であった。

**薙髪令**

シナの伝統文化を尊重した清朝も、辮髪《べんぱつ》の強制には容赦しなかった。清はまだ満洲にいた時代から、投降した漢人にはすべて辮髪を強制したのであったが、北京へのりこむとさっそくその翌日、一般漢人に薙髪《ちはつ》すなわち辮髪を命じた。

辮髪とは元来北方民族の風習で、ひろくモンゴル、ツングース、トルコ系の諸民族のあいだでふるくからおこなわれていた。その様式はいろいろあるが、満洲人の場合は頭髪を剃り、ただ後頭部の毛髪だけをながくのばして一本の紐に編み、背後にたらしておくのである。ちょうど豚の尻尾のようであるので、英語では辮髪をピッグテイルといっている。

漢人の風俗は頭髪をたくわえて束ねるのであるから、辮髪とはまったく対照的といってよい。漢人にとっては、辮髪は野蛮な夷狄《いてき》の風習としか思えず、これを強制されるのはとても我慢できないことであった。それにもかかわらず辮髪を強要したのは敵味方を区別するためである。一度髪を剃ってしまえば明側からは相手にされなくなる。辮髪の強制は清にとってきわめて巧妙な漢人対策であった。

とはいっても、あまりに悪評が高いので、二十日あまりたつとさすがのドルゴンも、「自分はさきに帰順した民を分別できないので薙髪させて、帰順か叛逆かをわけた。しかしいま辮髪がはなはだ人民の願いにもとるときく。これは文教をもって人民を安定させようとする自分の本心とことなるものである。今後天下の臣民は、従前どおり束髪するかどうかすべて任意とする」といって薙髪令をゆるめなければならなかった。

ところがその翌年、揚子江方面の平定をおえると、すでに自信をえたのかふたたび薙髪令をくだした。北京城の内外はこの布告から十日以内、地方は中央から布告が到達した日から十日以内にすべて薙髪し、ぐずぐずしていれば容赦なく処罰するというきびしさである。「頭をとどむれば髪をとどめず、髪をとどむれば頭をとどめず」との檄《げき》が各県にくだされ、髪剃り職人が町をまわって、髪をたくわえているものをみつければとらえて剃り、すこしでも抵抗するものはただちに殺して、その首を竿にかけてみなのみせしめにした。

そのとき孔子《こうし》の生国である山東省で、孔子の一子孫がその宗家の当主のためとくに髪をたくわえることをゆるされたいとねがいでた。孔子廟の典礼には古来の衣冠をつけねばならないので、辮髪では不便であるからとの理由であったが、ゆるされないどころか、ねがいでたものも罪になった。したがって清朝の治下にはいったものは、僧侶と道士と婦女のほかは、ことごとく辮髪しなければならなくなったのである。

ただ高い文化をほこる揚子江方面では、頭がなくなっても髪を剃られるのはたえられないとして、抵抗して殺されたものがすくなくなかった。そして清朝の支配が決定的となってからは、やむなく辮髪はしても、なお夷狄につかえるのをいさぎよしとせず、消極的レジスタンスをつづける知識人がいくらもあった。

たとえば、のちの考証学《こうしょうがく》の元祖といわれる碩学顧炎武《せきがくこえんぶ》や『明夷待訪録《めいいたいほうろく》』をあらわして中国のルソーと称せられる黄宗羲《こうそうぎ》は、はじめ清に抵抗したが、それが失敗におわると、余生を読書と著述に専念し、大学者として清朝からめされてもかたく辞退して節をまっとうした。そのほか明の皇族の出身ともいわれる八大山人《はちだいさんじん》や石濤《せきとう》は、明の滅亡後出家し、逸民としてはげしい抵抗精神にささえられて、自由で独自の格調たかい画風をうちたてた。その絵画は今日多くの人から愛好されている。

ともあれ清初以来二百六十余年のあいだ、中国はすべて辮髪の世界であった。十九世紀のなかばにおこった太平天国《たいへいてんごく》の乱が長髪賊《ちょうはつぞく》といわれたのは、彼らが清朝に反抗するため辮髪をやめて髪をたくわえたからである。しかし長年の習慣はおそろしいもので、そのころともなると一般には辮髪はもはやあたりまえの中国の風習となっていたのであって、二十世紀のはじめ辛亥《しんがい》革命が成功して辮髪が廃止されると、かえってとまどうものさえあるありさまであった。

## 流賊の末路

清の皇帝は紫禁城の玉座にすわりはしたけれども、その当時はまだ清に抵抗する勢力があちこちにのこっていた。そのため清はシナをいちおう平定するのに約二十年の歳月をついやさねばならなかった。そうした勢力とは、ひとつは李自成らの流賊であり、もうひとつは明の皇族や遺臣たちである。

ドルゴンに北京を追われた李自成は、西のかた陝西に逃げたが、清軍の追撃をうけてさらに南して湖北にはしり、山中で農民の自警団に殺された。ときに順治二年（一六四五）閏六月で、その部下はほとんど清にくだった。

はじめ李自成とならんで、流賊の一方の旗頭に張献忠《ちょうけんちゅう》というものがあった。彼もやはり陝西省の延安県の人で、おもしろいことに李自成とはうまれた年がおなじである。貧農の家にうまれ、辺境守備の兵士になったが、やがて流賊の仲間に投じて、李自成とともに闖《ちん》王高迎祥《こうげいしょう》の部下として活躍した。しかしその後李自成と意見があわず、彼とわかれて、おもに安徽、湖北、四川方面で勢力をのばし、明のほろんだ一六四四年には四川の中心の成都《せいと》をとって帝位につき、国号を大西《だいせい》、年号を大順《たいじゅん》と称した。

これから二年間、張献忠は四川を支配するが、その間彼は暴行虐殺のかぎりをつくしたので、さしもの富裕なこの地方もたちまち無人の荒野と化してしまった。その荒廃はまことにすさまじいものであった。『蜀碧《しょくへき》』という書物には、張献忠の殺人暴行ぶりが実に詳細に興味ぶかくしるされている。いま松枝茂夫氏の訳（東洋文庫、平凡社刊）から、一、二引用すると、張献忠は……忿然《ふんぜん》として、「四川の人間はまだ死に尽くしておらぬのか。おれが手にいれたのだから、おれが滅ぼしてしまうのだ。ただのひとりでも他人のために残してはせぬぞ」といった。かくて、孫可望《そんかぼう》ら四人の賊将を、四方に派遣して遺民を殺しまわらせ、どんなに人里離れた深山幽谷でも、捜索の手の及ばぬ処はなかった。そして男の手足二百対――女だとその倍――を得た者には把総《はそう》（百人長）の位を授けるというように、その数によって位階を上げて行った。孫可望らは日によって四県から五県ずつ殺しまわったが、子供の手足は数に入れず、専ら壮年男女の手足だけを数えた。夜明けとともに出て、日が暮れると引き揚げたが、規定の数の十倍を越えた者は、とくに有能な者として抜擢された。ある兵卒のごときは一日に数百人を殺したというので、一足とびに都督《ととく》（師団長）に抜擢された。

とある。これなど残虐とはいえまだしもであるが、つぎの、

張献忠は友達づきあいが大好きで、知人に会うと、徹夜して飲み、一向疲れる様子がなかった。そして帰るときには土産物をたくさん持たせて帰した。ところがあらかじめ手下に命じて途中で待ち伏せ、その首を斬って持ち帰らせ、長持に入れておき、移動する時には車に積んで持って行った。そして陣中で酒の相手がなくて寂しいときは、長持を

開かせ、「さあさあ、いらっしゃい」といいながら首を取り出して席上にずらりと並べ、盃を持って酌をして回り、生ける人に対するように楽しく語りかけて、これを「聚《しゅう》首歓宴《しゅかんえん》」と呼んでいた。

という話になると、とてもまともな精神状態とは思えない。張献忠の行動はただただ殺人一点ばりである。むろん『蜀碧』は事件後百年もたってから書かれた書物であるから、どこまで信用してよいか疑問であるし、おおいに誇張されているにちがいないが、四川の荒廃ぶりの異常な事実から考えて、張献忠の暴行がいかにひどかったかは十分推察しうると思う。

張献忠は順治三年（一六四六）の末、ついに清軍の攻撃をうけて四川の西充《せいじゅう》県で戦死し、四川は清の支配下にはいった。しかしその残党の孫可望や李定国《りていこく》らはさらに雲南方面にのがれてなお執拗に清に抵抗をつづけた。

## 南京の朝廷

南京は、永楽年間に北京に皇帝がうつってからも、依然として第二の都であった。ここには小規模ながらも六部《りくぶ》などの中央官庁がおかれていた。

北京が李自成の手におちいり、崇禎帝が自殺したとの知らせは、まもなく南京につたわった。この明の国家の覆滅という非常事態においても、南京の政界では前代からの東林党と非東林すなわち宦官党とのはげしい争いはやまなかった。南京において新皇帝を擁立するに際し、またも両派は鋭く対立したのである。

万暦帝の孫にあたる福《ふく》王は、血統のうえからいうと皇帝としてもっとも順当であったが、暗愚な人物で、しかもその父は万暦の末年党争の発端となった、かの鄭貴妃の子であるので、東林党の官僚たちはこぞって反対し、帝の甥の潞《ろ》王をつよく推した。これに対し宦官党は実力をもって福王を擁立したので、結局福王が即位し、年号を弘光《こうこう》と称することになった。

史可法

ともかくはじめからこんなありさまであるから、挙国一致して明の復興をはかるどころではない。宦官党は、東林党やそれと政治的に提携する文学結社の復社の連中を目の敵として、『蝗蝻《こうなん》録』というブラックリストをつくった。東林党は蝗《いなご》、復社は蝻《いなごのこ》というわけで、彼らを一網打尽にしようとしたのである。

南京の朝廷からは、やがて北京の清のもとに和議のため使者が派遣された。その際、「山海関外の地をさいて清にあたえること、明は毎年銀十万両を清にあたえること」などの条件を提示したが、もとより清朝側は相手にしなかった。当時南京の兵部尚書（国防大臣）で内閣大学士でもあった史可法《しかほう》は、東林党の傑物で、宦官党の専横にこころよからず、南京を去って揚子江北の揚州に駐していたが、清朝の立役者ドルゴンから投降をすすめられると、断乎として拒絶した。両者のあいだにかわされた書簡のやりとりは名高いが、要するに清がシナ支配の正当性を主張するのに対し、史可法はその不当を強調してやまなかったのである。しかし理窟はともあれ、実力の差はいかんともしがたかった。

一六四五年大挙して南下してきた清軍は揚州をおとしいれ、史可法は戦死した。揚州での清軍の掠奪暴行は実にひどく、『揚州十日記《ようしゅうじゅうじつき》』という書物にはその実況が克明にしるされている。ついで清軍は南京を攻略した。福王はとらえられて翌年殺され、南京の朝廷はわずか一年で崩壊してしまった。清軍はさらに揚子江以南の江蘇、浙江の各地をあらしまわり、その惨状は『嘉定屠城紀略《かていとじょうきりゃく》』などにみえるが、この書物は『揚州十日記』とともに漢人の満洲人に対する敵愾心《てきがいしん》をあおるものとして、後世、清末の革命運動の宣伝につかわれたものである。

## 桂王永暦帝

福王がとらえられ南京政権が潰滅したあと、洪武帝の十世の孫にあたる唐王《とう》が擁立されて福建省の福州で帝位につき、年号を隆武《りゅうぶ》と称した。しかし翌年にははやくも清軍に追われて死に、この政権も潰滅した。

唐王と前後して、やはり洪武帝の十一世の孫にあたる魯王《ろ》が浙江省の紹興《しょうこう》で擁立されて監国《かんこく》と称したが、はじめから唐王と仲がわるく、協力して清軍にあたることができなかった。ただ魯王は微弱ながらも、舟山《しゅうざん》や金門《きんもん》など浙江省と福建省の各地を転々として十八年も生命をたもった。戦後、金門島で工事中、王の墓が偶然発見され、土中にうめてあった墓石が、当時の銅銭などといっしょにあらわれて話題をまいた。その墓誌の末尾に「いずれ明が復興すれば皇帝からとくに 謚《おくりな》をたまわり改葬する」としるされているけれども、永久にその機会にめぐまれず、いつしかわすれさられていたのを、三百年後に掘りだされたのである。亡国の悲哀を感ぜずにはいられない。

唐王なきあと、広州にのがれたその弟が擁立されて紹武《しょうぶ》と年号をたてたが、たちまち清軍に殺され、わずか四十日であっけなくつぶれた。一方この間、万暦帝の孫にあたる桂《けい》王は、別に広東省の肇慶《ちょうけい》で擁立されて帝位につき、翌年から年号を永暦《えいれき》と称した。

このようにあちこちで明の皇族が帝位についたのは、擁立したものたちのあいだにそれぞれ利害の思惑があって一致した行動がとれなかったからであり、しかも同一の王を擁立した連中のあいだにも往々にしてはげしい対立があった。そのため北方はじめ他の各地でも清に抵抗する叛乱がおこりはしたが、いずれも大きな勢力に結集されることなく、優勢な清軍のまえにつぎつぎと鎮圧されていった。ただそのなかで桂王の勢力だけは比較的ながくつづいた。

桂王は一時広東、広西、江西など揚子江以南の七省に勢力をはったが、やがて清軍の反撃をうけて有能な部下をうしなうと、もっと奥地の貴州、雲南方面に身をよせるしまつとなった。この地方には、まえに述べたように張献忠の残党の孫可望や李定国がいた。流賊はもとより明朝にとって仇敵であるが、いまや清軍の圧迫に窮した桂王は、その庇護をうけねばならない羽目になったのである。

その孫可望もそのうち清に投降すると、桂王はいよいよ追われて李定国とともに雲南からビルマに逃げこんだ。雲南辺境からイラワディ川にそって南下すると、その中流にビルマ王宮のあるアヴァに達するが、桂王はそのちかくにおかれた。しかし雲南にはいった呉三桂らの清軍はさらに追撃してアヴァにせまったため、ビルマ王はついに桂王を清軍にひきわたした。ときに一六六一年で、清朝ではこの年のはじめ順治帝がまだ若くて死に、おさない康熙《こうき》帝が位についたのであった。そして翌年桂王は呉三桂に殺され、明の遺王たち、すなわち南《なん》明《みん》の政権は完全に消滅したのである。明が滅亡後も南明としてこんなにながく抵抗をつづけたのは、明では洪武帝以来地方に諸王をおいていたからであろう。

ところで桂王の一族と高官には、当時中国へ渡来していたローマ・カトリックの宣教師と関係がふかく、洗礼をうけてクリスチャン・ネームをもつものもすくなくなかった。王の嫡母王《おう》氏はヘレナ、生母馬《ば》氏はマリア、皇后はアンナ、皇太子はコンスタンティヌスというぐあいである。

彼らはキリスト教に対する信仰があつく、イエズス会宣教師のミカエル・ボイムに託して王太后と桂王につかえていた宦官の龐天寿《ほうてんじゅ》との書簡をローマ教皇インノケンティウス十世のもとにおくり、援助をもとめた事実は有名である。しかし桂王の形勢の非なのを知るローマ教皇庁は慎重で、返事さえだししぶっているうちに教皇は昇天した。かわって教皇となったアレクサンデル七世はようやく返書をしたためたが、ボイムがたずさえて中国にもどったときには、王太后も龐天寿もすでになく、桂王は清軍に追われて雲南、ビルマへと逃げていた。ボイムは、清の勢力に邪魔されて連絡のつかない桂王になんとか返書を手渡したいと苦労し、ヴェトナム辺境を転々としているうち、彼自身も病気にかかって死んでしまった。王太后と龐天寿の書簡はいまなおローマのヴァチカン文書館に保管され、あわれをとどめている。

## 三藩の権勢

清朝が流賊や南明を平定するにあたっては、満洲兵もむろん活躍したけれども、それにもましておおいに力をつくしたのは漢人将兵であった。なかでも呉三桂はじめ耿仲明《こうちゆうめい》、尚可喜《しようかき》らの武将の功績がめざましかった。彼らはいずれも明末の軍閥で、有力な軍団をひきいて清に投降したものである。そのため清では彼らの軍事力を高くかっておおいに優遇し、はじめから皇族待遇とするありさまであった。おなじく南方の平定に終始はたらいて顕著な功績をたてたものに五省経略《ごしようけいりやく》に任ぜられた洪承疇《こうしようちゆう》がいたが、晩年になってわずかに三等軽車都尉《さんとうけいしやとい》というひくい爵位をあたえられたにすぎなかった。それは、彼が元来文官の出身で、自己の軍団をもたなかったからであろう。

南方の平定がだいたいおわると、平西王《へいせい》呉三桂は雲南に、平南王《へいなん》尚可喜は広東に、そして靖南王《せいなん》耿仲明は途中で死んだのでその子継茂《けいも》が王爵をついで福建にと、それぞれ駐した。これをふつう三藩《さんぱん》というが、彼らは藩王といっても、むかしの封建諸侯のように領内の土地人民を自由に支配したのでは決してない。ただ自己直属の大きな軍隊をもって駐し、その地方の軍事の全権だけをにぎって治安の維持にあたっているにすぎず、他の地方と同様に一般行政官がおかれていた。

しかし王という最高の身分と強大な軍事力を背景にしている以上、実際には権限外に官吏をおさえて勝手にふるまったり、私税の徴収、強制徴発、人民の酷使、外国貿易はじめ、営利行為などによって経済的にも絶大な力をたくわえたりして、あたかもむかしの封建諸侯のような観があった。

たとえば靖南王耿継茂がまだ広東にいたころの話であるが、彼は王府の門前にすえつける左右一対の獅子を白石でつくろうとした。もっとも上質の白石は広東の高要県《こうよう》の七星巌《しちせいがん》という山からでる。ここの知事は耿継茂からその採取を命ぜられたが、山の奥ふかくはいって岩石をきりひらくのであるから仕事は容易でない。しかし王からの督促はきびしく、昼夜兼行でやっとふたつの白石をきりだし、舟にのせて渓谷をくだり峡口にいたったところ、舟は石もろともに沈没してしまった。靖南王はふたたび採石を命じ、毎日やかましく督促するので、知事はただ頭をさげるばかりであったという。これはほんの一例にすぎないが、「藩王の命令はつぎからつぎへとでて、県知事を奴隷のように使役し、百姓を虫けらのようにみる」といわれた。

そのうえ三藩の軍事費の要求ははなはだ大きいものであった。当時なおゆたかでない清朝の財政にとっては、そのため「全国の収入の半分は三藩に消費される」とさえ論ぜられた。南方の平定がいちおう完了して、もはや三藩を利用する必要がなくなったいまとなっては、その存在自体、清朝にとってもっとも危険である。清朝と三藩とのあいだはしだいに冷却して、危機は刻々とせまっていった。

## 三藩の乱

すでに七十歳の老人となった平南王尚可喜は、子の之信《ししん》との不和もあって、康熙十二年（一六七三）軍を撤して故郷の遼東にかえり余生をおくりたいとねがいでた。その数年前には一度おなじねがいをしてゆるされなかったが、こんどはすでに治安も安定したからとてただちに許可になった。そうなると他の二藩もつりあい上やはり撤兵をねがいでなければならない。耿継茂のあとをついで靖南王となっていた耿精忠《こうせいちゅう》のほうはすぐ許可になったが、呉三桂の処置はおおいに問題であった。

三藩のなかでも特別に有力なのは呉三桂である。彼はもとより撤兵などのぞんでおらず、まったく儀礼的なジェスチュアとしてねがいでたまでであるから、当然慰留されるはずと考えていた。清の朝廷では撤兵を許可するかしないかについて両論対立し決着がつかなかったが、年少気鋭の康熙帝は断乎として許可の裁断をくだした。とこころざしとちがった呉三桂はついに叛旗をひるがえし、ここに三藩の乱がおこった。

三桂は天下都招討兵馬大元帥《てんかとしょうとうへいばだいげんすい》と称し、辮髪をやめてシナ風の冠服にかえ、たちまちにして雲南、貴州両省をおさめ、破竹のいきおいで湖南省に進出した。清朝の基礎はまだ十分かたまっていなかったので、耿精忠はじめ各地で三桂の檄《げき》に応じてたちあがるものが続出し、清朝は苦境にたった。

こうした形勢に東アジア周辺諸地域も動揺するありさまで、はやく清にほろぼされた内モンゴルのチャハル部のブルニは、好機いたれりとばかり清にそむいた。チベットのダライ・ラマも和議の調停を申しいれるとともに西北辺境をおびやかし、ヴェトナムの莫元清《ばくげんせい》は呉三桂を援助し、朝鮮では時局対策について国論が沸騰するしまつであった。清朝の興廃は東アジア周辺の諸地域の運命にもかかわるものだったのである。

しかし三藩側の中心人物である呉三桂はなにぶんにも老齢で、緒戦のはなばなしさにもかかわらず、その後は守勢の態度をとり、積極的に北京をつくだけの意志がなかった。やがてみずから帝位につきはしたが、まもなく死亡したので、三藩側の勢力はこれから急速によわまっていった。これに反し清朝側では、青年皇帝康熙帝がよくがんばり、宣教師のフェルビーストに命じて大砲をつくらせるなどして積極的に指揮をとった。そして今回も漢人武将をおおいにもちいた。「夷《い》をもって夷を制す」とは中国古来の異民族統治の鉄則であるが、清朝では「漢をもって漢を制す」というまったく逆の状態になったのである。こうして形勢は逆転し、ついに清軍は雲南を攻略して、八年にわたる三藩の乱を平定した。ときに康熙二十年（一六八一）であった。

## 鄭氏の海上王国

一六六一年、桂王が呉三桂にとらえられて南明が消滅してからも、なお清朝に抵抗をつづけるものがあった。すなわち鄭成功《ていせいこう》である。彼は漢人を父とし、日本人を母としてうまれた不思議な運命の子であった。

父鄭芝龍《ていしりゆう》は福建泉州の人で、南シナ海と東シナ海を股にかけて貿易に従事し、平戸《ひらど》一官《いつかん》などとよばれ、日本甲螺《こうら》として活躍していた。甲螺とはカシラで頭目の意味である。ちょうど明の末期で、日本では江戸幕府のはじめ、二代将軍秀忠《ひでただ》から三代将軍家光《いえみつ》の時代にかけてのころである。十六世紀なかごろの後期倭寇の時代から、福建地方の商人が日本に進出していたことはまえに述べたとおりであるが、十七世紀にはいると明船の渡来はいちじるしく増加し、長崎はじめ九州の各地には唐人町ができ、日本人と通婚するものもすくなくなかった。鄭芝龍もまさにそうした歴史の舞台にあらわれた人物であった。

鄭芝龍ははじめ、おなじく泉州の出身で九州の平戸に住んでいた李旦《りたん》にしたがっていた。李旦は当時平戸に商館をもっていたイギリス人からシナ・カピタンのアンドレア・ディッティスとよばれ、イギリス人とも交渉があり、江戸幕府から朱印状をうけて、毎年、台湾、ヴェトナム、フィリピンなどに貿易におもむき、絶大な海上権をもつものであった。一六二五年彼が平戸で死ぬと、鄭芝龍はその勢力をうけついで海上に雄飛することとなった。まもなく芝龍は明の招撫に応じ、ついに都督という高い地位にすすんだが、そのころシナ沿岸に横行していた海賊をつぎつぎとたいらげ、海上権を一手におさめた。そのため海上の船舶は、鄭氏の令旗がなければ往来することができなかった。そして鄭氏は船一艘ごとに三千金を徴収する例であったので、毎年千万の収入があり、莫大な富をたくわえた。

泉州城の南三十里（十七キロ）の安平鎮《あんぺいちん》に居城をきずき、船はただちに寝室ちかくに横づけになった。部下の兵士の給料はすべて彼が調達して、政府から支給をうけず、武器も堅利できわめて精鋭であった。およそ海上に逃げた賊は、芝龍に檄をとばせばただちにとらえられたという。さながら海上王国の観があるといわねばならない。

### 風雲児国姓爺

さて鄭成功は、父がめとった日本人の田川七左衛門の娘を母として李旦の死ぬ前年の一六二四年平戸でうまれた。幼名を日本風に福松《ふくまつ》といい、田川氏のもとでそだてられたが、七歳になったとき母にわかれて、単身父のいる本国にわたった。やがて明がほろび、ついで南京の福王もたおれると、鄭芝龍は福建の福州で唐王を擁立し、平国公《へいこくこう》に封ぜられた。そのころ鄭成功はすでに二十歳すぎの立派な青年に成長していたが、父にしたがって唐王に謁見すると、王は彼をたのもしく思い、その背をたたいて、「残念ながら自分にはおまえにやる娘がいないが、どうかわすれず忠節をつくしてくれ」といって、朱《しゅ》姓をたまわり、成功と改名させて御営中軍都督《ぎょえいちゅうぐんととく》に任じた。朱はいうまでもなく明の帝室の姓である。そのため彼はこれから国姓爺《こくせいや》とよばれるようになった。日本でもそれをなまってコクセンヤといい、西洋人もKocksinga とか Koxinga などとしるしている。

ところで清軍は浙江から福建へと進撃し、やがて唐王はとらえられて殺されるのであるが、機をみるに敏な鄭芝龍は清朝のまねきに応じてくだった。成功は、「父は子に忠を教えても、二君につかえるように教えたとはきかない」といって、泣いて父をいさめたけれども、芝龍の考えをかえさせることはできなかった。成功の母の田川氏はその前年芝龍によばれて日本からはるばる単身福建にわたり、成功とも十五年ぶりの再会をよろこびあったが、それもつかのま、清軍が安平鎮にせまると、みずから命を断って悲惨な最期をとげた。

父と袂《たもと》をわかった成功は、あくまでも清に抵抗をつづけ、やがてアモイ、金門の二島を根拠とした。金門島は、台湾の中華民国政府がいまなお領有して最前線基地としている福建沿岸の小島である。

その後鄭成功は桂王永暦帝を奉じ、やがて延平郡王《えんぺいぐんおう》という皇族待遇の高い爵位をさずけられた。現在台湾の台南市《たいなん》にある彼をまつった廟を延平郡王祠《し》というのは、このためである。そして一六五八年にはいよいよ大陸反攻の機が熟し、遠く南京攻略の途にのぼり、浙江まですすんだところ、杭州湾沖の羊山《ようざん》で台風にあって艦隊が沈没し、一頓挫をきたした。そこでさらに軍容をたてなおし、翌年揚子江をさかのぼってついに南京を包囲し、陥落が目前にせまったとき、裏切者があって、逆に敵の奇襲をうけ、成功の軍はたちまち潰滅状態におちいった。こうして大陸反攻の夢もむなしくやぶれ、成功はふたたびアモイにかえった。そしてつぎにねらったのが台湾であった。

## 華麗なる島

台湾は今日二千三百万の人口を擁して、すみずみまでよく開発されているが、その歴史はわりあいあたらしい。むろん現在山地にいる高山族《カオシャン》の祖先であるインドネシア系の民族がふるくから住んでおり、隋代《ずい》には流求《りゅうきゅう》とよばれて煬帝《ようだい》の軍が遠征したこともあるが、その後ながく未開のまま放置されていた。ようやく十六世紀なかばになって倭寇の根拠地として利用されるにいたってはじめて、中国人や日本人に注意されたのである。

一五六七年以来、明では海禁がとかれて、とくに福建地方の商船が海上に進出し、日本でも豊臣氏や徳川氏の許可する朱印船が南方海上に雄飛する時代となると、台湾にたちよるものもしだいに増加していった。しかもちょうどその時代は、ヨーロッパ人が東洋に進出しはじめた際でもあった。英語で台湾をフォーモサというのは、当時ポルトガルがこの島を華麗なる島との意味でイリャ・フォルモサとよんだのに起源していることからもうかがわれるように、台湾はヨーロッパ人の注意をひいた。こうして台湾はにわかに国際舞台に登場したのであるが、実際にこの島を最初に植民地としたのはオランダであった。

一六二四年オランダは現在の台南の安平《アンピン》にあたるタイオワンを占領して、ゼーランディア城をきずき、さらにその対岸にプロヴィンシア城をつくった。これが現在も台南市の古跡として名高い赤嵌楼《せきかんろう》である。台湾という名称はこのタイオワンの音をうつしたものにすぎない。ついでスペインも一六二六年北部の基隆《キールン》を占領して、サン・サルヴァドル城を、さらに淡水《たんすい》にサン・ドミニコ城をきずいたが、十数年にしてオランダ人に駆逐された。

オランダ人の台湾占領は、当然その当時朱印貿易船をだしていた日本と衝突し、浜田弥兵衛《はまだやひょうえ》事件がおこった。江戸時代のはじめ朱印貿易に活躍した末次平蔵は、台湾のオランダ人が課する関税を拒否して貿易をとめられたので、いったん帰国したうえ武装をととのえてふたたび渡台すると、オランダの長官ノイツに拘禁された。部下の浜田弥兵衛はすきをみて長官をとらえ、談判のすえたがいに人質を交換して帰国した。これを幕府に訴えると、幕府はオランダ船の日本貿易を禁じたので、オランダはついにノイツを日本にひきわたし、前後数年をへてこの事件は解決したのであった。

しかしその後オランダの台湾統治はだんだん成績があがり、高山族の集落の蕃社《ばんしゃ》もつぎつぎと帰順させて教化し、中国大陸から移民を奨励して土地を開墾し、米、サトウキビなどの生産をあげるとともに、多量の鹿皮を日本に輸出し、ボラなどの水産物の収穫も大きな財源となった。当時台湾では鹿はいくらでもとれ、その皮は日本で武具の材料としてきわめて大きな需要をもっていた。ボラは現在でも冬季に多量の収穫があり、その卵巣を加工したカラスミは酒の肴として日本人にも非常に珍重され、いまなお台湾土産の王座をしめている。ともあれオランダの台湾統治は、西南部の一部分であったとはいえ、そうとうな利益をあげたのであった。

## 台湾攻略

大陸反攻に失敗しアモイで再起をはかっていた鄭成功のもとに、台湾から何斌《かひん》というものがおとずれ、台湾の地図を献じた。彼はもとオランダの台湾長官コイエットの通訳で、その使いとして成功が南京攻略に出発する直前にも通商をもとめにきたことがあったが、こんどは成功にオランダ人を台湾から駆逐してここを根拠とすべきことをつよくすすめた。その際、オランダ人の台湾における圧政と、台湾の物資のゆたかさを説いてやまないのであった。

成功はついに台湾攻略を決定し、一六六一年の四月、二万五千の精鋭をひきいて台湾海峡をおしわたり、鹿耳《ろくじ》門の水道から進入して、プロヴィンシア城を襲撃した。鹿耳門は浅瀬がつながり大船のはいれない要害の地であったが、何斌の水先案内で満潮時をうまく利用して一挙に艦隊をのりいれたという。

ただ現在では、かつて浮洲の点在していたその付近一帯は砂が堆積して海水がひあがっているので、鹿耳門の正確な位置もはっきりしない。一九六二年に筆者たちが台南をおとずれたときは、ちょうど鹿耳門がどこかについて、現地の郷土史家が二派にわかれて大論争を展開している真最中であった。

プロヴィンシア城をまずおとしいれた鄭成功は、すすんでゼーランディア城をかこんだ。コイエットは孤城にたてこもってよくがんばり、遠くジャワのジャカルタから派遣されてくる援軍をまっていたが、その援軍も大敗し、鄭軍の猛攻をうけてついに降参した。そしてコイエットはオランダ人をまとめて台湾南部から去っていった。ときに一六六二年二月のことであった。

鄭成功は台湾を手にいれると、ゼーランディア城を安平鎮《あんぺいちん》、プロヴィンシア城を承天府《しょうてんふ》とあらため、大陸反攻の根拠地としておおいに整備・開発につとめようとした。しかしそれからまもない六月、まだ数え年三十九歳の働きざかりで病死し、波瀾に富んだ一生をおえた。

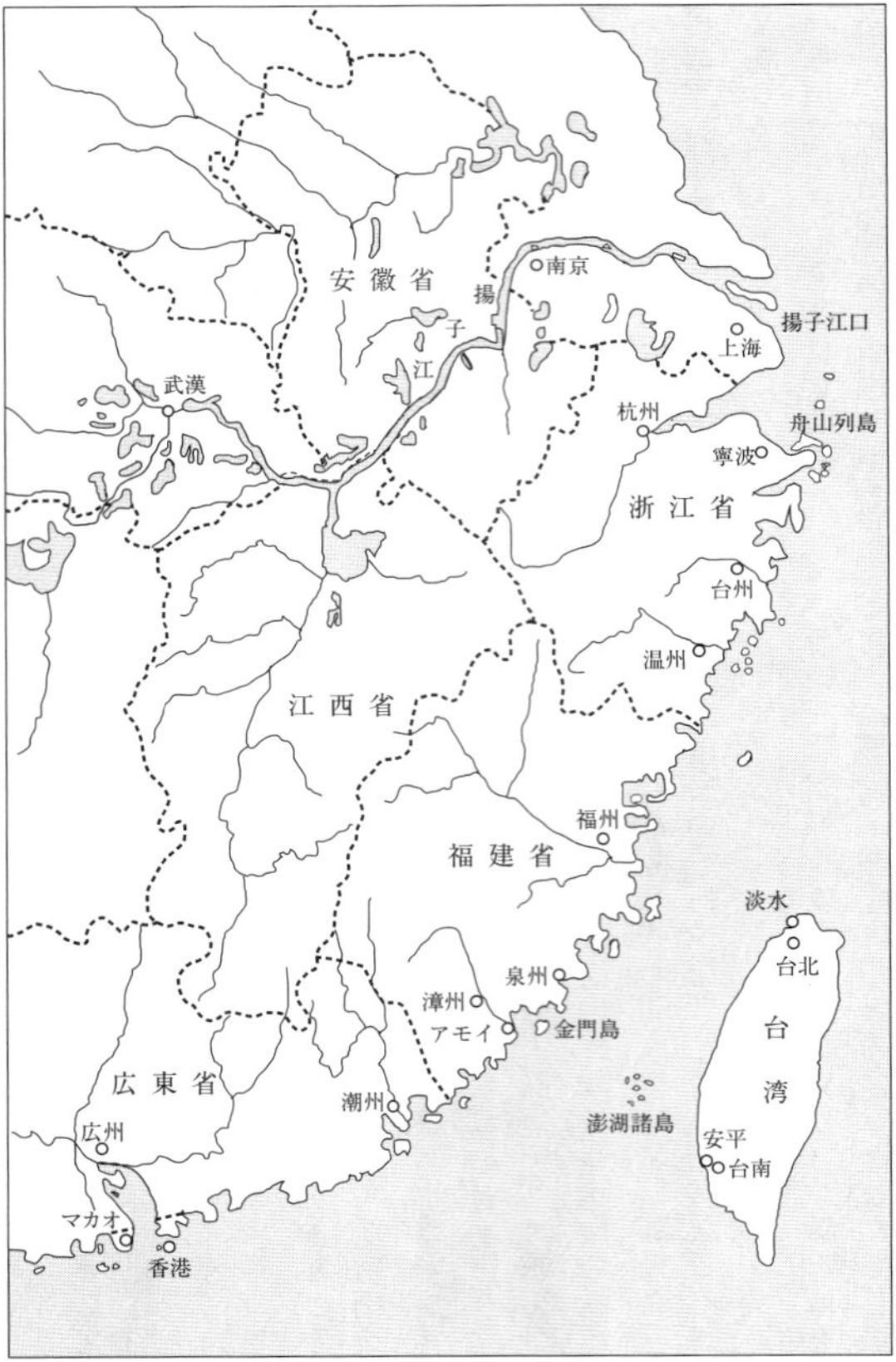


鄭成功の活動範囲

## 『国性爺合戦』

歴史上の人物の評価は、評価する側の立場や時代によって非常にことなり、ときにはまったく相反する場合がしばしばある。今日、同一人物に対する評価が、中国本土と台湾とで完全に逆になっている例はいくらでもあげることができる。ところが鄭成功はそのどちらからもすこぶる評判のよいめずらしい人物である。そればかりか、彼が抵抗したはずの清朝のもとでも好評で、のちには神としてまつられさえした。それは要するに終始一貫して清朝に抵抗し、紅毛のオランダ人を駆逐して台湾を解放した民族の英雄としての彼のイメージによるのであろう。

わが国でも、鄭成功に日本人の血が流れているためか、とくに親近感をいだき、その忠臣としての正義感につよく共鳴したようである。近松門左衛門の傑作『国性爺合戦《こくせんやかっせん》』が彼を題材にした浄瑠璃《じょうるり》であることはあまりにも名高い。日中の混血児和唐内《わとうない》（和藤内）を主人公としての、忠臣、奸雄、烈婦、美女を配したストーリーはむろんフィクションで史実とは非常にちがい、韃靼をたおし、明朝を再興して、めでたしめでたしでおわっている。

鄭成功の死後五十年あまりたった一七一五年、徳川吉宗が八代将軍となる前年に大坂の竹本座の人形舞台でこれが上演されると、たいへんな人気をよび、ついに三年ごし十七ヵ月のロングランとなった。そしてこの大当りに刺戟されてすぐ歌舞伎の舞台にもかけられ、国姓爺ブームをおこしたのであった。それからのち今日にいたるまで『国性爺合戦』はたえず浄瑠璃、歌舞伎に演ぜられるほか、映画になったり電波にのったり、あるいは活字に組まれたりして国民にしたしまれている。

**遷界令**

さて鄭成功が台湾で急死すると、アモイにいた長子の鄭錦《ていきん》があとをついだ。翌年、清軍がオランダ人と連合してアモイ、金門の両島を攻略したので、鄭錦は台湾へわたり、父の部下であった陳永華《ちんえいか》をおもくもちいて、鋭意開発につとめた。

やがて三藩の乱がおこると、大陸反攻のチャンス到来とばかり台湾海峡をわたってアモイをとりかえし、さらにすすんで福建省南部から広東省北部の海岸地方を手にいれた。しかし三藩側の形勢がしだいに非となるにともない、大陸沿岸の拠点をうしない、ふたたび台湾にしりぞいたが、なおあくまでも清に抵抗をつづけた。そのため桂王永暦帝がなくなってからすでに年ひさしいにもかかわらず、台湾では依然として桂王を奉じ、永暦の年号をもちいていた。その当時、台湾で刊行された永暦の年号のある明の暦が、めずらしくも現在なお日本やイギリスの大英博物館やオックスフォード大学に数部つたわっていて、その事情を如実にしめしている。

いったい鄭氏がアモイや金門のような小島、あるいは台湾によって何十年も抵抗することができたのは、外国貿易による経済的利益が大きかったからである。鄭芝龍以来の海上権をにぎり、日本をはじめ、琉球、台湾、ヴェトナム、タイ、フィリピンなど東南アジア各地と貿易していた。三藩の乱のころにはアモイや台湾でイギリスとも通商をおこなったのである。鄭氏はアモイに仁・義・礼・智・信と名づける五つの問屋、杭州に金・木・水・火・土と名づける五つの問屋、あわせて十大商行をもっていたとか、北京、蘇州、杭州、山東などに五大商をいとなんでいたとかいわれる。すなわちシナ内地ともさかんに取引きしていたわけで、要するに各地の貨物を転売することによって多大の利益をえていたのである。

これに対し清朝は、もともと陸戦にはつよくても海戦になれないので、どうしても鄭氏をおさえることができなかった。そのため清に投降した鄭芝龍をおとりにつかって成功を投降させようともしたが失敗し、結局芝龍を殺してしまった。

鄭氏の息の根をとめるには、その経済力の基礎である通商貿易をたつほかなく、そのため清朝はまず、中国のすべての民船が海上にでるのを厳禁する海禁を実施した。しかしそれもなかなか効果があがらないので、一六六一年遷界令《せんかいれい》を発した。これは南は広東省から北は山東省まで、中国の海岸のほとんど全体にわたって、沿岸の住民を三十里（十七キロ）ばかり奥地へ強制移住させ、海岸地方を無人の境として鄭氏との連絡をたちきるという非常手段である。ちょうどナポレオン戦争の際にイギリスに対してなされた有名な大陸封鎖令とおなじ効果をねらったわけである。

遷界令は爾来鄭氏のほろぶまで二十数年のあいだ実施されたが、生活をうばわれて困窮したのは沿岸の住民で、かえって鄭氏につくものもあり、完全な実施はむずかしく、予期した効果はとうていえられなかった。

しかし鄭氏が中国における物資の調達にかなり困難をきたしたことは事実であった。当時日本むけの主要商品であった生糸類などは浙江がおもな産地であるので入手が不自由であったらしく、長崎へ来航した鄭氏配下の唐船の乗組員が「浙江さへ明朝に罷成中候《まかりなり》はば糸類自由に可有御座候《あるべく》」などとなげいている。

さて一六八一年三藩の乱を平定してシナ支配を完全に確立した清朝は、いよいよ本格的に鄭氏の鎮圧に力をそそぐことになった。しかも台湾ではこの年鄭錦が死に、そのあと内紛がおこり、わずか十二歳の次男の鄭克塽《ていこくそう》がたった。この鄭氏の内部の混乱に乗じて、清朝は着々と準備をととのえ、一六八三年大挙してまず台湾海峡の澎湖島《ほうこ》を占領すると、台湾本島の鄭氏はたたかわずしてくだった。こうして台湾ははじめて清朝の領土となり、福建省所属の台湾府がおかれ、しだいに開発がすすんでいった。

## 南明と日本

明の滅亡した一六四四年は、日本では徳川三代将軍家光の正保《しょうほう》元年で、鎖国令が発せられてから五年後にあたる。鎖国下においても中国船とオランダ船だけは長崎への来航をゆるされていたのであったが、明清の交替という大陸の大きな政治的変動は、やはり日本にもいろいろ影響をおよぼしたのである。

桂王のもとからローマ教皇に求援の書簡がおくられたことはすでに述べたが、その他、唐王や魯王あるいは鄭氏のもとからも、日本はじめ琉球、フィリピン、ヴェトナムなどの諸国に求援の使いを派遣した。

なかでも日本とは明末以来とくに関係がふかかったため、十数回にわたって使いをおくり、兵士の派遣や武器の輸送を乞うた。これに対し家光などは、表面上は拒絶しながら、もし機会があれば応援したい考えで、ひそかに出兵計画をたてていたという。しかし結局はなんの援助もしなかった。ただ武器やその材料となる鉛銅などは貿易船によっていくらかもちかえられた。

ともかく江戸幕府が大陸情勢の動きに非常な注意をはらっていたことはたしかで、『華夷《かい》変態《へんたい》』という書物をみるとそれが実によくわかる。これは中華が夷狄にかわった状態、すなわち明清交替の意味であるが、本書には、当時ただひとつ海外にむかってひらかれていた窓の長崎に来航した中国船やオランダ船をとおして、幕府の最高幹部が入手した大陸情報が、明清交替の一六四四年以後七十三年間にわたって克明に書かれている。

ところで清朝に抵抗した知識人のなかには、はるばる日本に亡命してくるものもあった。なかでも朱舜水《しゅしゅんすい》はとくに名高い。彼の前歴はあまりあきらかでないが、朱子学を奉じ陽明学をおもんずる思想家で、明の滅亡後、南明の復興運動に身を挺し、鄭成功の南京攻略の失敗に望みをうしなって一六五九年長崎にきて、ついにかえらなかった。

日本では水戸黄門とよばれた徳川光圀《みつくに》にまねかれてその客分となり、大義名分を説く水戸学派の学者たちとふかくまじわって、彼らに大きな影響をあたえた。晩年、駒込《こまごめ》の水戸藩別邸に住まわされたが、そこは現在、東京本郷の東大農学部の構内にあたる。

また光圀は、ややおくれて長崎に渡来した曹洞宗の禅僧で、書画や篆刻《てんこく》にすぐれ琴にも堪能であった多芸の心越《しんえつ》をも水戸にまねいた。いったい江戸初期には禅僧の渡来がいちじるしく、元和《げんな》、寛永《かんえい》といえばまだ明末の時代であるが、明僧を開山として長崎に興福《こうふく》寺、福済《ふくさい》寺、崇福《そうふく》寺のいわゆる唐三個寺がたてられた。

ついで南明の時代となった一六五四年には、臨済禅の道場である福州の黄檗山《おうばくさん》の名僧隠元《いんげん》が長崎の興福寺にまねかれ、多くの従僧とともに日本にわたった。インゲン豆をつたえたことで一般にその名が普及しているこの名僧は、やがて四代将軍家綱《いえつな》に謁し、京都の宇治に土地をたまわって黄檗山万福《まんぷく》寺を創建し、ひさしく沈滞していたわが国の禅界に大きな刺戟をあたえた。長崎の唐三個寺や宇治の万福寺の建築や彫刻は、シナの禅寺の様式を模したもので、エキゾティックな感じをおこさせるに十分であった。さらに禅僧によって書画、音楽をはじめいろいろの文物にシナ趣味がもたらされたのであった。

さて南明や鄭氏の滅亡後も、清朝と日本とは、明治初年まで公的な関係はまったくなかった。しかし鄭氏の滅亡直後、遷界令がとかれるとともに、清の商船はさかんに長崎に来航したので、日本は貿易を通じて、この唯一のひらかれた窓から中国のあたらしい文化をたえずうけいれていたのである。

# 第十章　康熙大帝

## 清朝の構造

清朝というものは、何重もの層がかさなってできている国家である。まず玉葱《たまねぎ》にでもたとえればよかろう。いちばん外側の層は、シナ、満洲、モンゴル、新疆、チベットをうって一丸とする統一帝国、つまり大清帝国である。このうち新疆とチベットは、国防戦略上からいえば辺境であって、付随的な部分であるから、これらをむきとると、下からあらわれるのはシナ、満洲、モンゴルの連邦、つまり瀋陽で原形のできた清朝である。このうち統合の中心はなんといっても満洲であるから、これが第三の層になるが、これはヌルハチのたてた後金国そのままである。これにはさらに内部がある。後金国の組織は八旗からなるが、これは明代の女直人の国家を再編成したものである。各旗はそれぞれ独立国の観があり、その連邦が後金国なのである。というわけで、もっとも奥にあるのはヌルハチの出身した建州衛である。

清朝の皇帝が皇帝たるためには、第一に満洲人、漢人、モンゴル人に対してそれぞれ支配権を確立しなければならない。そのうちモンゴル人に対しては、元朝の後裔から権利をゆずりうけたのであり、漢人に対しては明朝の帝位をついだのであるからまだ問題はすくない。

ところが満洲人に対しては、皇帝は本来独裁の権限はない。

すなわちむかしながらの氏族制度の倫理をまもってくらしている八旗の構成員に対しては、皇帝は部族長会議の議長にすぎない。だいたい皇帝自身が部族長会議によって戦争と外交の指揮者として選挙されてでてきたものなのである。

清朝の皇帝たるものはだれでも、満洲人、漢人、モンゴル人それぞれの指導者としての役割のあいだのバランスをたもたなくてはならない。これはなかなかの難題であるが、これから歴代の皇帝がいかにこの問題に対処し、困難をきりぬけていったかをみていこう。

## ドルゴンと順治帝

それではホンタイジの死の前後には、八旗の諸王の勢力関係はどうであったろうか。

まず正《せい》、鑲《じょう》の両黄旗は皇帝ホンタイジの直系であり、これにくわえて、兄の死後接収した正藍旗を長子の粛《しゅく》親王ホーゲらがひきいていた。つぎに両白旗は、ヌルハチがウラ国からめとったおなじ皇后の腹にうまれた三兄弟、武英《ぶえい》郡王アジゲ、睿《えい》親王ドルゴン、豫《よ》親王ドドの所領であった。両紅旗を領したのは礼《れい》親王ダイシャンである。ヌルハチが最初にめとったトンギヤ（佟佳）氏出身の夫人からうまれたのがダイシャンで、ホンタイジの時代には諸王のなかでも最年長であった。最後の鑲藍旗は鄭《てい》親王ジルガランがにぎっていた。ジルガランはヌルハチの弟シュルガチの子である。

こういうふうに、八旗の領主はそれぞれ別の家系に属していたのであって、国政に関する重大事項の決定は、かならず各旗を代表するこれら諸王の会議でおこなわれなければならなかった。

　ホンタイジが死んだとき、後継者の選出のため例によって諸王の会議が招集された。議長をつとめる長老のダイシャンがまず口をひらいてホーゲを新皇帝に推薦した。しかしホーゲは辞退した。これは彼がホンタイジの正皇后の子ではなかったからであろう。そこでドルゴンはジルガランとくんで、正皇后のただひとりの子であったフリンを帝位につけることを主張し、結局これがとおって六歳の新皇帝順治帝が誕生したのである。

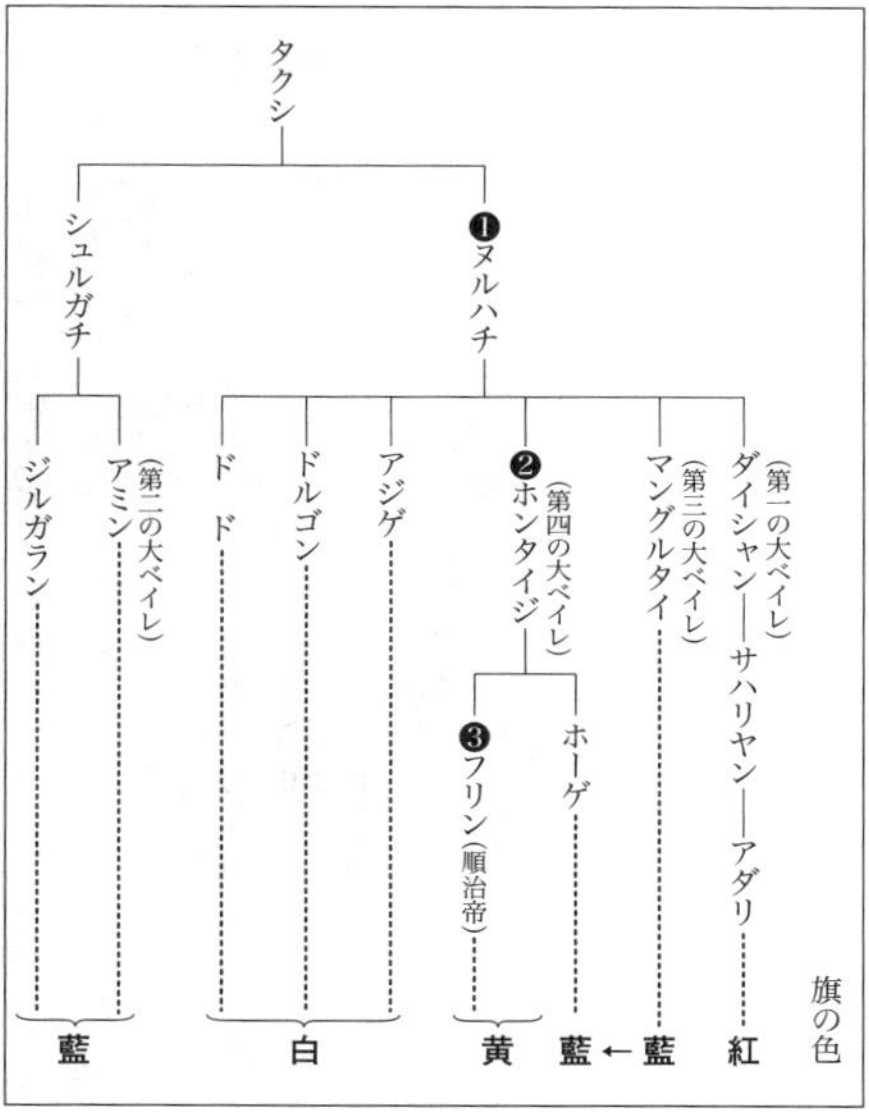

清初の諸王（４大ベイレは 157 ページを参照）

　こうしたいきさつで、自然とドルゴンとジルガランのふたりが摂政として実際の政務をとることになった。しかし政治家としての手腕では、ジルガランは遠くドルゴンにはおよばなかった。ドルゴンはまず、ダイシャ

順治帝

ンの孫アダリが自分をかつぎあげようとする陰謀に荷担したと称してアダリを叛逆罪で処刑し、ダイシャンの両紅旗をおさえつけ、つぎにホーゲがドルゴンに皇帝になろうとする野心があると誹謗《ひぼう》したといって、ホーゲの親王の位を剥奪し、両黄旗をも自分の統制下にいれてしまった。

　順治帝をつれて北京にうつったドルゴンは、いまや完全な独裁者になった。彼は皇父摂政王《こうふせつしようおう》の称号をもち、皇帝の印璽を自分の邸にもちだして政務をとり、いっさいの文書はドルゴンのもとにおくられてその決裁をうるようになった。つまりドルゴンは事実上の皇帝だったのである。

　順治五年（一六四八）ドルゴンは自分の権力の最後のしあげに着手した。ジルガランは、かつてのホーゲ擁立の陰謀を知っていながらかくしたといいがかりをつけられて親王から郡王にさげられ、ホーゲは投獄されて死んだ。すぐつづいて六十六歳のダイシャンも老衰で死んだので、ドルゴンに対立する王はひとりもいなくなった。

　ドルゴンの前途は洋々たるかにみえた。ところが健康にはあまりめぐまれず、わずか二年後の順治七年（一六五〇）十二月、内モンゴルのハラ・ホトンで狩猟中に急死した。まだ三十九歳であった。葬儀は皇帝の格式で盛大にとりおこなわれた。

　ドルゴンの同母弟のうちドドは前年に死んでいたので、のこったのはアジゲだけであったが、アジゲは政治家としての能力はなく、まったくの軍人であった。そこで翌順治八年（一六五一）正月から、十四歳になった順治帝の親政がはじまった。

しかしドルゴンがあまりに権勢をふるいすぎた反動はすぐにやってきた。ジルガランが中心になって、ドルゴンが生前に謀叛の意図があったという告発があり、ドルゴンの生前の栄誉はすべて剝奪され、アジゲは死罪を判決されて自殺した。ジルガランは親王にかえり咲いた。

しかしドルゴンが諸王をかたづけていった効果があらわれて、もう諸王の合議制の時代ではなくなっていた。かわって擡頭したのは各旗の大臣たちである。そのうちでも顕著なのは正白旗のスクサハであって、ジルガランとくんでドルゴンの栄誉剝奪を実現したのが彼である。

ドルゴンが生前に支配した両白旗のうち、スクサハの正白旗は順治帝に接収されて、両黄旗とともにこれ以来「上三旗《じょうさんき》」とよばれる、皇帝直属の旗となった。順治帝の親政の手足となったのがこの上三旗である。

それでも順治帝にしてみれば、瀋陽時代からの老臣たちにとりまかれていたのでは、皇帝独裁の実質はない。そこで順治九年（一六五二）順治帝は明代の制度を復活して、宮中に十三衙門《がもん》という機関を設置した。これは明代の二十四衙門をまねしたもので、ことごとく宦官で組織される十三の役所であるが、べつだん皇帝の身辺の雑用をたすためではない。おもな目的は満洲人、漢人の大臣たちの仕事をとりあげて、実権を政府官庁から宮中にうつすことである。

これは当然猛烈な反対がおこったが、順治帝は断乎としてゆずらなかった。ところが、まもなく帝は天然痘にかかり、順治十八年（一六六一）正月、二十四歳の若さで急死したので、皇帝独裁体制の実現はつぎの康熙帝の代にもちこされた。

## 康熙帝

順治帝はあとにふたりの皇子をのこした。ひとりは九歳の福全《ふくぜん》、もうひとりは八歳の玄燁《げんよう》である。福全の母は身分がひくかったため、位は玄燁がついだ。すなわち康熙帝である。康熙帝は漢式の名をもった最初の皇帝であり、また北京の紫禁城にうまれた最初の皇帝でもあった。八歳の幼帝の輔佐役としては、ソニン、スクサハ、エビルン、オボイの四人の内大臣がえらばれた。彼らはただちに目の敵の十三衙門を廃止し、宦官たちの権力をうばった。四人の内大臣のうちもっとも勢力がつよかったのはオボイで、スクサハはそれについだ。しかしスクサハはしだいにオボイに圧倒されていって、オボイの一党は政府の要職を独占し、反対派を容赦なく迫害して、往々死刑にまでした。

一六六七年にソニンが死んだ。いよいよ窮地におちいったことを自覚したスクサハは引退を乞うた。その上奏文のなかに、

「臣が先帝の御陵をおまもりにゆくことをおゆるしいただければ、線《いと》のごとき余《のこ》りの息《いのち》も、もって生存することを得るでしょう」

という文句があった。これを読んだ康熙帝は、

「いったいどんな切迫した事情があって、ここでは生きられず、御陵をまもれば生きられるというのか」

とあやしんだ。オボイは、この機をとらえて彼をかたづけてしまおうとし、これはスクサハが帝につかえることをいさぎよしとしないのだと理窟をつけて、二十四ヵ条の大罪なるものをでっちあげた。そしてスクサハ自身と七人の子、ひとりの孫、ふたりの甥、および一族のふたりをすべて死刑にすることにし、帝の裁可をもとめた。

帝はこれがオボイの私怨からでたことを知っていたからなかなか同意しなかったが、オボイは腕まくりをして大声で帝をどなりつけ、数日ねばりつづけてとうとう帝を屈服させ、思いどおりにスクサハ一家を根だやしにしてしまった。

オボイは帝をばかにしきっていたが、これは彼の油断であった。帝は感情をおさえてオボイを信任するジェスチュアをおこたらない一方、身辺の世話にあたる侍衛に腕力のつよい青年をあつめて相撲に熱中するふりをした。康熙八年（一六六九）五月、オボイが奏上すべき用事があって参内したとき、帝がちょっと目くばせをすると、たち

康熙帝

まち侍衛たちはオボイにおどりかかって組みふせ、しばりあげてしまった。ただちにオボイの罪状三十ヵ条が公表され、オボイは投獄されて死に、エビルンは追放された。こうして十六歳の青年皇帝ははじめて邪魔な大臣たちをかたづけて、自分が独自の意志をもった主権者であることを満洲人たちに知らせたのである。

## 内モンゴル合併

ところが四大臣は順治時代からの実力者で、それぞれ三藩とむすびあっていた。それが一挙に朝廷から姿を消したのであるから、三藩としては中央政界における自分たちの保護者をうしなったわけで、不安を感ずるのは当然である。三藩と北京との関係は急速に冷却した。なりゆきを憂慮した平南王尚可喜は、保身のために故郷満洲への隠退をゆるされんことを乞うた。康熙帝はこれを利用して、三藩を準備不足のまま叛乱に追いこみ、前後八年のあいだたくみな作戦用兵でつねにイニシアティヴをとりつづけ、ついに北京の支配をシナ全土におよぼすという大成功をおさめたのである。

三藩の乱と同時に、康熙帝は内モンゴルでもチャハル親王家をたたきつぶした。北元皇帝の正統の子孫であるチャハルのリンダン・ハーンはホンタイジにほろぼされ、その長子エジェイはホンタイジが大清皇帝の位についたとき、モンゴル代表として推戴の名義人の筆頭になった。これ以来チャハル家の家長には代々親王の爵位があたえられ、清の皇女と結婚して優遇された。ところが康熙帝の即位後まもなくチャハル家の当主アブナイの妻であった清の皇女が死に、清の帝室との関係は冷却しはじめた。

将来の禍根を断とうと、康熙帝はオボイをかたづけるやいなやアブナイの親王の爵位を剝奪して瀋陽に監禁し、アブナイと故皇女のあいだにうまれた長子ブルニをかわりに親王とした。内モンゴルの諸部族はチャハルの管轄下をはなれて清朝に直属するようになった。

こうした情勢のときに三藩の乱がおこった。これをきっかけに康熙十四年（一六七五）、ブルニは叛乱にふみきったが、これに呼応したのはチャハルの分家のナイマン部族だけで、他のモンゴル人はことごとく清朝に荷担し、ブルニを追いつめて射殺してしまった。

この報告が北京にとどくと、康熙帝はただちに命じて瀋陽に監禁中のアブナイを絞殺させ、チャハル部族を解体して八旗に編入した。

こうして内モンゴルはとうとう民族の統合の中心をうしない、完全に清朝の統制下にはいった。外モンゴルがジェブツンダンバ・フトクトという精神的指導者をもちつづけたために、二十世紀にはいって独立を回復することができたのに反し、内モンゴルがいま中国の一部分をなしているのには、このブルニの悲劇と、それ以来の内モンゴル人の北京に対する完全隷属が原因となっているのである。こうして康熙帝は、モンゴルではチャハルを解体し、シナでは三藩をかたづけて、モンゴル人、漢人に対する支配権を確立したのである。

## ロシアとの対決

康熙帝がつぎに当面した問題は、満洲に進出してきたロシア人に対する処置であった。

ロシア人はだいたいモンゴル人のキプチャク・ハーン国のもとで政治的に成長し、やがてこれにとってかわった民族である。このことはモンゴル人たちもよく知っていて、ロシア皇帝のことをチャガーン・ハーン(白い皇帝)とよび、「チャガーン・ハーンはチンギス・ハーンの長子ジョチの子孫である」と信じていた。ロシア人はモンゴル人のかたわれだから、むかしのモンゴル帝国の領域の統一にのりだしてきたというわけである。

ロシア人は、一五八一年にカザーク(コサック)の首領イェルマクがウラル山脈をこえて以来、第一章で説明したシベリアの水路を利用した毛皮貿易ルートづたいに着々と東方に進出し、一六四三年にはアムール川に達した。これはちょうど明の滅亡の前年であったが、ロシア人がアムール川にもうけた前進基地のネルチンスクとアルバジンは清軍の討伐をうけて破壊され、一六六〇年以後ロシア人はアムール川から姿を消した。

ところが康熙帝の時代になると、またぞろロシア人が進出してきた。最初はチェルニゴフスキイという犯罪者が官憲の手をのがれてアルバジンにはいり、一党をひきいて掠奪暴行をはじめたのであったが、一六六九年になると、ネルチンスクのほうも再建された。この不穏な形勢に康熙帝はもちろん重大な関心をよせたが、まもなく南方で三藩の乱がおこったため、北方問題の解決は叛乱の鎮定後にもちこされた。

一六八二年、すなわち三藩の乱がおわった翌年、康熙帝はサブスを黒龍江《こくりゅうこう》将軍に任命して、あらたに建設したアイグン城に駐在させ、本格的な対ロシア人作戦の準備を開始した。

一六八五年の夏、清の陸軍三千と水軍五百はアルバジンを包囲した。城中のカザーク兵はわずか四百五十人にすぎなかったが、トルブジンの指揮下に勇敢に応戦した。しかし清軍の大砲の猛烈な射撃にはもちこたえきれず、約百人をうしなってネルチンスクへ退却せざるをえなかった。清軍はアルバジン城を破壊してひきあげた。

ネルチンスクからはアルバジンに新手《あらて》のカザーク兵がおくりこまれた。これを知ったサブスは翌一六八六年の夏、こんどはみずから八千の兵と百五十艘の艦艇をひきいて、再度のアルバジン攻めにむかった。

城中のロシア人はわずか七百三十六人の小勢ながら、圧倒的多数の清軍の攻囲をよくもちこたえた。彼らは敵弾と疫病のためにばたばたと死に、六十余人にまでへりながらも、夏から秋、秋から冬、翌年にはいっても頑強な抵抗をやめなかった。

アルバジンで戦闘がながびいているあいだ、一方では清とロシアの外交交渉がすすんでいた。ロシアは一六八九年にピョートル大帝が十七歳で単独皇帝となる直前の、異母姉ソフィアの摂政時代で、一六八八年にセレンギンスクで両国の会議をひらくことになった。しかし、ジューンガルの外モンゴル侵入でこれは流れてしまい、翌年ネルチンスクで会議がひらかれた。交渉は最初から一方的に清側のペースですすめられ、ここで成立したとりきめ、つまり一六八九年のネルチンスク条約で、両国の国境はゴルビツァ川とヤブロノヴィ山脈をむすぶ線とさだめられた。康熙帝がアイグンから派遣しておいた一万の清軍の威力がものをいったのである。

条約の成立と同時にアルバジンの守兵はひきあげ、ロシア人は以後十九世紀のなかばまでアムール川本流の流域からしめだされた。こうして康熙帝は、祖宗発祥の地である満洲の安全を確保することができた。

## ジューンガル問題

ネルチンスク条約の成立直前に、外モンゴルのハルハ人とジューンガルのガルダン・ハーンとのあいだに紛争がおこった。康熙帝は最初介入には乗気でなかったが、ガルダンの勢力がしだいに外モンゴルに確立して、その影響が清の国防上たいせつな内モンゴルにおよんできたので全面対決にふみきった。そして一六九六年、外モンゴルに親征して、ジョーン・モドの戦いにガルダンの軍を粉砕した。これから外モンゴルの地も清朝の支配下にはいったが、それよりも大きな意義は、この戦いをさかいにして、清帝国が安定期にはいったことで、建国の時代はおわって、約二十年の、内外ともに平和な日々がつづく。そして国内消費の伸びと、外国貿易のめざましい発展によって、中国史上空前の繁栄が到来する。

以上に述べたように、康熙帝は、十六歳のときにオボイをたおしたあの宮廷クーデターから四十代のなかばまで、ほとんど三十年にわたって、つぎつぎとおそいくる危機を、つねに明晰《めいせき》な見通しと、沈着な決断力と、冒険をおそれぬ勇気をもってみごとにきりぬけてきた。成功につぐ成功は、帝を偉大な指導者として帝国の全人民に印象づけた。ことにモンゴル人と漢人は、康熙帝のみならず清朝それ自体を、彼らの主人としてうけいれた。けだし漢人は秦漢時代からずっと皇帝というものを人間の理想像、天の意志の地上における代理者としてあおぐことになれていたし、モンゴル人も元朝以来、神聖にしておかすべからざる大ハーンの存在をつねに必要としたから、康熙帝のような有能な指導者は、比較的容易に真の皇帝、絶対君主としてうけいれられたのである。

## 皇太子問題

しかし肝腎の満洲人に対しては、少々話がちがった。まえにもいったとおり、満洲人の社会の伝統では皇帝は選挙制であるから、生前に自分のあとつぎを指名する権利はない。しかし漢人官僚に、次代の皇帝にとりいろうとしていろいろの党派に分裂されては皇帝の統治権自体にひびがはいるから、その予防策として康熙帝は康熙十四年（一六七五）次子の胤礽《いんじょう》（允礽）を皇太子に指名した。彼は正皇后のうんだたったひとりの皇子である。その妃は、当時ミンジュとならんで二大派閥の巨頭といわれたソンゴトの娘である。

皇太子は父に似て文武両道にひいでた好青年であり、ふかく康熙帝に信任され、将来の名君たることを期待されていた。ところが康熙三十七年（一六九八）、彼の兄弟六人があらたに爵位をあたえられ、それぞれ各旗に領民をもらうようになると、事情はかわった。いまや皇太子は唯一の帝位継承候補ではなくなり、各旗の満洲人たちはそれぞれあらたに自分たちの領主としてむかえた皇子をかついで猛烈な党派争いをはじめ、たがいに他を蹴おとそうとしてあらゆる陰謀をめぐらすのであった。こうした皇太子の地位の不安定は、満洲人の伝統では、長子相続という制度がないことからきている。

つまり、生前に後継者を指名するという習慣のないところへ、康熙帝がシナ式に皇太子をたてたのであるから、他の皇子たちが急に納得するはずがない。ふるい習慣で、帝位の継承権では自分たちはみんなおなじ資格だと思っているし、皇子たちの領する旗の満洲人たちはなおさらである。

そこへもってきて満洲人の倫理では、主従関係というものは絶対的なもので、何代たとうが家来の子孫は主筋に対して忠誠をつくさなければならない。どんなに家来が出世し、旧主人が零落しようとも、これはかわらない。

ところでまえにいったように満洲人にとっては自分の旗がすべてなのであるから、この忠誠心も旗と旗のあいだの壁をこえることはない。皇帝に対して忠誠をささげるのは彼の直轄の旗の満洲人だけで、他の旗のひとびとは領主たる皇子だけに忠勤をはげむ義務を負い、皇帝がどうなろうと直接の関心はもたない。八旗の団結をたもっているのは、各旗の諸王と皇帝とのあいだの個人的関係だけである。

こうした満洲人社会の構造上の弱点は、八旗の内部だけでなく、必然的にシナの官僚制度にまで影響をおよぼしてくる。各旗の有力者は、それぞれ自旗の出身者を要職につけようとして必死になるし、野心のあるなしにかかわらず、漢人の官僚も栄達や保身のためにはいずれかの党派にむすびつく必要がある。

こうして満洲人とそれをとりまく漢人で形成された党派がいくつも並立して、帝国の全機構を縦割りにして権力の争奪戦に血眼になる。その際ねらわれるのは、かならずしも中央政府の要職だけではない。

シナの伝統的な制度では、そうとうの大官でも俸給の額はわずかであるから、地位それ自体はたいした資金源にはならない。金になるのはむしろ地方官である。地方官の俸給は無にひとしいし、どんな僻地《へきち》へゆくのでも赴任手当など一銭も支給されない。そのかわり、定額の上納金さえきちんきちんと国庫におさめれば、残金はどうつかおうと勝手である。つまり一種の徴税請負制度なのである。地方官は自分の取り分を自分だけで消費することはない。その相当部分は北京にいる親分のもとにおくられる。親分はそれを子分の生活をささえるためにばらまく。北京遷都以後、八旗の兵が戦闘に参加する機会がすくなくなったから、これまで従軍の際の戦利品や恩賞がおもな収入源であった満洲人大衆の生活は苦しくなってきている。したがって親分はすこしでも自派の収入をふやすべく努力しなければならない。

以上の事情は皇帝自身についてもおなじである。親分衆の筆頭たる康熙帝自身にも多くの子分があって、それぞれ実入りのいい職について、せっせと宮廷費を北京に送金していたのであるが、そのひとりが江寧織造《こうねいしょくぞう》の曹寅《そういん》であった。江寧は南京のことで、織造とは宮中御用の絹織物を調達する官職である。曹寅は旗人であったが、そのなかでも包衣《ボーイ》といって、康熙帝直属の身分であった。織造は職務上多くの技術者をかかえこんで、もっとも品質優秀な絹織物を独占生産していたのであるから、その収益の巨額だったことは容易に見当がつく。曹家の富裕なことは想像を絶する。康熙帝が黄河、淮河《わいが》の治水事業の視察のためと称して、実は漢人の懐柔のために、康熙二十三年（一六八四）から四十六年（一七〇七）にかけて六回も南方へ巡幸したとき、南京では五回まで曹寅の家に滞在している。中国の皇帝の一行をとめるためにどれほど大きな屋敷と多くの費用が必要か計算してみるのも一興であろう。

曹寅の孫の曹霑《そうてん》（雪芹《せっきん》）は、あの世界文学の名作のひとつにかぞえられる『紅楼夢《こうろうむ》』の著者であるが、その舞台の栄国府《えいこくふ》はまったく曹家の実態をうつしたもので、曹霑自身は賈宝玉《かほうぎょく》の名で登場している。日本語訳もあるからぜひ一読して、曹家の日常のけたはずれの絢爛豪華さを味わっていただきたい。

## 康熙帝のなやみ

ともかくこうした事情のあるところへ、六人の皇子が各旗に封ぜられたのである。これまでの党派争いにあらたに帝位の奪いあいの要素がつけくわわった。満洲人たちはそれぞれ自旗の王を次期の皇帝にしようとして必死の競争をくりひろげた。そのすさまじさは、康熙帝までうきあがってしまって、自分の地位に不安を感じはじめたほどである。

この闘争のなかでの最大の被害者は皇太子であった。兄弟の諸王は、あらゆるすきをうかがっては、陰険な手段を弄して皇太子の脚をひっぱろうとした。ことに康熙四十二年（一七〇三）、岳父のソンゴトがことに坐して死刑になってからというものは、皇太子は窮地におちいり、自暴自棄になって、かなり異常な行動にでたらしい。自然父子のあいだも猜疑心《さいぎしん》の雲にとざされ、康熙帝はしだいに、皇太子は自分に害意をもっていると思いはじめた。

康熙四十七年（一七〇八）の夏、内モンゴル巡幸中の康熙帝は、突然諸王、大臣、文武の

百官をテントのまえに召集し、皇太子を御前にひざまずかせて不都合の条々をかぞえて責めたてたうえ、

「さらに奇怪なことに、おまえは毎晩わたくしのテントにしのびよっては隙間からのぞいている。ソンゴトの仇を討とうというつもりにちがいあるまい。わたくしはおかげでつねに危険を感じ、いま殺されるかいま殺されるかと日夜安き心もない。こんなやつに御先祖様の遺産がゆずれるものか」

といって声をはなって泣きながら、地上に身を投げてころげまわった。

　皇太子は廃位された。欣喜雀躍した長子の胤禔《いんし》は、第八子の胤禩《いんし》を新皇太子候補に推薦し、大臣たちも一致してこれに追随した。ここにいたって康熙帝は、反皇太子陰謀の規模の大きさをさとって愕然とした。誤解はとけた。皇太子は翌春復位し、胤禔と胤禩は爵位を剝奪され、旗をとりあげられた。しかし諸王の競争にこりた康熙帝は、同時にさらに四人の皇子を封じ、旗を細分化してバランスをとろうとした。しかしこれは失敗で、いたずらに諸王のあい

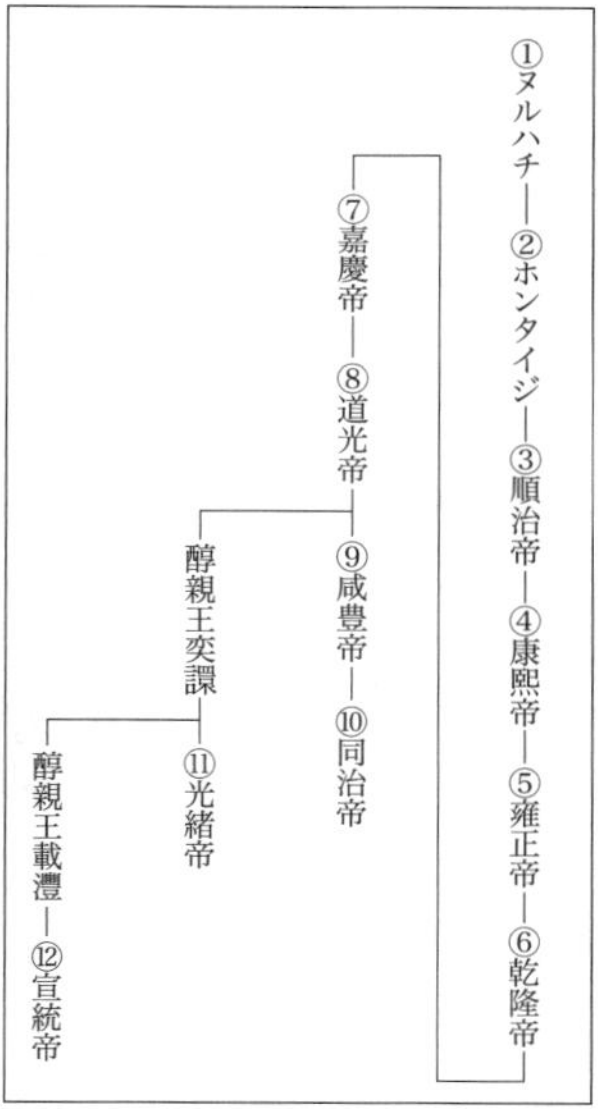

清朝系図

だの連合を促進したにとどまった。もはや精も根もつきはてた康熙帝は、康熙五十一年（一七一二）ふたたび皇太子を廃位して咸安宮《かんあん》に禁錮した。もはや六十歳の老境にはいった康熙帝としては、皇太子問題にこれ以上わずらわされたくなかったのであろう。以後立太子の必要を説く大臣があるたびに、老帝はきまって激怒したという。

# 第十一章　草原の英雄

## オイラットの発展

チャハルの滅亡とともに内モンゴルは清朝の支配下にはいったが、明との関係を重視する清朝はそれ以上進出しなかった。外モンゴルが清帝国の領土になったのは、さらに六十年後のジューンガル帝国との接触の結果である。

当時外モンゴルに割拠したハルハ部族のモンゴル人は三つの王家に分裂していた。いちばん東にはチェチェン・ハーン家、中央にはトシェート・ハーン家がならび、西の最前線にあったジャサクト・ハーン家が、さらに西方のオイラットと対立していた。

最初はハルハが絶対的優位にたち、しだいにオイラットをシベリアの草原へ追いだしていった。しかし一六二三年イルティシュ川のほとりでオイラット諸部族の連合軍がジャサクト・ハーン家の軍を撃破してから、オイラットは急速に四方へ発展しはじめる。すなわち西方ではトルグート部族がヴォルガ川方面に進出し、南方ではホシュート部族がチベットを征服し、東方ではジューンガル部族のガルダンが外モンゴルに侵入して清帝国をおびやかすのである。

ホシュートのチベット征服は、チャハルのリンダン・ハーンの滅亡の結果である。チャハ

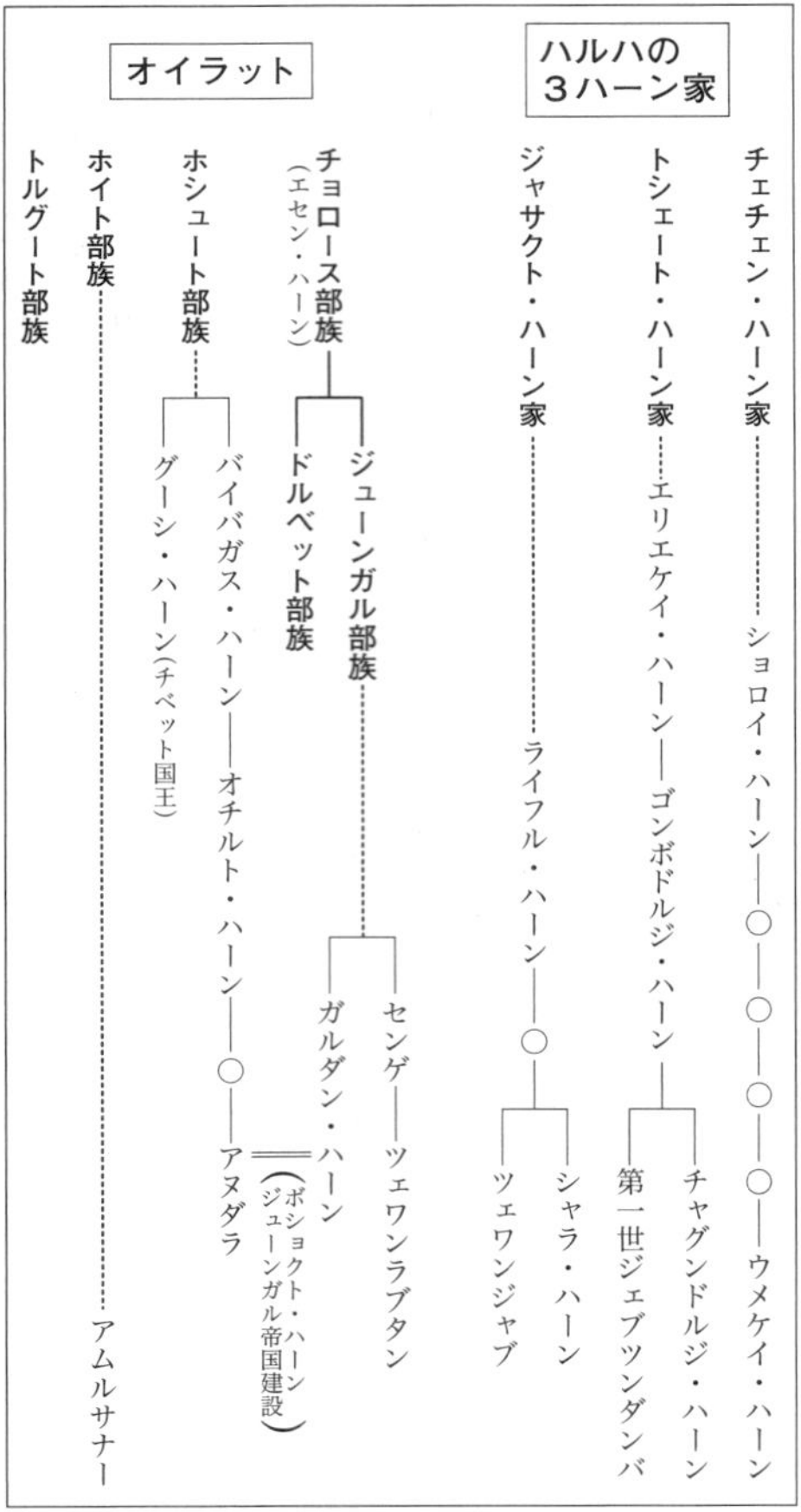

ハルハ・オイラット部族表

ルにとってかわった清の支配力は、フヘ・ホト以西にはおよばなかったので、青海《せいかい》方面には力の空白状態ができた。これに乗じてハルハのチョクト・ホンタイジという首領が、外モンゴルから青海にはいってそこの支配者となった。この人は、チベット仏教でもカルマ派という宗派の熱心な信者だったので、ゲルク派を目の敵にして猛烈な迫害をくわえはじめた。

青海はモンゴル方面からチベットに通ずる唯一の入口である。ここをカルマ派におさえられては、中部チベットを本拠とするゲルク派は、モンゴルの信徒たちとの連絡がたえることになる。この危機を打開するために、ゲルク派のとった方策は、自派の信者であるオイラット人たちに援軍をもとめることであった。

そのころホシュート部族のグーシ・ハーンが全オイラットに号令していたのであるが、彼は兵をひきいてはるばる青海に遠征し、一六三七年のはじめ、チョクト・ホンタイジをほろぼして青海の地を手にいれた。グーシ・ハーンは、ここに根拠地をかまえ、一六四二年までにチベット全土を平定した。そしてこの年、彼は第五世ダライ・ラマをチベット仏教界の教主に推戴し、自分はチベット国王の位にのぼった。こうしてゲルク派ははじめて、チベットでもっとも勢力のある宗派となり、カルマ派の権力はうしなわれた。グーシ・ハーンは一六五五年に死んだが、その子孫は四代にわたってチベットの王位を世襲したのである。

## ガルダンの活躍

グーシ・ハーンの青海移住後、オイラットの実権はジューンガル部族にうつった。ジューンガル部族長センゲにはふたりの異母兄があって、一六七一年私怨によって彼を殺した。センゲの同母弟ガルダンは、生まれるとすぐチベットの高僧の化身と認定され、十三歳でチベットに留学してパンチェン・ラマとダライ・ラマの弟子となっていた。

一六六六年ガルダンはダライ・ラマから、ゲルク派の利益に合った指導をするように指示

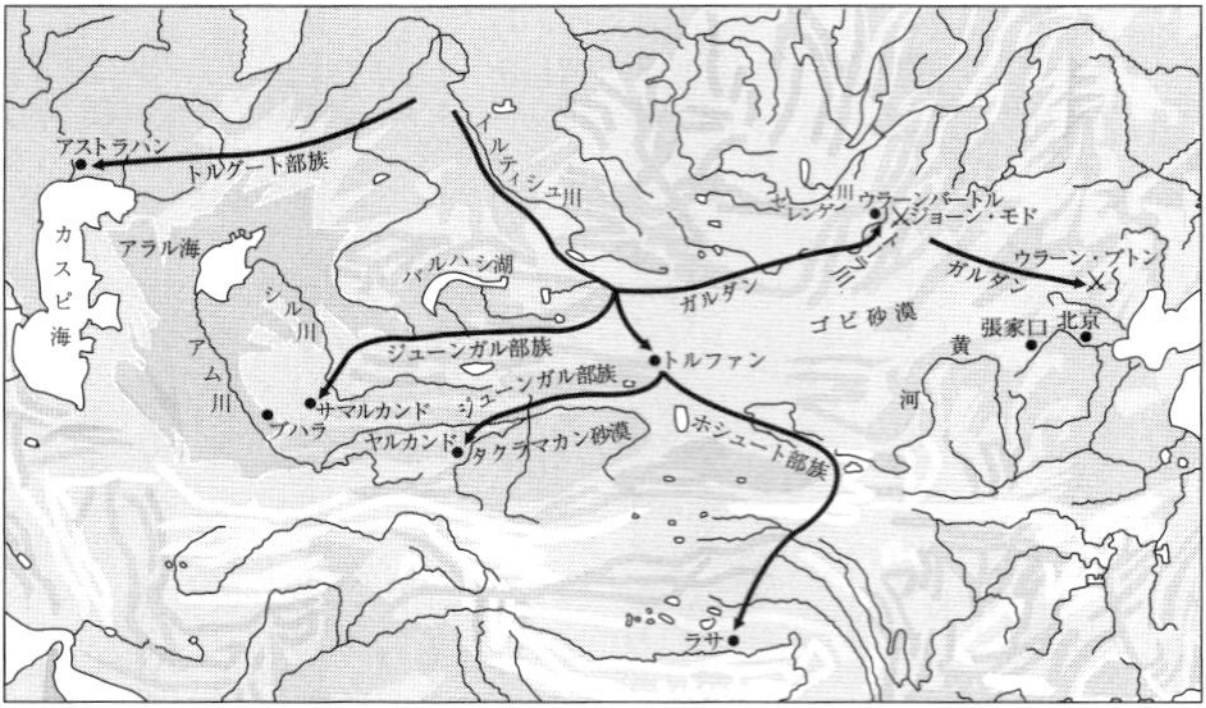

オイラットの発展

を与えられ、十年の修行を終えて兄センゲの妃の一行とともに帰郷していた。

ガルダンは一六七二年、ホシュート部族のオチルト・ハーンの助力をえて異母兄たちを殺し、ジューンガルの秩序を回復してみずから部族長の地位についた。

センゲの未亡人はアヌダラといって、オチルト・ハーンの孫娘であったが、ガルダンはモンゴルの習慣どおりこの嫂《あによめ》と結婚して亡兄の遺産を相続したのである。

もともと野心家のガルダンは、ジューンガル部族長となるやいなやオチルト・ハーンと衝突した。そして一六七六年の冬、イリ河畔にホシュート軍を撃破してオチルト・ハーンを捕虜にした。もはやオイラットの指導権は名実ともにジューンガルのものとなり、ガルダンはダライ・ラマからボショクト・ハーンの称号を与えられて、モンゴル、チベットをうって一丸とする一大仏教帝国、ジューンガル帝国の建設にのりだすのである。

ここでちょっとジューンガル部族の由来にふれておこう。ジューンガルは、もとチョロース部族からわかれたものであるが、このチョロースこそエセン・ハーンの部族である。つまり一四五四年のエセン・ハーンの死とオイラット帝国の瓦解から二百余年にして、ふたたびその子孫が中央アジアに大遊牧帝国を建設するまわりあわせになったわけである。

ガルダンはまず東トルキスタンを征服した。この方面は元代以来東チャガタイ・ハーン国の領土であったが、このころそのオアシス都市に住むウイグル人イスラム教徒の指導権をにぎっていたのは、ムハンマドの子孫と自称するホージャ家の一族で、これが白山党《はくざん》と黒山党《こくざん》という二派にわかれてはげしい闘争をくりかえしていた。

当時この地方に君臨していたイスマイル・ハーンは熱心な黒山党の支持者で、白山党の首領アーファーク・ホージャを国外追放に処した。アーファーク・ホージャはカシミールをへてチベットに逃げこみ、ダライ・ラマにとりいって援助をもとめた。

ダライ・ラマは、アーファーク・ホージャに手紙をもたせてガルダンのもとへおくり、白山党を援助するようにガルダンに要請したのである。

この好機をとらえてガルダンは、一六七八年東トルキスタンを征服し、イスマイル・ハーンの一家をとらえ、かわりにアーファーク・ホージャを代官としてヤルカンドにすえて貢税の徴収にあたらせた。

## ハルハ対オイラット

これよりすこしまえから、ジューンガルの東隣りの外モンゴル、ハルハでは、ごたごたがつづいていた。その発端はジャサクト・ハーン家とその分家とのあいだの紛争であったが、これにおなじハルハのトシェート・ハーンのチャグンドルジが介入するにおよんで、両ハーン家間の戦争となった。

それればかりでなく、ジューンガルはジャサクト・ハーン家の援助にはせ参じ、チェチェン・ハーン家はトシェート・ハーン家側につくなど、それぞれ救援におもむいたので、いまやハルハ、オイラットはふたつの陣営にわかれて、抗争ははてしなくエスカレートする様相を呈した。

この情勢は清の康熙帝の憂慮するところとなった。ハルハもオイラットもともに清朝の友好部族であったから、その殺しあいはどうころんでもおもしろくない。そこで康熙帝は、ゲルク派の首脳部と連絡をとりつつ、紛争の調停にのりだしたのである。

元来、チベットのゲルク派教団もホシュート王家も、清朝には友好的であった。一六四二年、ダライ、パンチェン両大ラマの使者は、ホシュートのグーシ・ハーンの使者とつれだって、はるばる瀋陽《しんよう》を訪問し、ホンタイジに面会している。清が北京に遷都したのち、順治帝はチベットに勅使をつかわしてパンチェン・ラマとダライ・ラマを招待した。パンチェン・ラマは老齢を理由に辞退したが、一六五二年、三十六歳のダライ・ラマは北京を訪問、とくに城北に創建された黄寺《こうじ》に滞在して、皇帝の手厚い歓待をうけ、翌年帰国している。こうした事情からみれば、ゲルク派がハルハの内紛の解決に際して清朝に協力したことは自然である。一方、康熙帝のほうは、外モンゴルの争乱が、自分の臣下である内モンゴルに波及することをおそれたので、仲裁には積極的であった。

ところがその最中、第五世ダライ・ラマは六十六歳で入寂した（一六八二）。摂政サンギエギャツォは国際関係への影響をおそれてこの事実を外国に通告せず、ダライ・ラマは禅定《ぜんじょう》にはいっているから人に会わないと宣伝する一方、あらたに転生したダライ・ラマをさがして、翌年チベット南部にうまれた少年ツァンヤンギャツォをみいだし、秘密裡に養育をはじめた。これが第六世ダライ・ラマであって、のちに問題をおこす人物である。

それはさておき、康熙帝とサンギェギャツォの努力の結果、一六八六年にいたってようやく和議がなり、清・チベット両国の代表の立会いのもとに、外モンゴルのクレーン・ベルチルにおいて調印式が挙行されることとなった。しかしこの講和会議でトシェート・ハーンの弟のジェブツンダンバ・フトクトが、ダライ・ラマの名代ガンデン寺座主と対等にふるまったことが、ガルダンを怒らせた。

フトクトというのはモンゴル語で、高僧につける敬称であるが、このジェブツンダンバはハルハ最高の精神的指導者である。彼は一六三五年、ハンガイ山中の、父ゴンボドルジ・ハーンの幕営でうまれた。

誕生の直前、ひとりのインド人の学僧が象にのって南からいそいでくるのをみた人があったといわれ、またときは初冬であるのに色とりどりの花が咲きみだれたとつたえられる。満三歳になってやっと口がきけるようになったころ、彼はチベット語で「わが師は三世の諸仏にして……」ではじまる詩をつくり、また数々の奇蹟をあらわした。一六四九年、十五歳でチベットにゆき、ダライ・ラマ、パンチェン・ラマの教えをうけ、ジェブツンダンバの称号をさずけられて三年目に外モンゴルにかえったと後世の伝記はいうが、彼はじつははじめゲルク派ではなくのちに改宗したのである。

ハルハ人たちは、一六五二年、フトクトをむかえて大集会をひらき、彼らの指導者に推戴した。この初代のジェブツンダンバは、のち一七二三年、八十九歳の高齢で入寂したが、その化身はつぎつぎと転生をつづけて、最後の第八世は一九一一年、ハルハ人をひきいて清朝から独立し、モンゴル皇帝の位についた。しかし一九二一年の人民革命で権力をうしない、一九二四年に死んだ。モンゴル人民革命党政府はただちにジェブツンダンバの転生の終了を宣言し、国制を人民共和国にあらためた。こうしてジェブツンダンバ・フトクトは約二百七十年間、外モンゴルでもっとも強力な指導者でありつづけたのである。

## オイラットの外モンゴル支配

それはともかく、トシェート・ハーンはクレーン・ベルチルの講和会議で決められたにもかかわらず、ジャサクト・ハーンの人民や家畜を半分しか返還しなかった。翌年ジャサクト・ハーンが手紙をおくって条件の実行をせまると、トシェート・ハーンは激怒して軍隊を派遣し、ジャサクト・ハーンを殺した。ジャサクト・ハーン家は潰滅した。

こうして和議はたちまちやぶれて戦争が再開されたので、おどろいた康熙帝は急使をおくってトシェート・ハーンに停戦をもとめる一方、サンギェギャツォに連絡してジャサクト・ハーンに味方するジューンガルのガルダンをおさえさせようとした。しかしすべてはおそかった。トシェート・ハーンの軍はすでにすすんでジューンガル軍と衝突し、ガルダンの弟を殺していたのである。ことここにいたって、戦争はジューンガルとハルハのあいだの全面衝突にまで拡大し、やがて清朝をもまきぞえにせずにはおかなかった。

翌一六八八年、復讐をもとめるガルダンは三万のジューンガル軍をひきいてハンガイ山脈をこえ、オルホン川上流のタミル川のほとりにトシェート・ハーンのハルハ軍と決戦をまじえた。結果はハルハ側の大敗におわり、トシェート・ハーンの指揮する五千の兵のうちわずか百名が生きのこったにすぎなかった。大混乱のうちにトシェート・ハーンは単身山をこえてオンギン川に逃走した。

当時弟のジェブツンダンバは東方のエルデニ・ジョー寺にいた。これは一五八五年に創建されたハルハ最古の名刹《めいさつ》である。ジューンガル軍の一部隊はエルデニ・ジョー寺めざして殺到した。ジェブツンダンバは兄の家族をひきつれて、とるものもとりあえず内モンゴルに逃げこみ、清朝の保護をもとめた。エルデニ・ジョー寺は炎上した。

ハルハは潰滅した。トシェート・ハーンをはじめとするハルハの大衆はなだれをうって内モンゴルに逃げこんだ。チェチェン・ハーンも、そしてトシェート・ハーンに殺されたジャサクト・ハーンの弟のツェワンジャブまで亡命してきた。三王家がことごとく亡命したので、外モンゴルは完全にガルダンの手におちた。康熙帝はこれら数十万人にのぼる亡命モンゴル人のために、内モンゴルにそれぞれ牧地を指定し、家畜をあたえ、シナから穀物をはこんで救済につとめた。

かくてオイラットは二百数十年ぶりにふたたび外モンゴルを支配した。ガルダンのひきいるジューンガルの統治圏は、東トルキスタンから外モンゴルをおおう広大なものとなった。ジューンガル、ハルハ間の紛争にまきこまれることは、康熙帝のこのむところではなかった。しかし清帝国の北方国境の安全は、内モンゴル人たちの忠誠なくしてはたもちえない。

## ガルダンの南下

外モンゴルをジューンガルの手にゆだねれば、つぎにおこるのは内モンゴルの離叛であり、清帝国はかつての明とおなじように、やがては長城線をさかいとしてモンゴル高原からの脅威をまともにうけ、つねに守勢にたたなければならぬことになる。それはついには帝国そのものの瓦解にまで発展せずにはやまないであろう。

これが康熙帝をしてガルダンとの対決にふみきらせた理由であったが、ガルダンのほうでも判断は同様であった。しかしなんといっても清ほどの大国と開戦するのは、さすがのガルダンとしても容易な決心ではなかった。しかし、チベットの摂政サンギェギャツォは神聖ゲルク派帝国とでもいうべきものの実現を夢みる野心家であったから、ダライ・ラマの命令と称してガルダンをまえへかりたててやまなかった。

外モンゴルと内モンゴルとをわけるのはゴビ砂漠である。砂漠とはいっても砂丘のつらなるアラビアやアフリカの砂漠とはちがって、ゴビはかわききってひびわれた大地に、まばらに草がはえた大平原である。このなかにはまったく水がないので、人畜の棲息は不可能であるし、旅行や軍隊の移動はなおさら困難である。しかしこのゴビの中央にただ一本の道があり、その沿線にはところどころ井戸がある。これはいまも北京―モスクワ間の国際列車のはしっているところで、北京の北方から外モンゴル東部のケルレン河畔にでる線である。だからガルダンのひきいるジューンガル軍が一六九〇年、ケンテイ山脈をこえてケルレン川の北の地に本営をおいたとき、その脅威はただちに北京に感ぜられた。康熙帝は八旗兵と内モンゴルの各部族の兵に総動員令を発して警戒態勢をかためた。

そのうちにガルダンはいよいよ大軍をひきいて南下し、内モンゴルの北境に侵入した。清軍のモンゴル人部隊はこれをウルフイ河畔にむかえ撃って大敗した。ジューンガル軍はさらに南下してウラーン・ブトンに陣をはる。ここから北京までは四百キロたらずの距離である。康熙帝は兄の裕《ゆう》親王福全らの指揮下に、北京から中央軍を進発させる。

清軍がウラーン・ブトンに到着してみると、二万のジューンガル軍は沼地をまえにした林のなかに布陣して、ラクダの足をしばって地にすわらせ、その背にぬらしたフェルトをかけて弾よけにし、そのかげから小銃の筒先をずらりとならべてまちうけている。突撃の自由をうばわれた清軍は、いきおい火器の力だけにたよらなければならない。日がくれるまではげしい射撃が交換されたが、ジューンガル軍はロシア製の大砲を多数装備していて、清軍の前線に多大の損害をあたえた。かくてこの日の戦いはジューンガル側の優勢のうちにおわった。

翌日、ガルダンの軍使がきて、意気沮喪した清軍に講和の申入れをした。条件はトシェート・ハーンとジェブツンダンバの引渡しであった。裕親王はこれを拒否した。ガルダンは条件を緩和して、ジェブツンダンバをラサのダライ・ラマのもとに送ることを申しでた。いかにジューンガル側が優勢であったか、ガルダンのこの高姿勢がものがたっている。

しかし長居は無用、清の増援部隊が到着するまえに、ガルダンは全軍をひきいてさっとゴビの北にひきあげていった。こうしたしだいで、ウラーン・ブトンの戦いは清の全面的敗北にまではいたらなかったけれども、敵がふかく内モンゴルに侵入して北京をおびやかすのをゆるした。これは清朝の威信にとって大きな打撃であった。ここでなにか手をうたねばならない。そこで支配下の他部族民に清朝の偉大さをみせつけるために演出されたのが、翌一六九一年のドローン・ノール会盟であった。会盟とは、はやくいえば、康熙帝を外モンゴル人が自分たちの皇帝に推戴する儀式である。

## ドローン・ノール会盟

ドローン・ノールは北京の真北約三百五十キロのところにあり、元の上都《じょうと》の故地である。康熙帝は命令をつたえて、新来のハルハの首領たちをことごとくこの地に集合させることとし、五月五日北京を出発、古北口《こほくこう》をへてドローン・ノールにむかった。そして三十日、同地において謁見式が挙行されたが、これにはツェワンジャブもジャサクト・ハーンの格式で出席がゆるされた。

式の当日、正装した清兵は二十七隊にわかれて整列し、円陣をつくった。四頭の象の姿もみられた。円陣の中央には皇帝はじめ皇族、大官たちの包《パオ》がならぶ。謁見用の黄色のテントの正面には、玉座として六十センチの高さの台がおかれ、フェルトの絨毯《じゅうたん》のうえに黄色の錦のクッションをしいて皇帝がすわる。皇帝の左側には、皇長子胤禔《いんし》、皇八子胤禩《いんし》をはじめとする諸王、満洲・蒙古・漢軍の大臣たちが、右側にはハルハの首領たちが侍立する。

用意がととのうと、まずジェブツンダンバがみちびきいれられ、つづいてトシェート・ハーンが入場する。ふたりが御前にすすみでてひざまずこうとすると、皇帝は座をたってこれをおしとどめ、彼らの手をにぎった。トシェート・ハーンは奏上する。

「陛下の御恩をもちまして、臣らは死ぬばかりでありましたのを、また生きることができました。お礼の申しあげようもございません。ただ陛下の御庇護のもとに、以後安楽にくらせることをねがうばかりでございます」

ジェブツンダンバは奏上した。

「ふかい慈悲をもって衆生を救い、ひろく利益《りやく》をほどこすのが仏でありますが、臣らは陛下の御恩をもちましてとくに救っていただきました。これこそ活仏《いきぼとけ》にめぐり会ったというものでございます。ねがわくは陛下の御寿命のいつまでもつきざらんことを」

謁見は三十分ほどでおわった。皇帝はふたりに茶をたまい、つづいて会場は別の大テント

玉座についている康熙帝

にうつされた。

玉座の左側に整列するのは満洲貴族と内モンゴルの首領たち、右側はジェブツンダンバと三ハーンをはじめとするハルハ人たちで、総計一千人ばかりが十数重の列をつくる。皇帝が出御すると全員は起立する。ハルハの三ハーンは御前にすすみでる。役人が「ひざまずけ」と号令をかける。三ハーンはいっせいにひざまずき、「叩頭《こうとう》せよ」と号令があると額を三度地面につける。「起立せよ」とあってたちあがる。これを三度くりかえして三跪《き》九叩頭の礼がおわる。全員着席して茶菓が供される。皇帝が茶碗を手にとると、全員はひざまずいて叩頭する。それから出席者に茶がつがれる。各自飲むまえに片膝をついて頭をさげる。つぎに酒がでて、皇帝は手ずからジェブツンダンバ、三ハーン、および他のハルハの首領二十人ばかりに盃をあたえた。みなひざまずいて盃をうけ、叩頭してから口をつけた。余興には綱渡りとあやつり人形があった。ハルハ人たちはおおいにおもしろがったが、ジェブツンダンバのみは高位の僧らしく、まったく無関心をよそおっていた。宴おわって、みなみな高価な引出物を下賜されて退出した。

翌三十一日、ハルハの首領たちに対する叙任の沙汰が発表され、彼らはすべて内モンゴルの首領たちと同様に、旗、佐領《ニル》に編成され、清朝の爵位をうけることとなった。

六月一日、皇帝は甲冑をつけ、馬にのり、陣営をめぐって閲兵式をおこなった。おわって馬をおりると、皇帝は的をたてさせてみずから強弓をひいて腕前をしめす。十本の矢のうち九本までが命中する。列席したモンゴル人たちのあいだから驚嘆のどよめきがあがる。つづいて皇帝は演習の開始を命ずる。清軍は戦闘隊形をとって前進し、ラッパの音、鬨《とき》の声、小銃の音が丘にこだまする。ハルハ人たちがこの見世物に強烈な感銘をうけたことはいうまでもない。

六月四日、この会盟は解散し、康熙帝はドローン・ノールを発して北京にむかったが、このときをさかいにしてハルハ人は独立をうしなって清の領民となった。しかし注意すべきことに、彼らが忠誠を誓った相手の康熙帝は満洲人の政府の代表者であって、漢人の代表者ではなかった。さきにいった一九一一年の外モンゴル独立の理論的根拠も、漢人の政権である中華民国に対しては、ハルハ人はもはや忠誠の義務はないという点にあったのである。

## 康熙帝の親征

ガルダンとの対決にふみきった康熙帝にとってさいわいなことに、ちょうどこのころジューンガルの内部に紛争がおこった。それはガルダンとその甥ツェワンラブタンとの分裂である。

これよりさき、ガルダンの兄センゲが殺されたとき、センゲの長子ツェワンラブタンはまだ七歳の幼児で、もとより部族長の位をつぐ資格はなかった。それで叔父のガルダンがセンゲの仇をうってあとをついだのであり、ツェワンラブタンはその後もずっと叔父の保護下にあった。しかし彼が成長するにつれて叔父とのあいだは微妙になっていった。

なんといっても、ツェワンラブタンは先代の部族長の嫡子である。いずれはガルダンがその地位の返還をせまられる日がくる。ガルダンは先手を打とうとして、ある夜暗殺者にツェワンラブタンの帳幕を襲撃させた。ところが彼はたまたま不在で、殺されたのは彼の弟であった。

帰宅してこの事件を知ったツェワンラブタンは、ただちにガルダンの本営を脱出して父センゲの旧領にのがれた。センゲの家臣であった七人の首領も行をともにし、たちまちジューンガルの国内はガルダン派とツェワンラブタン派に分裂し、内戦状態となった。

これは一六八九年のはじめのことで、ガルダンのハルハ侵入の直後におこったのである。そしてガルダンが東方で外モンゴル作戦やら清朝との対決やらに忙殺されているあいだに、ツェワンラブタンは着々と地歩をかため、一六九一年までにほぼ国内および東トルキスタンをおさえ、清に使いをおくって康熙帝と連絡をとった。こうしてガルダンは腹背に敵をうけるかたちとなり、外モンゴルにとりのこされて孤立してしまった。

そこでガルダンは本営をバヤン・ウラーンの地にうつし、本格的に外モンゴルに腰をすえた。おそらくガルダンの計画では、まず清に打撃をあたえて内モンゴルのモンゴル人を味方につけ、そのうえでジューンガルにかえってツェワンラブタンをかたづけるつもりだったのであろう。バヤン・ウラーンはケルレン川の水源にちかいケンテイ山脈中の要地で、西はトーラ川の上流に通ずる線上にある。むかしチンギス・ハーンが即位式をあげたのもここであった。

しかしガルダンは、第二のチンギス・ハーンたる運命にはなかった。本国との連絡は断たれたとはいえ、ガルダンほどの有能な指導者が外モンゴルに存在することは、清にとってたえざる脅威である。

康熙帝はなるべくはやく彼をたたきつぶす必要にせまられた。そのために帝がとった方策は、漠北《ばくほく》への親征という一か八かの大冒険であった。

三個軍団が編成された。サブスのひきいる東路軍は三万五千名、瀋陽から出発して東まわりでケルレン川にむかう。フィヤングのひきいる西路軍もおなじく三万五千名、寧夏《ねいか》の西方のエジン・ゴル川から西まわりでゴビを横断してトーラ川方面にむかう。そして康熙帝自身の指揮する中路軍は三万七千名、北京から出発して前述の通路を利用してケルレン河畔の敵の本営をめざすのである。

清の中路軍は一六九六年四月一日、いよいよ北征の途にのぼった。行軍中は雪と寒風に苦しめられ、やっとフルスタイ・チャガーン・ノールの地に到着したのは五月十四日のことであった。寒気はますますきびしく、夜明けまえには鬚《ひげ》が凍りつくのであった。ここは内外モンゴルの境界で、むかし明の永楽帝が北征の際に「玄石坡《げんせきは》」の三大字を彫りつけた岩がみえた。康熙帝はその隣りに自分の通過を記念する文字を彫らせた。古来中国の皇帝で、みずから軍をひきいてゴビをこえたのは、さきには永楽帝、あとには康熙帝のふたりだけである。

## 清朝のモンゴル全域支配

ここをすぎれば敵地である。命令がでて、食事は一日一回とさだめられ、皇帝をはじめこれを実行した。これは補給がいかに困難であったかをしめしている。食糧をつんだ牛車隊はまもなくまったく前進不可能となった。荷物は四万頭のラクダの背にうつされた。しかしガルダンは沿路の草をことごとく焼きはらっておいたので、ラクダは飢えて、ばたばたとたおれていった。

行軍の困難のうえに、はいってくるニュースは凶報ばかりであった。六万のロシア兵が火器をもってガルダンを援助にきているという情報がつたわった。これはガルダンが流したデマであったが、西路軍からの連絡では、敵に草を焼かれたので、馬の飼料をもとめて七十余日の大迂回をせねばならなかったうえ、食糧の輸送がまにあわず、人馬ともに飢えと疲労に消耗しきっている、中路軍との合流は予定にまにあわないだろうということであった。東路軍の苦労はさらに大きく、指揮官のサブスはやむをえず全軍をあとにのこしてわずか二千の兵とともに合流しにこようとしているというのであった。

さすがの康熙帝も動揺した。もはやガルダンを撃滅することは望みうすである。それどころか、帝自身の生還すらあぶなくなってきている。帝はガルダンと取引きしようとし、使者をつかわしてガルダンに皇女をめあわせて和をむすぼうと申しいれた。しかしこの使者は敵兵の待伏せをうけて目的を達しなかった。

もはや活路はただひとつ、敵との接触をもとめて前進をつづけるしかない。もし敵を捕捉して殲滅《せんめつ》することができなければ、あとには行きよりももっと苦しい帰りの道がまっている。食糧はつきはて、敵はたえず前後左右からおそいかかってくるだろう。はたして何人が無事にかえりつけるだろうか。

しかしこの破局は、一歩手前でフィヤングに救われた。彼の西路軍はまったくの無人地帯を強行突破していたのである。水も草もなく、全軍は馬をいたわるため徒歩になり、十一日間ほとんどなにも食わずに、足をひきずって死の砂漠をこえた。力つきた兵士はつぎつぎと道ばたにたおれて、そのまま息たえた。しかしついに西路軍の目のまえにトーラ川の渓谷がその姿をあらわした。

このころ、東方では皇帝の中路軍がケルレン川にそって西進中であった。ガルダンは接触をさけてケンテイ山をこえ、トーラ川にそって西方へ移動してきたが、六月十二日、数日前に先廻りして到着していた清の西路軍とジョーン・モド（百樹）の地で遭遇した。

ここは南北とも大山がそそりたつあいだにはさまれた小さな河原で、びっしりと林がしげり、そのなかをトーラ川がうねりながら西へ流れている。通路は川の南岸にそっているが、その途中に南からつきだしている小山があって道の上にのぞんでいる。

清軍は一足さきにこの小山を占領し、大砲小銃の筒先をそろえてジューンガル軍の進路をさえぎった。ガルダンとしては、後方から康熙帝の中路軍がせまっていることとてぐずぐず

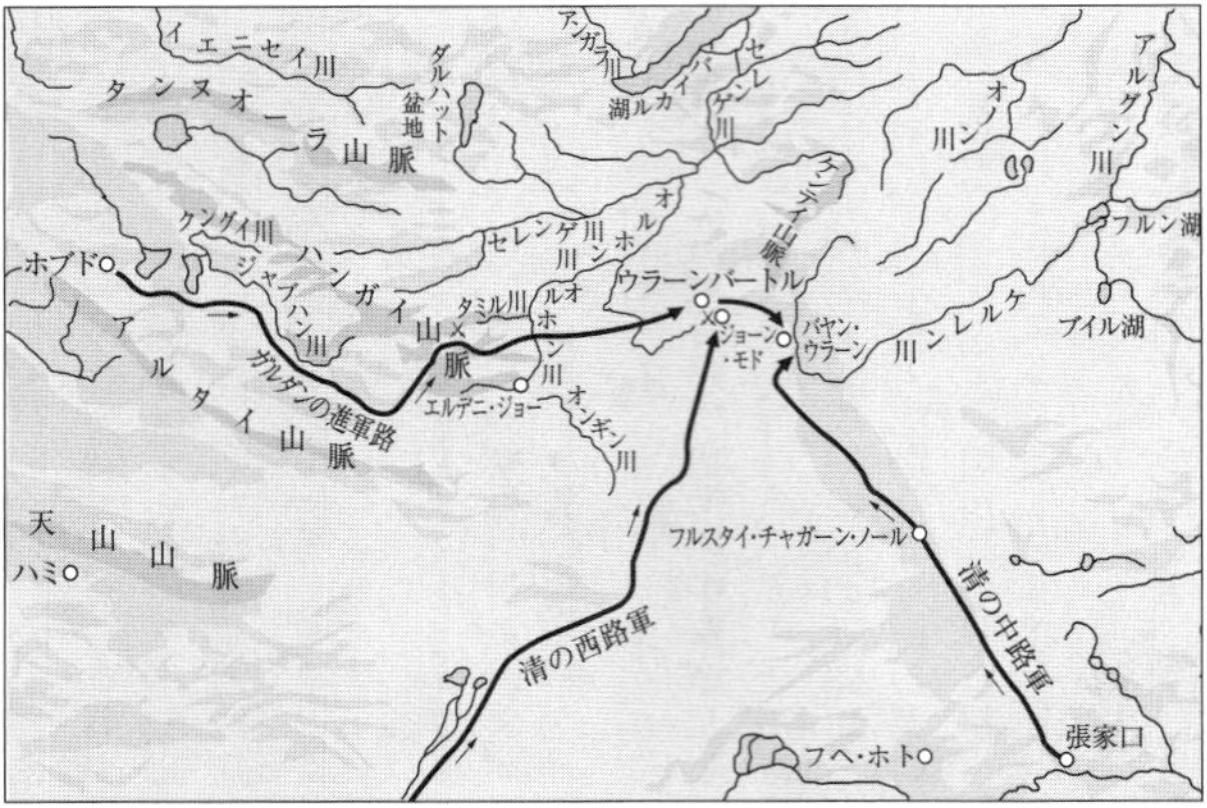


康熙帝のハルハ親征

してはいられない。強行突破を策して小銃隊を前面にたて、小山のうえへむかって猛烈な射撃を開始した。双方にそうとうの死傷者がでたが勝負はきまらない。ガルダンは、甲冑に身をかためた妃のアヌダラとともに馬をすて、徒歩で先頭にたち、清軍にむかって突撃をくりかえした。はげしい肉弾戦のあいだに日がくれかかる。

　そのときジューンガル軍の背後で大騒動がおこった。林にかくれて後方に迂回した清軍が、ジューンガルの妻子、家畜の集団をおそったのである。不意をつかれたジューンガル軍は大混乱におちいった。河面は死体でうずまり、ちりぢりに逃走するジューンガル兵を追撃する清軍が殺戮《さつりく》を中止したのは、もう夜も明けるころであった。小銃弾にあたって死んだアヌダラの遺骸も発見された。

　ジョーン・モドの勝利は康熙帝を窮地から

救った。もはや食糧のつきはてた清軍にとって、おびただしい戦利品の家畜は天のめぐみそのものであった。報告がとどいたとき、帝はひざまずいて天に感謝の祈りをささげた。

すべてをうしなったガルダンにとって、ゆくべきところはチベットのみであったが、それも清軍に路を断たれた。アルタイ山中をあてもなくさまよったあげく、翌一六九七年四月四日、ガルダン・ボショクト・ハーンは病死した。ところが康熙帝は、ガルダンが毒をあおいで自殺したと断定した。かくして草原の英雄のドラマはおわった。ツェワンラブタンは正式にジューンガルの君主となった。ハルハ・モンゴル人たちはひさしぶりに外モンゴルの故郷にかえった。いまや、外モンゴルの主権者は清の皇帝であり、モンゴル全域が大清帝国の領域となった。そして清帝国の最前線は北はキャフタでロシアと、西はアルタイ山でジューンガルと接するまでに進出したのであった。

# 第十二章　ポタラの宮殿

## 六世ダライ・ラマの人間宣言

一六九六年、すなわちジョーン・モドの戦いで清の康熙帝がガルダンを撃破した年、チベットでは第六世ダライ・ラマ・ツァンヤンギャツォが十四歳の成年に達した。そこで摂政のサンギェギャツォは、これまで秘密にされていた第五世ダライ・ラマの入寂の事実をはじめて公表し、新ダライ・ラマの即位式をあげた。このダライ・ラマは素行がよいというほうではなかったが、詩文の才能にはめぐまれていた。彼は酒をこのみ、女を愛し、恋愛の感情をうつくしい詩にうたった。彼は実にチベット第一の恋愛詩人であり、その作品をそらんじないチベット人はないといわれる。

路に逢いにし恋人は
肌の香甘き乙女なり
緑松石を拾い得て
投げて棄つるが如きかな

花咲く時は過ぎ去れど
蜜蜂《すがる》の心悲しまず
恋の縁《えにし》の切れ果てて
など傷《いた》むか我が心

| | ダライ・ラマ | 在世年代 |
|---|---|---|
| 3. | ソェナムギャツォ | 1543–1588 |
| 4. | ユンテンギャツォ | 1589–1616 |
| 5. | ガワンロサンギャツォ | 1617–1682 |
| 6. | ツァンヤンギャツォ | 1683–1706 |
| 7. | ロサンケルサンギャツォ | 1708–1757 |
| ⑥ | ガワンイェシェギャツォ<br>ラサン・ハーンがたてたダライ・ラマ | 1686–1725<br>(1717 廃位) |

ダライ・ラマ在位表（生没年）

伝説によれば、第六世ダライ・ラマは自分の住居であるポタラ宮の門のわきに小さなくぐり戸をつくり、その鍵を自分でもっていた。日が暮れて門番が門をしめたあと、若きダライ・ラマは鬘《かつら》をつけて俗人のなりをし、くぐり戸からでてラサの市内におりていき、変名で一晩を歓楽にすごすのであった。そして夜の明けるころ彼はポタラ宮にもどって、かのくぐり戸をしめ、寝床にはいって知らぬ顔をしていた。

ながいあいだだれもこのことに気づかなかったが、ある夜大雪が降って、彼の足跡がくぐり戸のまえにくっきりとのこってしまった。起きだした門番は足跡をみて、てっきり宮殿にどろぼうがはいったものと早合点し、足跡をつけていったところ、ダライ・ラマの寝室の扉のまえまでつづいていたので、彼の乱行が露見したのだという。いまでもラサには、第六世ダライ・

ラマがかよった恋人の家というものがのこっているそうである。

やがてまったく宗教に情熱をうしなったダライ・ラマは、一七〇二年には正式に自分の宗教的特権の放棄を宣言するところまでいった。しかしチベット人たちの、彼に対する敬愛の念はいささかもおとろえなかった。ダライ・ラマの素行が彼らをおどろかしたことは事実である。しかしいくら人間宣言をしたところで、ダライ・ラマはうまれながらにして観音菩薩の化身であり、この世の苦界に浮沈する人間にとって唯一の救済の希望の星であることにはかわりはない。菩薩さまのなさることには、凡人にははかり知れないふかい意味があるのだと、信徒たちの帰依の心はすこしもゆるがない。

## ラサン・ハーン

しかしそのころのチベットはホシュート部族の主権下にあり、その国王ラサン・ハーンは野心家であった。これまでの代々のチベット国王は青海に住んでチベットの内政には干渉せず、ただ毎年一度、正月の大祭に参加するためラサにのぼってくるだけであった。それがラサン・ハーンの代になって、五十年ぶりにダライ・ラマの政府から実権をうばいかえそうとしたのである。

摂政サンギェギャツォはガルダンに肩をいれすぎて、清の康熙帝とジューンガルの新君主、ツェワンラブタンの両方を敵にまわしてしまっていた。ここにラサン・ハーンのつけこむ余地があった。一方康熙帝のほうも、ジューンガル帝国の脅威に直面して、モンゴル人たちを味方にひきつけておくために、いかにダライ・ラマが有用であるかを痛感していた。そこで清とラサン・ハーンの同盟ができあがり、一七〇五年ラサン・ハーンは軍隊をひきいてラサに攻めのぼった。

摂政はやぶれてラサの西郊のナンツェ城に逃げこんだ。城を包囲したラサン・ハーンはダライ・ラマの命令書を偽造して摂政をおびきだし、とらえて死刑にした。これはさっそく北京に報告された。康熙帝はおおいによろこんで、ダライ・ラマを逮捕して北京に護送するようラサン・ハーンに指令した。

六月十一日、ダライ・ラマはポタラ宮からつれだされ、ホシュート兵の厳重な監視下におかれた。ガンデン、セラ、デプン三大寺院の僧たちと民衆は陣営におしよせたが、兵士たちは武器をふるって彼らをよせつけなかった。

二十七日、ダライ・ラマの廃位が宣言され、清の代表のつきそいのもとに北京への旅がはじまった。怒りと悲しみに興奮した群衆はぞろぞろと一行のあとにつづいてはなれなかった。デプン寺のちかくまできたとき、群衆があまりにちかくまでおしよせてきたので、ホシュートの将校のひとりが乱暴に彼らを追いはらおうとした。これが、すでに爆発点に達していた群衆の感情に火をつけた。彼らは石や棒をふるってホシュート軍におそいかかり、数の力でダライ・ラマをうばいとり、デプン寺にたてこもった。

翌々二十九日、ラサン・ハーンの全軍はデプン寺を包囲し、はげしい砲撃を開始した。僧たちにはほとんど武器がなかったが、勇敢に防戦した。しかし勝敗の結果は目にみえている。若きダライ・ラマは全寺の僧をまきぞえにするよりは自分だけが犠牲になろうと覚悟をかため、わずか数人の部下をつれて外におどりでた。そして部下たちが最後のひとりまでたたかって死んだのち、ホシュート兵にとらえられた。

ふたたび北京への旅がはじまった。そしてその途中青海の南のクンガ・ノール湖畔で第六世ダライ・ラマは病死した。ときに一七〇六年十一月十四日、二十四歳であった。しかし民衆は敬愛する人物の横死を信じたがらないものである。いろいろな伝説がうまれ、第六世は実は神通力をもって青海から脱走して山西の五台山《ごだいさん》にかくれて一生をおわったとか、内モンゴルのアラシャンに逃げて羊飼いの少年になったとか語りつたえられた。これをもってしてもいかに彼が人気があったかがわかる。

## ジューンガル軍のチベット侵入

しかしラサン・ハーンは、康熙帝の支持のもとに、先代のダライ・ラマはにせものであったと宣言して、別にカムうまれの僧をさがしだし、ガワンイェシェギャツォと名をつけ、これこそほんとうの第六世ダライ・ラマであるとして大々的に即位式をとりおこなった。このダライ・ラマは実はラサン・ハーンの落胤《おとしだね》だと噂されて、チベット人にはまったく不人気であった。それればかりではない。ラサン・ハーンの身内の、青海のホシュート人たちさえこの措置には反対であった。

こうした弱点はあったが、ともかく康熙帝は、自分に忠実なラサン・ハーンを通じてチベットを清側にひきつけておくことに成功し、ジューンガルに対していちだんと優位にたつことができたのである。

ところで、故ダライ・ラマは在世中にこううたったことがあった。

そこなる白き田鶴《たず》むらよ
我に貸さまし汝《な》が翼
遥かに翔《か》けむにはあらず
リタンに往きて帰り来む

この予言が事実となって、一七〇八年九月三日、東チベットのリタンにひとりの男の児がうまれ、ただちに第六世ダライ・ラマ・ツァンヤンギャツォのうまれかわりとみとめられた。青海ホシュートの首領たちは歓喜してこの幼児をむかえ、康熙帝にその保護方を請願した。

もちろん康熙帝にとってはラサン・ハーンがたてた新第六世をラサにおいておくほうが便利だったが、万事に慎重な帝は、将来の必要を考慮してこの第七世を甘粛《かんしゅく》の国境の内側すぐの西寧《せいねい》の町にうつし、ゲルク派の開祖ツォンカパのうまれたところであるクンブム寺に安置して、清軍に護衛させておいた。

一方、清・ジューンガル両帝国の関係は、ガルダンの滅亡以来二十年ちかく平和につづいていた。しかし、一七一五年衝突がおこり、たちまち戦争状態に発展してしまった。

ジューンガルの君主ツェワンラブタン・ホンタイジは、チベットを清の影響下におくことの不利を痛感していた。それは彼らの信仰する仏教の大本山はチベットにあり、ダライ・ラマを清朝にとられることは内政上もぐあいがわるかったからである。そこでツェワンラブタンは、ラサン・ハーンに対するチベット人の反感と新ダライ・ラマの不人気を利用して、チベットの支配権をうばいとる大胆な遠征計画をたてた。

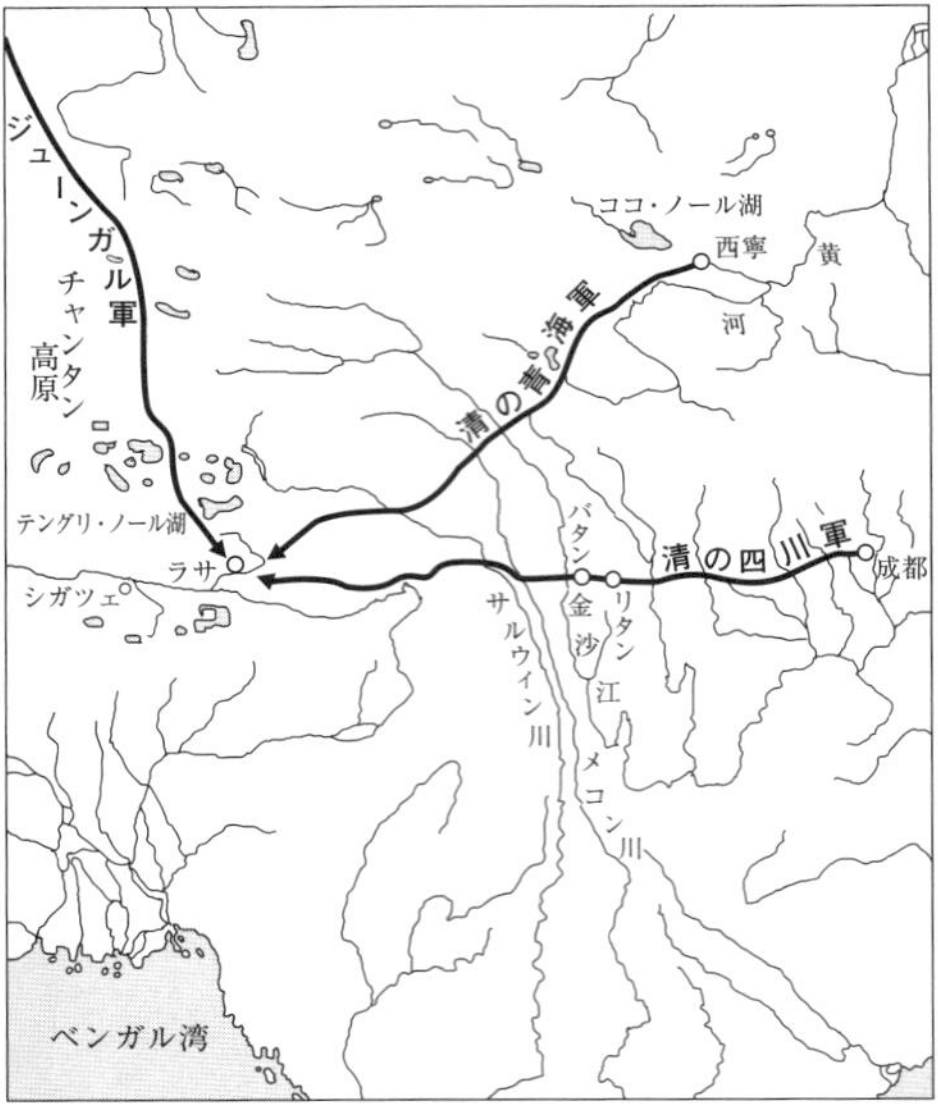

チベットをめぐる清・ジューンガルの攻防

ジューンガルの遠征軍の指揮官にはツェワンラブタンの弟の大宰相ツェリンドンドブが任命され、六千の兵をひきいて無人のチャンタン高原の道なき道を強行突破して、一七一七年六月、突如テングリ・ノール湖畔にあらわれた。寝耳に水の奇襲は完全に成功した。

ラサン・ハーンは青海からホシュート軍をよびよせるひまも、清に救援を乞う余裕もなく、チベット各地から急遽かきあつめられた雑兵をひきいてたたかうほかはなかった。それでも彼は二月ももちこたえたが、ジューンガル軍が精鋭なうえ、チベット人のラサン・ハーンに対する反感も不利に作用して、じりじりとラサへ後退することを余儀なくされた。

ツェリンドンドブは、別のジューンガル部隊が西寧をおそって第七世ダライ・ラマをうばいとってくるのをまっていたのであるが、この目算はみごとにはずれ、清軍に撃退されてしまった。そこでツェリンドンドブはこの事実をかくし、「第七世はジューンガルの陣営にある、彼をつれてラサにのりこみ、第六世の仇を討つのだ」と宣伝した。チベット人たちはまんまとだまされ、熱狂的にジューンガル軍を歓迎し、食糧を供給し、またみずから武器をとってはせ参ずるものがひきもきらなかった。

ラサン・ハーンがたてこもったラサ城はジューンガル軍に包囲され、十一月三十日の夜半すぎ、城内の裏切者の信号と同時に四面からいっせいに総攻撃がはじまった。ラサン・ハーンのためにたたかおうというチベット人はほとんどいなかった。城壁のうえからはジューンガル兵をひきいれるためいたるところに梯子がおろされた。城門はなかからあけはなたれた。ジューンガル軍はなんの抵抗もうけずに入城した。

たちまちおそろしい大虐殺と掠奪の地獄絵図が全市にわたってくりひろげられた。ジューンガル軍に協力した市民も容赦されず、財宝のありかを白状させるため残酷な拷問《ごうもん》がおこなわれた。混乱は三日もつづいた。

## 清のチベット保護はじまる

ラサン・ハーンはポタラ宮に逃げこんだ。しかし宮殿は要塞ではない。救援の清軍が到着するまでもちこたえることは不可能である。絶望したラサン・ハーンは、せめて武人らしくたたかって死のうと悲壮な決心をかためた。そして十二月三日、わずかふたりの家来とともにポタラ宮をでて敵中に突入した。敵兵が殺到してくる。三人は手にした火縄銃で射ちまくった。弾薬がつきた。ふたりの家来は銃の台尻をふりまわしてたたかい、ついに斬り殺された。敵兵はハーンにおそいかかった。つかれはてた老ハーンは最後の力をふりしぼってまっさきにすすんだ敵兵の右腕を斬りおとし、そのままくずれおちて絶命した。

ラサとその周辺を占領したツェリンドンドブは、ラサン・ハーンのロボットであったダライ・ラマ・ガワンイエシェギャツォを廃位し、第七世ロサンケルサンギャツォを新ダライ・ラマとするむね宣言した。しかし新ダライ・ラマはまだ西寧にいてジューンガル軍の手中にはない事実はすぐ知れわたった。とたんにチベット人たちは冷淡になり、ジューンガル軍に敵意さえいだくようになった。

ジューンガル人は、北アジアでもっともおそくゲルク派に改宗したひとびとである。どの宗教にもあることだが、あらたに入信したものほど狂信的になり、ピューリタンになりがちのものである。ジューンガル人もその例外ではなく、ゲルク派以外の宗派の寺院をおそっては徹底的に掠奪破壊をおこない、僧たちを殺したり追放したりした。

ところがチベットでは宗派のあいだの対立は、日本の浄土宗と日蓮宗のような深刻なものではない。だからこうした異端の迫害は、ゲルク派の高僧たちにさえ反感と憎悪の念を植えつけてしまった。そのうえ、ジューンガル兵の掠奪は一般民衆にもおよび、そのためチベット人全体を敵にまわす結果になった。チベット人たちはいまや、ジューンガルの暴政から清軍が解放してくれる日をまちのぞむのであった。

救援を乞うラサン・ハーンの手紙が北京についたのは一七一八年三月のことで、ハーンの悲劇的最期から三ヵ月以上もすぎていた。康熙帝はすぐ行動にうつった。西寧を出発した清軍は、途中青海のホシュート兵をくわえて七千の兵力でラサにむかったが、これを迎え撃ったジューンガル軍にやぶれて全滅した。そのあいだにラサの陥落とラサン・ハーンの死のニュースがつたわってきたので、康熙帝は方針をかえて本格的なチベット征服計画を準備することにした。

一七二〇年、準備なった清軍は二手にわかれていっせいに進軍を開始した。清の四川軍は東チベットのバタンから、金沙江（揚子江）、メコン川、サルウィン川の上流のけわしい山地を横断して、九月二十四日ラサに入城した。ジューンガル軍は青海から南下してくる清の本軍に退路をたたれるのをおそれて、ラサの北方のダム草原に兵力を集中していたから、ラサの防備はきわめて手薄だったのである。

その清の青海軍の指揮官は皇族のヤンシンで、これに全作戦の総司令官として、康熙帝の第十四皇子胤禵《いんてい》が、撫遠《ぶえん》大将軍の称号をおび、第七世ダライ・ラマをつれて進軍した。チベット人のレジスタンスに手をやいていたツェリンドンドブは、ジューンガル軍の敗残兵をひきいて東トルキスタンへと逃げさった。

十月十六日、ダライ・ラマは清軍にまもられて、民衆の歓呼のなかをラサに入城した。チベットは十五年ぶりに自分たちの、ほんとうのダライ・ラマをえたのである。しかしこの感激の一瞬は、同時に二百年ちかくもつづくことになる清のチベット保護のはじまりでもあった。これからいろいろの紆余《うよ》曲折はあったが、結局三十年ばかりのち、一七五一年からダライ・ラマが清朝によって正式にチベットの君主とみとめられることになる。そしてダライ・ラマの政府の安定を保障するために、清の皇帝の代表ふたりと千五百名の兵がラサに駐屯することになる。しかしチベットの内政は、以前のとおり完全にチベット人の自治にまかせられていたので、これをもってチベットが清の領土になったとはいえない。むしろ保護国というべきであろう。ともあれ、一七二〇年のチベット遠征の成功により、清の国防の最前線は一気に西にのびて、南はヒマラヤ山脈でインド亜大陸に、西は世界の屋根パーミル高原に、北は崑崙《こんろん》山脈で東トルキスタンに接するようになったのである。

# 第十三章　大義覚迷録

## 雍正帝の即位

一七二二年の正月、康熙帝は六十九歳の春をむかえ、在位六十一年という空前絶後のレコードをつくった。これを機会に大学士たちは高齢の大臣たち十五人をあつめ、年齢の合計がちょうど千年になるようにして、その連名で帝にお祝いを申しあげた。帝はそこで六十歳以上八十歳以下の大官七十人、文武の官員と近県の平民六百六十人を宮中に招待して千叟宴《せんそうえん》という大祝宴を開催し、出席者に祝賀の詩をつくらせ、その盛況を絵にかかせて記念にした。宴はてての ち、帝は老大臣たちを私室にまねきいれ、きげんよく思い出話にふけっていった。

「わたくしが即位して十年たったころは、二十年も在位しようとは予想しなかったし、二十年たったころは、三十、四十、五十年にもなろうとは思わなかった。五十年のころにも決して六十年も在位しようとは思いもかけなかった。いまはもう六十一年になる。歴史によれば、七十歳に達した帝王は三人しかないというのに、なんとわたくしはめぐまれているのだろう。わたくしはいつも臣下を寛大にあつかってきて、大臣たちの身の保全にはとくに気をつけた。だからおまえたちもみな年老いて幸福にくらし、名誉をたもっていられるのだ。こうやってむかいあっている君臣がともに髪も髯《ひげ》も白くなっているとはたのしいことではないか」

ついで帝は、自分がもっとも得意とした戦争のことや、六回の南方巡幸のことなども回顧してふかい満足の意を表したのである。

しかし死は突然やってきた。その年の十一月八日、北京の西北郊の暢 春園《ちょうしゅんえん》離宮に滞在していた帝は、寒風にあたって発熱し、ぐっしょり汗をかいた。しかしそのときは別に心配な容態とは、当人も周囲のひとびとも思わなかった。だから、それからわずか六日後、十四日の夜八時に帝がなくなったとき、臨終の枕辺には皇子たちはひとりもなく、ただ歩軍統領《ほぐんとうりょう》として北京と離宮の警察権を一手ににぎっているロンコドという大臣がたちあっただけであった。

康熙帝には二十三人の皇子があったが、このころ帝のお気に入りで有力な後継者候補と目されていたのは、撫遠《ぶえん》大将軍として甘州に駐在し、ジューンガルに対する防衛の指揮にあたっていた第十四皇子胤禵《いんてい》であった。ところがロンコドは第四皇子胤禛《いんしん》の妃の兄であったから、自分の義弟を帝位につけるため、ただちに行動にうつった。

康熙帝の遺骸は輿《こし》にのせられ、夜中フルスピードで北京にかえって宮中にかつぎこまれる。同時にロンコドの命令で紫禁城の宮門はことごとくとざされ、衛兵が非常警戒にあたり、ロンコドの許可のないものはひとりもはいれない。一方胤禛の邸には急使がはしる。胤禛がかけつける。他の皇子たちは宮中にはいれない。

翌十五日の正午、ロンコドのみがきいたという康熙帝の遺言なるものが発表される。

「第四皇子は人格が立派で、わたくしに孝行であり、政治の才能もある。帝位をつぐに適している」

二十日になって、やっと戒厳令はとかれ、皇子たちは宮中にはいって亡父の霊前に拝礼することができた。その翌日、二十一日には胤禛の即位式がおこなわれた。これが雍正帝《ようせい》である。ときに四十四歳。

## つよまる皇帝権

雍正帝はただちに甘州に急使をおくり、胤禵を解任して来京させ、撫遠大将軍の職は川陝《せんせん》総督の年羹堯《ねんこうぎょう》に兼摂させた。大軍を擁していた胤禵が簡単に指揮権を放棄したのは、年羹堯がふるくからの雍正帝党で、胤禵を厳重な監視下において自由にさせなかったためである。

雍正帝はロンコドと年羹堯のはたらきのおかげで帝位にのぼった。しかしこのふたりの大功臣をそのままにしておいては独裁権をふるうことができない。帝はまず年羹堯に破格の恩遇をくわえて油断させ、一方ではひそかに彼を失脚させるはかりごとをすすめた。そして雍正三年（一七二五）、突然年羹堯の上奏文のなかに、熟語をあやまって顚倒して書いてあったのを、不敬であるといいがかりをつけて杭州将軍に左遷し、全国の官吏に指令をとばして年羹堯の落度の報告をもとめた。いったん皇帝が彼の失脚を欲する意図をあきらかにするや、告発の書がぞくぞくとどく。年羹堯は逮捕されて北京に護送され、皇帝の内意をうけた

雍正帝

大臣らの審問のすえ、大逆の罪五ヵ条、欺罔《あなどり》の罪九ヵ条、僭越の罪十六ヵ条、専擅《せんせん》の罪六ヵ条、残忍の罪四ヵ条、貪黷《よくばり》の罪十八ヵ条、侵蝕《つまみぐい》の罪十五ヵ条などしめて九十二ヵ条の罪状について有罪ときまり、年羹堯本人とその兄弟、子孫、従兄弟、甥の十六歳以上のものはすべて死刑、十五歳以下の男子と母、娘、妻妾、子の妻妾は奴隷として分配されることになった。

　年羹堯をかたづけると、雍正帝はかえす刀でロンコドにきりつけた。年羹堯をかばったことを理由に栄誉の称号と恩典を剝奪し、翌年、アルタイ方面の前線へとばして辺境防衛を担当させた。そして年羹堯とおなじように、ロンコドの留守にその落度を穿鑿《せんさく》したあげく、翌々年、大不敬の罪五ヵ条、欺罔の罪四ヵ条、朝政を紊乱《びんらん》せるの罪三ヵ条、奸党の罪六ヵ条、不法の罪七ヵ条、貪婪《どんらん》の罪十六ヵ条、計四十一ヵ条の重罪をかぞえたててロンコドを終身禁錮に処した。

　こうして自派を完全に掌握しおわると、雍正帝は肉親の兄弟の粛清にとりかかり、あるいは殺し、あるいは禁錮し、あるいは爵位を剝奪してかつての競争相手を一掃してしまい、ただひとり異母弟の怡《い》親王胤祥《いんしょう》だけがのこされた。胤祥は忠実な雍正帝党だったからである。

　諸王の実権をうばったあと、あらたに封ぜられる皇族と八旗の領民とが直接関係をもつことを禁じ、割当ての民の人数に応じた俸給を支給することにした。ここにいたって封王の制は骨抜きになり、行政権は各旗の長官である都統《ととう》にうつった。それから一般の満洲人の生計の困窮を救うために、俸給の受取り資格者の数を大幅に増員したり、いろいろと手をうった。こうした一連の改革の結果、八旗の氏族制的な性格がよわまって、皇帝は直接ひとりびとりの満洲人を掌握できるようになった。いいかえれば、満洲人たちはこのときはじめて皇帝を自分たちの支配者、絶対君主としてうけいれたのである。

## スパイ組織

満洲人社会の内部の改革は完了した。つぎは漢人官僚機構の粛清である。これまで伝統的に無給にちかかった地方官には、養廉銀《ようれんぎん》という名前の定額の俸給が支給されるようになった。ということは、実はこれまで一定の責任額を国庫に納入しさえすれば、徴収した税金のあまりは地方官がすきなように処分できたのをあらためて、養廉銀としてみとめられている分しかとれないようにしたのである。差額は国庫に吸いあげられてプールされたので、皇帝の自由裁量でつかえる資金が潤沢になる一方、これまでの中央政界の党派争いの資金源が断たれるという、一石二鳥の効果があがった。綱紀のひきしめは強力におこなわれ、地方官の非行の密告が奨励された。雍正帝の厳格なことはみな知っていたから、大官たちは戦々兢々として行動をつつしみ、治績はおおいにあがった。当時のひとびとは、皇帝のスパイはいたるところにいると信じていたらしいが、雍正帝自身もそうした印象をつよめるためにいろいろの演出をした。

たとえばこんなふうにである。状元《じょうげん》（科挙の首席及第者）の王雲錦《おううんきん》が、ある年の元旦、新年の参賀から帰宅して、親戚や友人たちとあつまって葉子戯《カルタ》をしていたところ、突然一枚が紛失してみつからない。そこでやめて酒にした。翌日参内したら皇帝から「昨日はなにをしていたか」と下問された。正直にありのままをこたえると、皇帝は、

「内輪のことでも嘘をつかないとは、ほんとうに状元らしいな」

と笑って、袖から一枚のカルタをだして雲錦にわたした。みると昨夜なくなった一枚であったという。

また、王士俊《おうししゅん》という人が按察使《あんさつし》に任ぜられて任地におもむくとき、大学士張　廷玉《ちょうていぎょく》の推薦でひとりの下男をやとったが、たいへんまめまめしく、よくはたらいた。何年かたって士俊が北京にかえる時期がちかづいたとき、この下男がひまをくれという。わけをきくと、下男はこういった。

「おまえはこの数年間たいした落度もなかった。わたくしも都にかえって陛下にお目通りし、おまえのことをよしなにいっておくから」

そこではじめて、この下男が実は皇帝の侍衛（侍従）のひとりであったことがわかった。

ところで、いかに意志強固な雍正帝といえども、厖大な官僚機構にひとりでたちむかって、自分の意志をとおすのは、ひどくしんのつかれる仕事である。しかし官僚機構の頂点にたつ内閣大学士の手から政策決定権をとりあげてしまうことは必要である。この理由から、雍正帝は自分の私設秘書室として軍機処《ぐんきしょ》という機関をおいた。「軍機」とは軍事機密という

意味で、最初はジューンガルに対する戦争指導の必要上からできたものであるが、しだいに常設化したのである。これは小さな部屋にすぎないが、皇帝の御座所ちかくの乾清門《けんせいもん》のそとにあって満洲人と漢人の秘書が数人、昼夜交替でつめていて、帝国各地から直接おくられてくる緊急報告や秘密情報にせっせと眼をとおしては、その内容を皇帝の耳にいれ、その場で決裁をあおぐようになっていて、きわめて能率がよい。これができてから情報の集中処理はほとんど完全になって、満洲人の大臣も漢人の大官も、皇帝の独裁にもはや太刀打ちできなくなった。

## 文字の獄

帝国の組織は完成した。雍正帝は最後の仕上げをすべく言論統制にのりだした。シナでは世論をつくりあげるのは、読書人のグループである。試験に失敗した読書人は地方の都市にいついて、有力だが教養のない地主などと結託し、小さいがうるさいグループをつくる。だいたいどこでも非現実的ですじのとおった議論ほど正論で、現実的ですじのとおらない意見は俗論だということになっているが、この連中もご多分にもれず悲憤慷慨の正義派ばかりで、祖国が外国の帝国主義的勢力の支配下にあることを痛嘆し、満洲人ゴーホーム、抵抗の姿勢をしめそうと、そのにぎやかなこと。しかしほんとうは勇気がないから決して実際行動にはでない。それだけに言論のほうはいっそう派手に急進的になる。

すでに官途についている漢人は、別にこうした思想には影響されないが、地方官ともなれば在地の世論を無視しては仕事がやりにくいから、読書人の口先だけのレジスタンスに同情的なポーズをとらざるをえない。そのうえ康熙帝の時代には、思想の取締りはまだそうきびしくはなかったので、呂留良《りょりゅうりょう》のようなはげしい排外主義者が活躍する余地があった。

呂留良は浙江省の人で、順治帝の時代に優等の成績で省の学校の給費生となった、型のごとき秀才であったが、なにかの理由で受験を断念して在野の評論家に転向した。清帝国をシナ史上もっとも暗黒な時代だとする彼の痛快な議論は、南シナ各地のサロンでもてはやされ、彼の著作は出版されるたびにベストセラーになった。呂留良は康熙二十二年（一六八三）に死んだが、彼の弟子の厳鴻逵《げんこうき》や沈在寛《しんざいかん》らが師の思想をうけついで活躍をつづけた。

ところで呂留良自身はもちろんその弟子たちも、決して行動派ではなかった。彼らの議論も別になんら実際的なプログラムをふくんでいなかったし、革命的行動によって清朝政府をたおそうなどとは夢にも考えなかった。ところでここに湖南省に曾静《そうせい》という人があって、読書人にはめずらしく単純明快な行動派であった。呂留良の著作を読んでたちまち勇ましい反体制議論の魅力にとらえられた曾静は、弟子の張熙《ちょうき》という、これまた行動型の男を浙江にやって厳鴻逵、沈在寛と親交をむすび、まじめな人だけに本気で革命運動の計画をたてはじめた。そのころの川陝総督岳鍾琪《がくしょうき》は、満洲人の先祖の金に抵抗して殺された宋の将軍岳飛《がくひ》の二十一世の子孫であった。雍正七年（一七二九）、曾静は匿名の手紙をもたせて張熙を四川省にやり、先祖にならって清朝に対して叛乱をおこせとすすめさせた。おどろいた岳鍾琪は、これに賛成するふりをして、お人よしの張熙をだまして曾静の名をききだし、ことのしだいを北京に急報した。

雍正帝はこのへんが彼らに一発くらわせる時期だと判断した。曾静は逮捕されて北京におくられたが、帝の処置はちょっとかわっていた。つまり対話をえらんだのである。小シナ主義の民族主義者曾静に対して、帝は大中国主義の理論をもって諄々《じゅんじゅん》と説得した。帝は、いまシナとよばれている地域は古来多くの民族の住地であって、政治的に統一されたのはちかごろのことであること、漢人といえども本来単一の民族ではなく、多くの異民族が混淆《こんこう》してできあがったものであることを指摘したうえ、いまや清朝の力によって漢人だけのせまい国家観念をこえた、満洲人、モンゴル人などをもうって一丸とした、あたらしい大中国が実現したのだということ、漢人も偏狭な民族主義をすててあたらしい現実に眼をひらくべきであることを説いてきかせたのである。単純な曾静を転向させるにはたいしてひまはかからなかった。

そこで雍正帝はふたりのあいだにかわされた議論を編集して『大義覚迷録《たいぎかくめいろく》』という書物をつくり、大量に印刷して全国に頒布《はんぷ》し、大中国主義の理論を宣伝した。

一方、呂留良とすでに死んでいた厳鴻逵の屍は首をはねられ、沈在寛と三人の一族はのこらず死刑になったが、おもしろいことに当の曾静と張熙にはなんのとがめもなく放免された。雍正帝は、サロン派の文化人が煽動的な言論を弄して名を売る風潮にブレーキをかけようとしただけで、曾静のような他人の影響に支配されやすい分子を処分したところでなんの効果もあがらないことを見ぬいていたのである。

呂留良派の処刑は読書人グループの頭に冷水をあびせた。反体制的な論説はいっぺんに鳴りをひそめた。これを文字の獄という。つぎの乾隆時代にも文字の獄はくりかえされたが、弾圧の性格がかわって、対象になるのはふつうの人のごくあたりまえの、議論とはいえないような文章のなかのごく一部分をとりあげて、これは清朝に反感をもつものであるとして容赦なく死刑を適用するようになってゆく。たとえば「千秋臣子の心、一朝日月の天」という詩を、日と月をならべれば「明」であるから、明朝をしたうものだとして、作者のみならず一家全員を死刑にしたなどその一例である。

## 雍正帝の死

雍正帝の治世はわずか十三年にすぎなかったが、このみじかい時間に達成した事業の意義は、父康熙帝のはなばなしい軍事的成功にくらべてもおとらない重要なものがある。康熙帝の末年の政情不安は満洲人社会の構造そのものに根ざすものであった。康熙帝にはこれを矯正する力はなかったが、雍正帝は自分の擁立者をも犠牲にして着々と独裁権をにぎったうえ、八旗制度や地方行政にすら根本的改革をほどこして、満洲人、漢人、モンゴル人三民族の有機的な政治組織をつくりあげた。これこそ清帝国が永続した理由である。

つまり康熙帝が帝国の外殻をつくったのに対し、雍正帝はその内部を完成したのである。

雍正十三年（一七三五）八月二十一日、円明園《えんめいえん》離宮に滞在中の雍正帝はいささか気分がすぐれなかったが、平常どおり執務していた。それが翌二十二日の夜八時ごろになって急に危篤状態におちいり、わずか四時間後の午前零時に死んでしまった。あまりに突然のことだったので、北京ではいろいろのデマがみだれとんだが、一般には、呂留良の孫娘が宮中にしのびこんで帝を刺し殺したのだと信じられた。

雍正帝の急死の報が大学士オルタイの邸にとどいたのは深夜のこととて、急には馬がまにあわない。オルタイはありあわせの騾馬《らば》にとびのって、とるものもとりあえず宮中にはせつけたが、あわてふためいて騾馬の腹をけりつづけたため、腿の内側の皮膚がやぶれて血を流したほどであった。そのまま、オルタイは宮中にとじこもったままでてこなかった。二十七日になって宮廷内の情勢は安定したとみえ、雍正帝の遺言なるものが発表されて、第四皇子宝《ほう》親王弘暦《こうれき》が即位し、オルタイともうひとりの大学士張廷玉が輔佐することになった。この新皇帝が乾隆《けんりゅう》帝である。ときに二十五歳であった。

# 第十四章　十全老人

## 十全の武功

康熙・雍正両帝によって基礎のかためられた清帝国は、乾隆帝の時代をむかえていよいよ最盛期にはいった。乾隆帝がのちに八十一歳のときに書いた「十全記《じゅうぜんき》」という文章には、十回の大戦争に十回とも勝利をえたと得意満面で自慢しているが、その十回の戦争というのはつぎのとおりである。

(1)金川《きんせん》（その一）

金川というのは四川省の西北境外の地名で、大渡河《だいとが》の上流である。これに大金川、小金川のふたつの渓谷があって、そこにチベット人の小王国が九つあった。乾隆十二年（一七四七）、大金川王と他の小王とのあいだに戦争がおこり、それを鎮定するために派遣された三万の清軍は、意外につよい抵抗にあってついに大金川をほろぼせず、二年後、大金川王の降服という形式で停戦となった。

(2)ジューンガル

清とジューンガルとのあいだには、雍正時代以来平和がたもたれていたが、ジューンガルで君主位の継承をめぐって内乱がおこり、乾隆十九年（一七五四）その有力な首領のひとり

清帝国

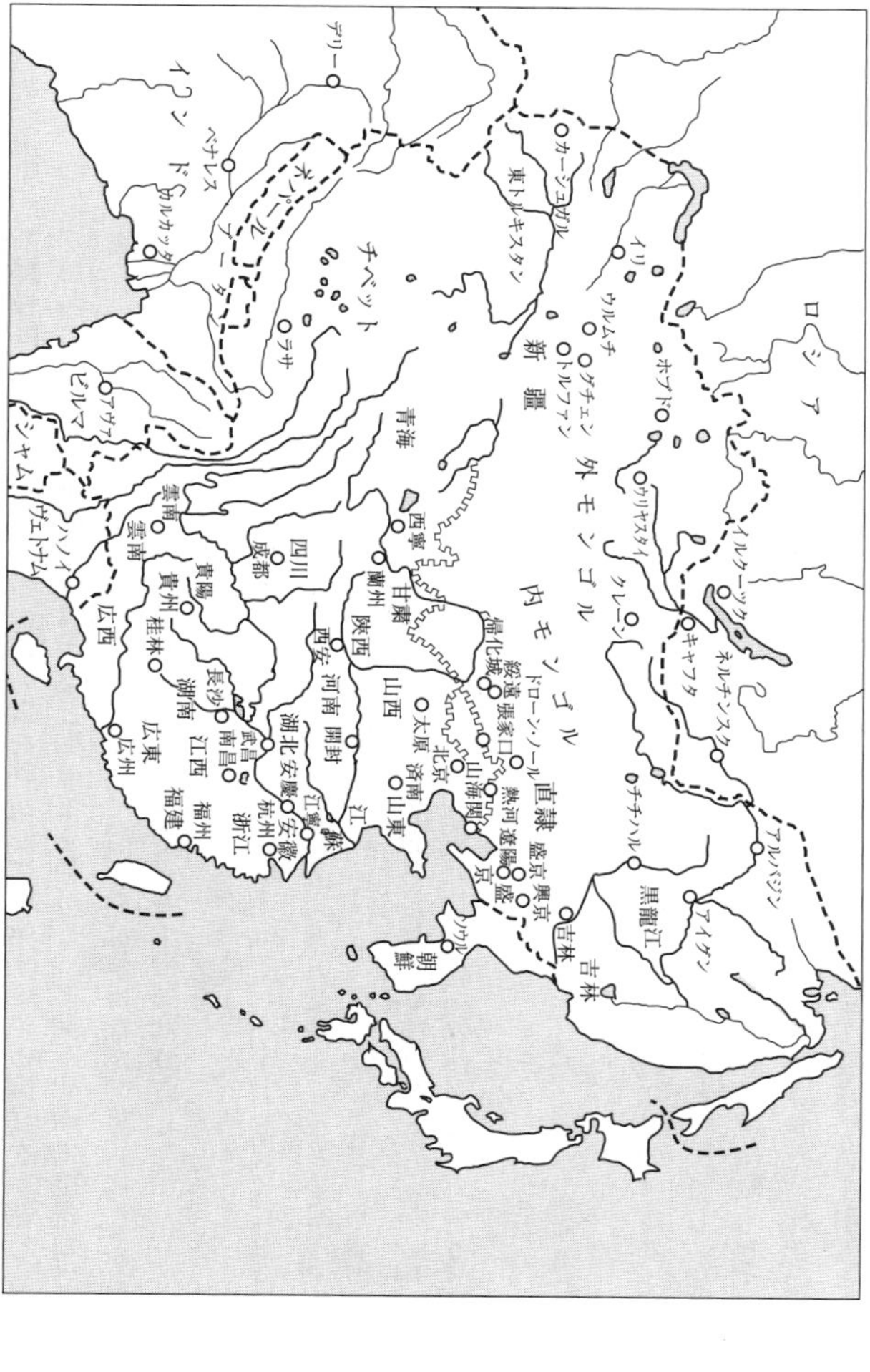

インド
デリー
ベナレス
カルカッタ
ネパール
ブータン
チベット
ラサ
ビルマ
アヴァ
シャム
ヴェトナム
ハノイ
東トルキスタン
カシュガル
新疆
イリ
ウルムチ
グチェン
トルファン
ホブド
ウリヤスタイ
外モンゴル
内モンゴル
クレーン
キャフタ
イルクーツク
ネルチンスク
ロシア
ドローン・ノール
チチハル
アルバジン
アイグン
黒龍江
吉林
朝鮮
ソウル
青海
西寧
四川
成都
雲南
貴州
貴陽
広西
桂林
湖南
長沙
広東
広州
江西
南昌
福建
福州
浙江
杭州
安徽
安慶
江寧
江蘇
湖北
武昌
河南
開封
陝西
西安
甘粛
蘭州
山西
太原
帰化城
綏遠
張家口
北京
山海関
直隷
熱河
山東
済南
盛京
遼陽
興京

アムルサナーが清に投降してきた。乾隆帝はこの機を利用してジューンガル問題を解決しようと考え、翌年、おのおの二万五千のモンゴル軍と満洲軍を動員し、アムルサナーを先頭にたてて進攻を開始した。ジューンガル国内は分裂していて清軍の進撃はなんの抵抗にもあわず、新君主ダワチは捕虜となり、わずか百日の作戦でジューンガル帝国は滅亡した。

(3)アムルサナー

ジューンガルの平定後には、乾隆帝はオイラットの四部族にそれぞれハーンをたてて分割統治する方針だったが、アムルサナーは全オイラットの指導者たらんと欲し、突如クーデターをおこして清軍を追いだした。しかし抵抗もむなしく、乾隆二十二年（一七五七）、清軍の征討をうけたアムルサナーはロシアに逃げこみ、そこで天然痘《てんねんとう》にかかって死んだ。彼の屍はセレンギンスクに送られて埋葬され、清の官僚がこれを検分したが、死体引渡しという乾隆帝の要求にはロシア側は最後まで応じなかった。

(4)ウイグル

東トルキスタンのウイグル人は、これまでジューンガルの支配下にあった。ジューンガルがほろびたとき、イスラム教徒のウイグル人の宗教的指導者であったホージャ家のブルハーヌッディーンとホージャ・ジハーンの兄弟は、これを機に独立を回復することを決意し、清に服従することをこばんだ。乾隆二十三年（一七五八）、清軍は東トルキスタンに侵入してオアシス諸都市をつぎつぎと占領し、翌年には最後の拠点ヤルカンドも陥落させた。兄弟はパーミルをこえて西トルキスタンのバダフシャンに逃げこんだが、清軍の要求で首を引渡された。

内外モンゴルについでこのふたつの戦争で、現在の新疆《しんきょう》ウイグル自治区の全部と、ロシアのトワ共和国とが清帝国の領土になった。このとき以来、ジューンガル草原と東トルキスタンは新疆とよばれるようになったが、これは「あたらしい疆土」の意味である。つまりいまの中国の範囲がほぼ確定したのがこの一七五九年なのであって、同時にこれは清帝国の領土の膨張が最大限に達した年である。これからあとの対外戦争は大部分、国防上の必要などではなく、隣国に対して大国の宗主権をおしつけようとするものであった。

(5)ビルマ

雲南省の西南境のメコン川上流地方には、タイ系の民族の小王国が十いくつもあって、清とビルマの両方に朝貢していた。このころのビルマはコンバウン朝の最盛期で、さかんにタイ人の本国のシャムに対して征服戦争をおこなっていた。そこでメコン川上流にもビルマ軍は進出を開始し、乾隆三十年（一七六五）からずっと清とのあいだに国境紛争がつづいた。三十二年（一七六七）、ビルマ軍によってシャム王国が一時ほろびると、乾隆帝はビルマがシャム方面に手をとられているすきにビルマの首都アヴァをつこうとし、この年と翌年の二回、大軍をおくりこんだ。しかしビルマ人の巧妙なゲリラ戦術と食糧の不足から第一回の遠征軍はほとんど潰滅し、第二回は雨季にはいったため大軍の行動が不自由でやはり失敗におわり、講和条約をむすんでひきあげた。これ以後ビルマは清の朝貢国になった。

(6)金川（その二）

その後も大金川と他の小王国との戦争はつづいていたが、乾隆三十六年（一七七一）になると大金川と小金川の同盟が成立して、公然と清軍と開戦した。乾隆帝はこんどこそ徹底的に敵をたたきつぶすことにしたが、抵抗はあいかわらずつよく、実に四年の歳月と多大の兵員、機材の損失のあとで、四十年（一七七五）に最終的に大小金川をほろぼすことができた。

(7)台湾

乾隆五十一年（一七八六）、台湾で秘密結社の天地会《てんちかい》の林爽文《りんそうぶん》が指導する叛乱がおこり、全島ほとんどおちいったが、翌年優勢な清軍が大陸から渡来して鎮圧した。

(8)ヴェトナム

十五世紀以来ヴェトナムを支配した黎《レ》家の王朝は、はやくに実権をうしなってただ名目だけのものとなり、国内は南北ふたつに分裂していた。乾隆時代に、北ヴェトナムを代表したのは鄭《チエン》王家、南ヴェトナムを代表したのは西山《タイソン》王家であったが、乾隆四十三年（一七七八）、西山の阮文恵《グエンヴァンフエ》の軍は北進してハノイを占領し、鄭王家をほろぼした。しかしすぐには南北統一をおこなわず、黎家の最後の皇帝である紹統《チエウトン》帝をハノイにたてて北ヴェトナムを統治させた。これもしばらくのあいだで、五十二年（一七八七）阮文恵はふたたびハノイを占領して最終的に統一をとげ皇帝となった。

紹統帝は清に逃げこみ、乾隆帝の保護をもとめた。翌年の冬、一万の清軍が派遣された。ヴェトナム軍の抵抗はよわく、清軍はやすやすとハノイに入城した。しかしこれは罠《わな》であった。五十四年（一七八九）の正月元日の夜、ハノイは突如優勢なヴェトナム軍に包囲され、猛烈な攻撃をあびた。清軍は潰走の途中、ソンコイ河の橋が落ちて大半溺死した。

この大敗で、ヴェトナムを支配しようとの乾隆帝のもくろみは失敗し、ヴェトナムを独立国として朝貢をみとめるだけで満足しなければならなくなった。

(9)ネパール（その一）

このころネパールはいまの王家であるグルカ族に統一されてまもないころで、さかんに四方へ征服戦争をおこなっていた。たまたまチベットで第三世パンチェン・ラマの遺産相続をめぐって争いがおこったのを機会に、乾隆五十五年（一七九〇）ネパール軍はチベットに侵入した。チベットを援助すべき清軍の指揮官バジュンはネパールとの戦闘をさけて、ダライ・ラマにネパールに対する賠償金の支払いを強要し、乾隆帝にはネパールが降服したと報告した。

(10)ネパール（その二）

いつわりの平和はすぐにやぶれ、翌乾隆五十六年（一七九一）ネパール軍は再度チベットに侵入した。乾隆帝の怒りをおそれたバジュンは川に身を投げて自殺した。さらに翌年、清軍はヒマラヤ山脈をこえて首都カトマンドゥにせまったが、ここで大損害をうけて挫折し、ネパールとのあいだに和がむすばれ、これからネパールは清の朝貢国となる。

以上が乾隆帝の「十全の武功」なるものである。帝はみずから功をほこって十全老人と号した。新疆を版図にくわえたのは大成功であったが、これらの戦勝は、多大の人命と財力の浪費とひきかえにえられたものであった。第一回の金川討伐だけで、すでに銀七千万両をついやしたという。これは国庫収入の約二年分にあたる。これほどの出費が可能であったことは、当時の清朝の財政がいかにゆたかであったかをしめしている。

## 七旬万寿

乾隆四十五年（一七八〇）の八月十三日、乾隆帝はめでたく七十歳の誕生日を熱河の避暑《ひしょ》山荘《さんそう》でむかえた。シナ風にいえば「七旬万寿《しちじゅんばんじゅ》」の佳節であるが、ここに「古希天子《こきてんし》」が出現したのである。この日、帝は「古希説《こきせつ》」と題する一文をつくって、

「夏殷周の三代以後、歴史があきらかになってから、天子で古希の齢に達したものは、わずかに六人いるにすぎない。いまわが清朝の領土は広大で、民生は安定していて、前代に亡国の原因となった内憂外患のごときものはまったくない。古希に達した他の六人の天子は、いずれも自分にはるかおよばない。今日ほどさかんな時世がかつてあったであろうか」

とほこり、なお心すべきことをみずからいましめているのであるが、まさにわが世を「望月のかけたることもなしとおもへば」と詠んだ藤原道長の心境にあったのであろう。

熱河は内モンゴル東部の土地で、北京から東北にすすみ、古北口で万里の長城をこえると、やがて現在の承徳《しょうとく》市に到着する。ここは北京からわずか数日の距離ながら、山にかこまれた景勝の地で、夏もすずしいので、康熙帝は夏の離宮として避暑山荘をいとなみ、晩年には毎夏滞在した。乾隆帝もそれにならい、在位中はほとんど毎年ここに避暑し、山荘内にあ

らたに宮殿楼閣など豪壮華麗な建築をつぎつぎとつくった。

だいたい旧暦五月から九月ごろまで滞在するのが例であったので、夏期には政治の中心もここにうつって、たいへんなにぎわいを呈した。皇帝は避暑山荘に滞在中、その北方二百キロにある広大な宮廷用の狩猟地の木蘭《ムラン》囲場《いじょう》にでかけ、大巻狩りをもよおすのがならわしであった。その際、朝覲《ちょうきん》にきているモンゴルの王公たちもしたがい、そのさかんなことは大清皇帝の貫禄をしめすに十分であった。元来巻狩りは狩猟民族の出身である清朝においては、国粋保存の精神面からとくにおもんぜられ、遊牧生活をいとなむモンゴル人にもおおいによろこばれたのであって、その効果は絶大であった。

さて乾隆四十五年の七旬万寿の佳節には、モンゴルの王公はじめ、先年移住先のロシア領から天山の北方へもどったトルグートのハーンや東トルキスタンのウイグル人の王、揚子江上流の金川土司などのほか、チベットのパンチェン・ラマや朝鮮の使臣たちもはるばるやってきて慶祝の意を表した。誕生日の前後各三日は、山荘内で芝居が演ぜられたり、宴会がもよおされたりして、非常な盛儀であった。おそらく乾隆帝にとっては、もっとも得意な日々であったにちがいない。

## 大中華帝国

乾隆帝がみずからほこった「十全の武功」は、まえに述べたように名実あいともなうものではなかったが、ともかく清朝の版図はこの時代に最大の規模に達した。そうしてこの版図は、十九世紀の後半になって辺境の一部が列強の圧迫によってうしなわれたほかは、清の滅亡するまでだいたい維持されて、中華民国にひきつがれた。したがって現在の中国の領土も、乾隆時代の清朝の領土が基礎となっているのである。

では清は、東アジアの大半におよぶ厖大な地域をどのように統治したのであろうか。漢民族の住地であるシナは直轄領として、前代以来のシナ式行政制度によった。ただ明代にはまだ臨時の大官にすぎなかった総督と巡撫が清では固定化して、純然たる地方長官となった。

満洲の土地は、清にとって故郷であるので、特別に重視して軍政下においた。

これに対してモンゴル、青海、チベット、新疆の諸地域は、藩部《はんぶ》と称して間接統治をおこなった。その方式は各地域によってかなりの相違があるが、要するに、いちおう原住民の自治にまかせながらも、要所要所はぴたりとおさえて、つねに監視の眼を光らしているというやりかたである。原住民の首長は清の皇帝から官爵をあたえられて自治をゆるされたが、清はその内政に対してもたくみに制御をくわえた。また彼らは清の朝廷へ定期的に朝貢する義務があり、あたかもわが江戸時代の諸侯の参覲交代のような観があった。ただチベットは従来どおりダライ・ラマ、パンチェン・ラマが宗教上の権威であるとともに内政を掌握していたが、清はラサに駐蔵大臣《ちゆうぞうだいじん》を常駐させて、その外交や軍事をつかさどった。

その他の藩部の諸地域に対しても、中央から多くの大臣や将軍、軍隊などが派遣されて駐在した。たとえば外モンゴルのいまのウラーンバートルには庫倫弁事大臣《クレーンべんじ》、新疆の西北部には伊犁《イリ》将軍、同地の南部には喀什噶爾《カーシユガル》参賛《さんさん》大臣がおかれた。

ことにイリ地方はジューンガルの故地で重視され、多数の満洲兵を移住させた。現在この地方に比較的多数の満洲人が居住しているのはその結果であって、辺境のために他の地方のように漢化する機会がすくなかったので、いまでもほかではほとんどほろんだ満洲語がかなりよくのこっている。

なお藩部の事務を総轄する役所として、北京の中央政府に理藩院《りはんいん》がおかれた。これは清のごく初期に内モンゴル関係の事務を処理するため設置された蒙古衙門《もうこがもん》が発展したものである。このような機関は従来なかったのであって、理藩院こそ大中華帝国としての清朝の性格をもっともよくあらわしているといえよう。理藩院はまたロシアとの外交通商に関する事務もとりあつかったが、それはロシア人がシベリアからモンゴル経由で北京へきたり、シベリア・モンゴル国境のキャフタで貿易をおこなったりしたからである。

ともあれ清朝は、中央の理藩院や現地の駐在官をとおして力強くかつ巧妙に藩部を統制し、その諸勢力を対立させてたがいに牽制させ、「分割して統治する」という異民族統治の古来の鉄則を実行した。そして漢人が藩部にはいることを禁じたのは、藩部をその経済的圧迫から保護して、清朝と直接むすびつけるためであった。

ところで一方、清朝は藩部に対して懐柔策をとることもわすれなかった。熱河の離宮の周囲の山麓に、主として乾隆時代に一大伽藍群が造営され、その規模の雄大で豪華な点は避暑山荘をしのぐものがあったが、それはまったく藩部懐柔のためであった。

というのはチベット、青海、ジューンガル、モンゴルなどの藩部のほとんどの地域では、チベット仏教の信仰がきわめてあつかったので、清朝はこの宗教を保護することによってその住民を懐柔しようとしたわけである。すでにモンゴル内地にも清はいくつかのラマ廟を建立していたが、乾隆帝はジューンガル部の平定や諸部の来属などを記念して、つぎつぎと大伽藍をつくった。なかでももっとも壮大なのは普陀宗乗廟《ふだそうじょう》で、一名をポタラ廟ともいうように、チベットのダライ・ラマの居城であるラサのポタラ宮を模倣したものである。その他、須弥福寿廟《しゅみふくじゅ》はパンチェン・ラマの居城のタシルンポ廟、安遠廟《あんえん》はイリのクルジャ廟にのっており、別にシナ式の寺もあった。実に藩部各地の様式の建築を一堂に陳列した観がある。そして寺廟の内部にもいろいろの様式の仏像や什器《じゅうき》が蔵され、なかには二十メートルあまりもある巨大な木造の仏像が安置されていた。

このような大伽藍群の建造は、まさしく大清帝国の実力を誇示してあまりあるものであった。清朝皇帝のもとに朝覲にきた藩部の連中は、伽藍の偉容に感嘆するとともに、自分たちの故郷の建築様式に随喜の涙を流した。

清朝の恩威ならびおこなわれる政策により、いまや藩部は完全に清朝の統制下におかれた。それはこれまでのシナ歴代王朝の異民族支配にみられなかった実質あるものといわねばならない。乾隆帝こそ、満洲、漢、モンゴル、チベット、ウイグルの五族のうえにはじめて君臨した大中華帝国の皇帝だったのである。中華民国の初期にスローガンとして五族共和がとなえられたが、五族の観念はまさしく乾隆の盛時にできたものにほかならない。乾隆帝が編纂した五族の言語の対照辞典である『五体清文鑑《ごたいしんぶんかん》』は、大中国としての清帝国の民族構成をもっとも端的にしめしているといえよう。

なお清のこの版図の外に朝貢国があった。朝貢とはいっても、名目的な形式にすぎず、実際は独立国であることはまえに述べたが、朝鮮やシャム、ヴェトナム、ビルマなどがそうである。さらに清のジューンガル平定の結果、中央アジアからは、コーカンド、タシケント、ブハラなどのトルコ民族の諸国も通商の利をもとめて朝貢してきた。また遠くヴォルガ川下流の地に移住していたオイラットのトルグート部族も、百数十年ぶりにイリ地方にもどってきて、清朝の治下にはいった。いずれも絶頂にある清朝の栄光のあらわれであった。

## 乾隆帝の豪奢

乾隆帝はまことにめぐまれた皇帝であった。祖父康熙帝が苦労して倹約し、父雍正帝が財政に敏腕をふるってためこんだ莫大な遺産のうえにあぐらをかいて、一生豪奢な生活をたのしんだのである。彼ののこした栄華の跡は、いまなお中国のあちこちにのこっている。

中華人民共和国の成立以来、北京は現中国の国都として、あいつぐ大きな建設工事に、日に日に面目をかえているが、しかしなお北京を象徴するのは紫禁城と天壇《てんだん》である。清朝の皇帝の居城であった紫禁城や、皇帝が天をまつる場所であった天壇のすばらしさが、北京をおとずれるものを驚嘆させることは、むかしもいまもかわりがない。むろんこれらの建造物は、明清時代を通じて幾度も火災にあい、再建、修理をくりかえして今日にいたっているけれども、やはり乾隆時代に面目が一新され、もっともよく整備されていたのである。

紫禁城は、清朝最後の皇帝であった宣統帝《せんとう》が一九二四年ここから追いだされると、その翌年から博物館となった。すなわち名高い故宮博物院《こきゅうはくぶついん》である。もっとも、収蔵品のうち優秀品の多くは、ふるく日中戦争のはじまるまえに中華民国政府の手で疎開され、現在は台湾にうつって、台北の郊外に新築された故宮博物院で常時展観され、人気をよんでいる。故宮博物院には、古来の名画、名蹟、善本をはじめ、殷周時代の青銅器、精巧な玉器、華麗な陶磁器などあらゆる美術工芸品が数しれず保管されており、まさに中国文化財の最大の宝庫である。そうしてこれらの文化財の大部分は、ほかならぬ乾隆帝の遺品なのである。

乾隆帝は学問や芸術を熱愛した皇帝であった。書もなかなかたくみであり、詩は、長生きしたこともあったが、一生のあいだに十万首もつくった。もっとも、むずかしい典故に通じ、それのわからぬ学者をへこますのをおもしろがったというペダントリーにはいささかいや味があるけれども、本人はおおいに文化人をもってみずから任じていたのである。

そのながい一生を通じて、専制君主の権力をもってあつめた文化財は実に莫大なものであった。

「乾隆御覧之宝」、「古希天子」などという乾隆帝の所蔵印が臆面もなく捺されている名画や名蹟は、後世一部民間に流出したので、日本でもよくみかけるところである。

## 円明園

乾隆帝の贅沢は、離宮の建設にもおおいに発揮された。まえにあげた熱河の避暑山荘もそうであるが、とくに大規模で名高いのが北京の西北郊にある円明園《えんめいえん》である。ここははじめ雍正帝がいとなんでいたのを、乾隆帝が大々的に増改修して壮麗な離宮にしたのであって、ルイ王朝のヴェルサイユ宮殿に比せられている。

なにごとにも珍奇をこのむ乾隆帝は、西洋画で噴水を知ると、無性にそれがほしくなった。そこでそのころ宮廷に奉仕していたイエズス会宣教師のカスティリオーネに相談をもちかけた。彼はイタリアのうまれで、中国名を郎世寧《ろうせいねい》といい、とくに乾隆帝の信任があつく、画にたくみなところから宮廷画家としておおいに彩管をふるった人である。彼が皇帝の注文に応じてかいた作品は、現に故宮博物院にたくさんのこっていて、清朝盛時のおもかげをよくつたえている。噴水の製作はもとより容易でない仕事であるが、いったんいいだしたらあとにひく皇帝ではない。カスティリオーネはやむなく天文学や物理学に通じているフランス人の宣教師のブノワを推薦した。彼が文字どおり苦心惨憺のすえ大噴水を完成すると、乾隆帝のよろこびはたとえようがなかった。その後、帝はさらに別の噴水の製作を命じたが、こんどできたのは正午ならば午《うま》というように、十二支の動物像の口から一刻ごとにかわるがわる水をふきあげ、時計をかねるといった趣向をこらしたものであった。

また噴水をつくるとなると、それにマッチする洋風の建物が必要というわけで、カスティリオーネはその仕事も命ぜられ、長い年月をかけて多くのバロック式の洋館をたてた。乾隆帝がこよなく愛し贅をこらした豪華な円明園も、惜しいことに一八六〇年の英仏連合軍の北京進撃の際に焼きはらわれてしまい、今日ではみる影もなくなっている。

ところでカスティリオーネやブノワなどのような西洋人の宣教師が、清朝の宮廷には多数奉仕していた。そもそも十六世紀のなかごろ、カトリック教団内部に修道会としてイエズス会が組織されると、その宣教師はさっそく東洋の新天地をもとめて布教にのりだしたのであった。このとき日本では、宣教師シャヴィエルによって布教が開始され、またたくうちにキリスト教がひろまり、最後は島原の乱がおこって鎖国となったが、シナの場合は事情が非常にちがっていた。外国人の入国を禁じており、根強い伝統思想をもつシナにキリスト教を布教するのはまことに困難であった。

十七世紀のはじめになって、はじめてマテオ・リッチが明の万暦帝から北京にはいるのをゆるされ、その後ぞくぞくと宣教師がくるようになったが、それは彼らのもつ西洋の科学知識と、そのもたらした時計、望遠鏡、大砲などのあたらしい器具の類がシナ人によろこばれたからである。

清朝になっても同様で、布教のほうはいっこうすすまなかったけれども、アダム・シャールやフェルビーストなどその天文暦数の知識が高く買われて、天文台の欽天監《きんてんかん》にもちいられた。ことに康熙帝は宣教師を重用し、彼らについてみずから西洋数学を習ったり、大砲をつくらせたり、ネルチンスク条約締結の際に顧問として派遣したりした。なかでも彼らを動員して全領域の地図『皇輿《こうよ》全覧図《ぜんらんず》』をつくらせた意義は大きい。これははじめて三角点測量によってできた中国全土の正確な地図である。

康熙帝はやがて中国人のキリスト教信奉を公許したが、そののちカトリック教団内部に対立がおこり、その結果、雍正帝はキリスト教を禁止してしまった。以後、宮廷に奉仕する宣教師だけが中国に滞留をゆるされ、彼らはまったく清朝皇帝の従僕のような地位にあまんじなければならなかった。

明末清初に渡来した宣教師には、人物学問のすぐれたものが多く、彼らは布教を効果的にすすめるため、中国の風俗習慣や歴史文化などの調査研究を熱心にはじめた。ヨーロッパに中国に関する知識がつたえられたのは彼らによってであり、それが基礎になってかの地にシナ学がおこった。そして当時のヨーロッパでは中国を高く評価し、思想、芸術、制度などのうえに中国の影響がみられた。

**『四庫全書』**

乾隆帝はまたゆたかな財政にめぐまれて、つぎつぎと大文化事業をおこした。それは大部な書物の編纂ならびに刊行である。むろんそれ以前から宮廷でそうした事業はおこなわれていた。とくに康熙帝の時代につくられた『康熙字典《こうきじてん》』は漢字の辞書として今日にいたるまでもっとも基本的なものとなっており、雍正年間に銅活字で印刷された『古今図書集成《ここんとしょしゅうせい》』は一万巻五千冊からなる大部な書物で、事項別に古今の文献を網羅的にあつめ、いわば百科事典として現在でもきわめて有用である。しかし康熙や雍正の時代にはまだ点数もそれほど多くなかったが、乾隆時代になると爆発的に増加して、百点以上の大部な書物がつぎつぎと編纂され、刊行された。紫禁城内の武英殿《ぶえい》という建物が、宮廷の印刷所であったので、ここから刊行された書物を武英殿版とか殿本とかいい、採算を無視した豪華本として貴重視されている。そうした文化事業のなかでも特筆しなければならないのが『四庫全書《しこぜんしょ》』の編纂である。

中国ではふるくから類書といって、古今の文献から関係事項をぬきだして編集した百科事典のような大部な書物があった。明のはじめにできた『永楽大典』や『古今図書集成』などは、そのもっとも大規模なものである。しかしいくら大規模といっても、類書は抜書きのよせあつめにすぎないが、『四庫全書』は古今の書物を全部まとめてセットにした、けたはずれに規模雄大な叢書である。むろん多くの書物をセットにした叢書といわれるものは、『四庫全書』のまえにもあとにもあるが、いずれもなんらかの種別によってまとめられているのであって、古今の書物を全部網羅したというものは他にない。

乾隆三十七年（一七七二）乾隆帝の命により『四庫全書』の編纂が開始された。まず全国からの古今の書物があつめられ、三百人の学者が動員されて仕事にあたり、約十年かかって完成した。約三千五百種、約八万巻からなる厖大なもので、これは三万数千冊に装釘された。中国の書物は、ふるくから経《けい》（経学）・史《し》（歴史）・子《し》（思想）・集《しゅう》（文学）の四部に大別されるところから『四庫全書』と名づけられたのであるが、経部の書物には黄色、史部には赤色、子部には青色、集部には灰色の表紙がもちいられ、白紙に楷書で書写した豪華な冊子にしたてられた。はじめこの厖大な叢書が四セットつくられ、紫禁城はじめ円明園や熱河の離宮および瀋陽の宮殿にそれぞれ楼閣をたてておさめられた。その後、揚子江下流地方は文化の中心であるので、とくに三セット追加して、揚州、鎮江、杭州におき、一般人の閲覧に供した。

なお『四庫全書』には日本人の著書も二、三おさめられていることが注目される。そのひとつは『七経孟子考文《しちけいもうしこうぶん》』といい、荻生徂徠の弟子の山井鼎《やまのいかなめ》の著作である。これは彼が北関東の足利学校に保存されている、宋代のふるい版本によって、儒教の経典の字句の異同を精密に検討したもので、中国の学者を感心させるにたるものであった。

『四庫全書』は、まさしく乾隆帝の豪勢さをしめす文化上の金字塔であった。現在においてもその学術上の価値は決してうしなわれていない。しかし『四庫全書』の背後になにか暗い影を感ずるのは、その編纂と並行して禁書がおこなわれたからである。清代には反満思想の弾圧から文字の獄がおこり、ことに乾隆時代にはヒステリックになってきたことをまえに述べたが、『四庫全書』のために地方から書物をあつめるとともに、他方禁ずべき書物もおくらせている。『四庫全書』の編纂も、実は検閲が目的であったとさえ勘ぐられるゆえんである。清朝に対する批判はいうまでもなく、反満思想の持主の著述をはじめ、北方民族に関してわるく書いてあるむかしの書物など、おびただしい数の書物が、全部あるいは一部焼きすてられたり、不都合な字句をとりかえられたりした。そのような禁書の憂目にあった書物は約三千種、七、八万部に達したようである。いったい、『四庫全書』はじめ大規模な編纂文化事業も、口うるさいインテリ連中に職をあたえて政治批判から眼をそらさせるためだといわれるが、清朝としては、やはり漢人の読書人対策に苦心したのであろう。

ともあれ乾隆帝は紫禁城の玉座でながいあいだ豪奢な生活をほしいままにしていたのであ

ったが、ちょうどその時期には、一般民間も空前の繁栄をとげた。とくに揚州を中心とする揚子江下流域地方の経済的・文化的繁栄は、実にめざましいものであった。

# 第十五章　揚州の画舫

## 揚州

揚州《よう》は、中国の南と北とをむすぶ動脈である大運河に面し、むかしから経済都市として繁栄していた。北シナの天津からおこり山東省を南下した大運河は、江蘇省の北部をとおって南京の東方で揚子江をわたり、鎮江《ちんこう》から蘇州をへて浙江省の杭州に達するのであるが、揚子江からやや北の西側に揚州がある。

ちなみに揚子江とは、元来そのあたりの一局部の名であって、中国では川の全体を長江とか、単に江とかよんでいる。たまたま揚子江の名をきいた西洋人が、あやまって全体の河名としたのを、日本人も踏襲して今日にいたるまでそうよんでいるのである。

ともかく揚州は、揚子江と大運河の接点に位置し、交通の要衝にあたっているのでふるくからひらけた。大運河をつくった隋の煬帝はさっそくここに壮麗な離宮をいとなみ遊楽にふけったが、唐代にはすでに外国貿易港としてさかえた。当時多数やってきたアラビア商人が、ここの県名の江都《こうと》をカントウとなまってつたえたため、その名はひろく海外にまで知られるようになった。さきに述べたように揚州は、清朝が満洲から北京にはいった直後、満洲兵の掠奪暴行をうけて一時あれたけれども、まもなく復興し、康熙・乾隆の泰平とともに往時にもまして空前の繁栄をとげ、中国第一の奢侈《しゃし》の都、文化の都と称せられるようになったのである。

いったい揚子江下流域のデルタ地帯である江蘇省、浙江省の地方は、気候温暖で地味もこえ、交通も便利であるので、はやくから開発がすすんだ。とくに宋代からの開発はいちじるしく、明清時代には全シナの経済と文化の中心となった。この地方は、シナの穀倉であり、また明末ごろからは木綿工業や絹織物業などの大規模な手工業と商業が発達したところであった。

とくに蘇州は絹織物業の中心地として、明清時代を通じて経済的にも文化的にももっとも繁栄したが、それに対して揚州がことに乾隆時代に非常な活況を呈したのは、まったく塩業のためであった。

**塩商人**

塩は人間の生活に欠くことのできない重要な物資である。ところがその生産地は海岸地帯か内陸の特別の地方かにかぎられているので、シナのような広大な土地では、塩を民衆にいかに供給するかは、ふるくから大きな政治的ならびに社会的な問題であった。国家が塩の生産と販売を統制して専売とすれば莫大な利益がえられるため、シナでは二千年もまえの前漢の武帝の時代から専売がおこなわれた。その後は専売がおこなわれることもあり、おこなわれないこともあったが、八世紀のなかば、ちょうど唐のなかごろ以後は、ずっと継続しておこなわれた。

塩の専売制度の実際についてはながい歴史のあいだにいろいろ変遷があったが、十七世紀のはじめ、明末にいたって、綱法《こうほう》といわれる制度が確立した。それは有力な特定の商人に塩の販売の権利を独占させ、その独占権を子孫に継承させてゆくというやりかたである。

もともと塩の生産地はいくつかの地域に区分されているのであるが、行塩地《こうえんち》といってどの生産地の塩をどの地方で販売するかは、はっきりさだめられていた。生産地のなかでも、もっとも生産額の多いのは、揚子江以北の江蘇省の海岸地帯、すなわち淮北《わいほく》と淮南《わいなん》の両淮《りょうわい》という地方である。この両淮の塩は、揚子江の流域を中心とする江蘇、安徽、河南、江西、湖北、湖南、貴州の七省の広大な地域で販売された。

販売独占権をあたえられた商人は、塩課《えんか》といわれる税金をおさめなければならないが、乾隆時代には全国の塩課は、全租税の半分をしめた。しかも両淮の塩課はさらにその半分にあたったといわれるから、清朝の財政収入にとって、きわめて重要な財源であったといわねばならない。

揚州こそこの両淮塩の集散地であり、その行政事務をつかさどる両淮都《と》転塩運使《てんえんうんし》の駐在するところであった。明のなかごろから、有力な商人が、塩の利をもとめて各地からここに移住してきたのであったが、とくに新安《しんあん》商人とよばれる連中の活動がめざましかった。

## 新安商人

新安商人とは安徽省の徽《き》州府出身の商人である。この地方にはむかし新安郡がおかれていたので、そう称されるようになったのである。一地方出身の商人が中央へでて発展したことは、ちょうどわが江戸時代に大坂や江戸の商業界に雄飛した近江商人とよく似ている。

徽州府は歙《しょう》、休寧《きゅうねい》、婺源《ぶげん》など六つの県からなっているが、安徽省といっても、江西省に接したいちばん南の地域であって、現に婺源県はいまでは江西省に属している。もともと山地が多く、広東産の端渓《たんけい》石とならび称される硯《すずり》の石材の歙州石や、もっとも良質の墨の産地として知られる程度で、経済の中心からは遠くはなれていた。

そんなわけで、徽州府の商人ははやくから他境に進出し、とくに塩業界で活躍して、明のなかごろから勢力が大きくなり、明末清初以来さらに発展して、乾隆時代に繁栄をきわめた。こうして新安商人は、おもに為替業や両替業など金融業をいとなむ山西商人とともに、明清時代における経済界の二大勢力をなしたのであった。

新安商人を中心とする揚州の塩商《えんしょう》たちは、そのゆたかな商業資本にものをいわせて、本業の塩業ばかりでなく、質店、薬店、貿易、鉱業などいろいろの業種に手をひろげ、多角経営によってますます大きくなっていった。乾隆時代には、その財力が千万両に達するものさえあらわれるありさまで、数百万両の富豪はめずらしくなかった。

元来彼らは国家から独占権をあたえられ、そこに巨富をきずいた根本原因があるのであるから、政商的性格をもっていた。したがって富豪たちは、政府の要求に応じて災害救助や治水工事、あるいは軍事費のために百万から数百万両の巨額の献金をすることを辞さなかった。そして献金によって乾隆帝の知遇をうけて、とくに一省の財政長官である布政使《ふせいし》の資格をあたえられるものもあった。また政府の高官と姻戚関係をむすんだりして、政界にも大きな発言権をもつようになった。

## 好景気

揚州の塩商がこんなに大富豪になることのできた背後には、当時とくに銀のものすごい流通による経済界の好況があったことをわすれてはならない。シナで銀の流通がさかんになってきたのは明のなかごろからであるが、明末からあらたにヨーロッパ人との貿易がはじまると、銀がどんどんはいってくるようになった。

ポルトガル人をはじめオランダ人、イギリス人などがはるばるシナにやってきたのは、もっぱら貿易の利をもとめてであった。彼らはシナから物資をもちかえってヨーロッパで売りさばくことによって、莫大な利益をあげたのである。シナの特産物としてヨーロッパ人にことによろこばれたのは、もちろん絹や陶磁器や茶などであった。ふるくギリシア人やローマ人が漢人を絹の産出者の意味でセレスとよんだように、絹はむかしからシナ第一の特産物であった。またいま英語のチャイナには陶磁器の意味があり、英語のティーをはじめ各国語で茶を意味することばがいずれも漢語に由来していることはよく知られているところである。シナへ来航したヨーロッパ人たちは、そのような物資をもとめてやまないのであった。

だが貿易である以上、シナから多量の物資を輸入するからには、その見返りとしてなにかを輸出しなければならない。しかし古来シナは「地大物博《ちだいぶつはく》」といわれるように、物資ゆたかで日用品にこと欠かないので、ヨーロッパ人のもちこもうとした毛織物など不要であった。いったい外国から輸入するのは、香料、高貴薬、工芸品などの奢侈品であるが、当時漢人が とりわけほしがったのは、いうまでもなく銀であった。ちょうどぐあいのよいことに、新大陸のメキシコやペルーで銀山がひらかれ、大量の銀がスペイン・ドルとしてヨーロッパにもたらされたので、彼らはそれをシナへもちこんだのである。もっともスペインは、ポルトガルにシナ貿易を独占されたためにはいれず、フィリピンのマニラにおいて、同地に密航してくるシナ商人と取引きしたが、ここからシナへもたらされる銀は、明末清初に毎年二、三百万ドルにのぼった。十八世紀にはいりイギリスの東インド会社がシナから多量の茶を買いつけるようになったときも、やはりスペイン・ドルによって支払われた。こうして明末以来二百年にわたって毎年数百万ドルの銀がシナに流れこんだのである。他方、諸種の産業も大きな刺戟をうけて生産がはなはだ向上し、マニュファクチュア的な大規模なものもあらわれるようになった。また国内商業も非常な活況を呈して、会館《かいかん》とか公所《こうしょ》とかよばれる同郷組合や同業組合が各地に設立されて仲間の利益をまもった。こうして経済界はいままでにない好景気にめぐまれ、その絶頂に達したのが乾隆時代であった。

さて銀の蓄積がふえるにつれ、その流通は農村の内部までいよいよふかく滲透していった。すでに明末に地租《ちそ》と徭役《ようえき》をまとめて銀納する一条鞭法《いちじょうべんぽう》の新税制がはじまったが、清代になるとさらにすすんで、康熙五十年（一七一二）現在の人丁《じんてい》数を固定化し、それ以後に増加したものは盛世滋生人丁《せいせいじせいじんてい》と称して課税しないことになった。ついで徭役の分の丁銀《ていぎん》を地租の地銀《ちぎん》にくりいれて完全に一本化した地丁銀《ちていぎん》という税制が、おもに康熙の末から雍正年間にかけて全国に実施された。つまり数千年来の人間を対象とする徭役がなくなったのである。これはシナにおける人頭税の消滅という税制史上の劃期的な問題で、その意義が高く評価されているが、やはり銀による好景気が背後にあったことをみのがしてはなるまい。

ところで銀はこのようにひろく流通するようにはなったけれども、それはおもに役人の俸給の支払いや税金の徴収と高額の取引きにつかわれたのであって、日常の少額の取引きには銅銭がもちいられた。銀はもともと秤量貨幣で、地金のままつかわれ、多く馬の蹄のかたちにつくられていたので馬蹄銀《ばていぎん》とよばれた。その他、外国の貨幣であるスペイン・ドルもいくらかもちいられた。

これに対して銅銭は、中央に四角な孔のあいた円形のむかしながらの鋳造貨幣で、康熙通宝とか乾隆通宝とかの文字がうきでている。銀と銅銭との比率は、銀一両の重さにつき銅銭千文が公定レートであって、毎日相場が変動するが、乾隆時代まではだいたい七、八百文から千文までであった。銀の値は、国内に多量に蓄積されていたので比較的安かったのである。塩商は民衆に塩を売って銅銭をうけとり、それを安い銀にかえて税をおさめるので、その点でもたいへん有利であった。

## 画舫

シナには南船北馬ということばがある。北方は山野が多いので馬や驢馬《ろば》にのって旅をするが、南方は河川が多いので船によって往来するという意味である。たしかに揚子江のデルタ地帯は、揚子江や大運河の大動脈のほか、大小の河川や掘割《クリーク》が縦横にはしり、その間に沼や湖が点在していて、舟行にきわめて便利である。その地方の中心をなす都市は、蘇州も南京も、そして揚州も、いずれも水の都である。情緒ゆたかな水の都をいろどるものの第一は画《が》舫《ぼう》でなければならない。

画舫とは掘割にうかぶ遊興用の屋形船のことで、まさに水の都の繁栄の象徴である。乾隆の末、揚州の人李斗《りと》は、みずから見、みずから聞いたところにもとづいて、揚州の人情風俗、故事逸話をつぶさにしるして『揚州画舫録《ようしゅうがぼうろく》』と題したが、もっともといわねばならない。

大運河の西岸にある揚州の町は、明清時代には揚州府の役所の所在地であった。揚州府はいくつかの州や県を管轄しているが、そのうち江都《こうと》県と甘泉《かんせん》県の役所も揚州の町におかれていた。町は新城と旧城からなり、どちらも城壁のまわりを掘割がとりかこんでいる。掘割には無数の画舫がうかんでおり、その形も大きさもさまざまであるが、なかには窓にガラスをはめた玻璃《はり》船という贅沢なものもあった。そして高級官吏にだけ使用される官船や富豪の自家用の船もあった。

揚州の生活は画舫なしには考えられない。春には梅と桃のふたつの市《いち》があり、夏には牡《ぼ》丹《たん》、芍薬《しゃくやく》、蓮《はちす》の三つの市、秋には木犀《もくせい》と芙蓉《ふよう》のふたつの市と、つぎつぎと花の市がたつ。そのほか正月の福の神、三月の清明節《せいめいせつ》、五月の龍船《りゅうせん》、七月の盂蘭盆《うらぼん》、九月の重陽節《ちょうようせつ》などの年中行事にも市がたち、たいへんなにぎわいを呈する。このときには遊楽の人も多く、画舫の値は平常の数倍にはねあがる。

とくに龍船は端午の節句の行事で、龍をかたどった豪華船が、四月の末日に水におろされ、五月十八日までうかんでいた。おりから初夏の時期にあたり、画舫にのっておおぜいの客がくりだしたのである。その際、小舟が鴨をのせて画舫のあいだをゆききすると、遊客はそれを買って水中に投げる。すると龍船が鴨を的として戈《ほこ》をもってあらそってたたかう。また銅銭や果物を瓶にいれたり、あるいは豚の膀胱《ぼうこう》にいれて水上にうかしたりしたものを的にして、泳ぎながらうばいあう演技もあった。画舫の客はそれにうち興じたのである。

むろん平常の日にあっても画舫は遊興の場所であった。揚州は魚介類をはじめ食品豊富で、その料理のうまさは天下にとどろいていたが、美酒佳肴をつみ、美妓をはべらせ、カルタ遊びや囲碁に時間のたつのもわすれる画舫のたのしさは、このうえないものであった。そのためこの地の富貴の家では、毎日朝方からねて、夕暮れにはじめて起きるというしまつで、一日として徹夜の船遊びを欠かさなかったという。

揚州の旧城の東側にある小東門《しょうとう》のあたりは、画舫が多くあつまり、青楼がたちならんでいて小秦淮《しんわい》といわれていた。元来秦淮とは、南京城内の南のほうを流れている掘割で、秦の始皇帝がひらいたというのでこの名があるが、すでに隋唐の時代から紅灯緑酒の地として有名であった。唐末の詩人杜牧《とぼく》に「秦淮に泊す」と題する名高い詩があって、「夜秦淮に泊すれば酒家に近し、商女は知らず亡国の恨」とうたわれている。明末にはとくに盛況をきわめ、文人墨客やインテリのあそぶものが多かった。玄宗皇帝と楊貴妃《ようきひ》の情事を題材とした『長生殿伝奇《ちょうせいでんでんき》』とともに清代の戯曲の二大傑作とされている『桃花扇伝奇《とうかせんでんき》』は、明の亡国を背景に文人侯方域《こうほういき》と才女李香君《りこうくん》の恋愛をえがいたものであるが、李香君はほかならぬ秦淮の名妓である。

ところが明末に繁栄した秦淮も、清代にはいるとさびれていった。そして秦淮につぐという意味で名づけられた小秦淮のほうがさかんになった。『揚州画舫録』には、小秦淮の妓女やそこにあそんだ風流人たちの逸話がいろいろつたえられている。

### 成金趣味

泰平の御代になれ、ありあまる財産によって贅沢三昧にくらしていると、だんだんありきたりのやりかたでは満足できなくなり、いたずらに金を費消するばかばかしい成金趣味や不健全なグロ趣味がおこってくる。『揚州画舫録』にもそんな話がつたえられている。

揚州では冠婚葬祭、家屋、飲食、衣服、乗物などに数十万の金をついやすことがめずらしくなかった。たとえばある人は、食事ごとにコックに十数種類の料理を用意させる。夫婦がテーブルにつくと、給仕人はつぎつぎと料理をならべるが、食べたくないものは頤でしゃくって合図してさげさせる。すると給仕人はただちに別のものをはこんでくる。

またある人は馬がすきで、数百頭も飼っていて、一頭の馬に毎日数十金をついやす。朝城内から遠乗りにでかけて夕暮れに城内にもどるが、馬の装飾は実に豪華で、目もくらむほどである。

ある人は蘭がすきで、自宅の門から居室まで蘭をならべていて、足のふみ場もないありさまである。さらにひどいのになると、一万の大金を一時につかいはたしてしまいたいと考え、その金で全部金箔を買いこみ、金山の塔のうえへもっていって、風にとばしてしまった。金箔はたちまち四散し、草むらにおちたり、樹木にひっかかったりして回収することができず、みごとにその目的を達した。また三千金で全部ダルマを買って水に流し、流れをせきとめてよろこぶものもあった。まったくばかげたかぎりといわざるをえない。

そうかと思うと、美男美女ごのみで、門番から炊事女中にいたるまで、みな十何歳かのまだ年若い眉目秀麗なものばかりをえらぶものずきがいた。一方逆に醜怪な顔立ちのものばかりをもちいる変り者がおり、醜怪さがたりないと思えば、その顔を傷つけ味噌をぬって日光にさらさせた。また木ではだかの女体をつくり、機械じかけで動くようにして、自分の書斎においておき、来客の度肝をぬいたというようなエログロ趣味もあった。

そのほか、なんでも大きなものがすきで、銅で溲瓶《しびん》をつくったのはよいが、高さが五、六尺もある。夜中尿意をもよおすとわざわざのぼって用をたしたというナンセンスまである。『揚州画舫録』には以上のような話をあげたあとに、「一時期なんでも奇異なものをあらそってもとめたので、とてもいちいちしるすにたえない」と述べているから、まだまだこんなばからしい例がたくさんあったのであろう。

こんな成金趣味も、たしかに財富をほこる揚州の塩商の一面にちがいなかったが、みずから高尚な文事をたのしみ、かつ学者や芸術家たちのパトロンとして文化のうえに大きな役割をはたしたものも決してすくなくなかった。当時、江蘇、浙江の地方が「文化の淵藪《えんそう》」と称せられたその背後には、揚州の塩商はじめ富豪たちの大きな財力があったことをわすれてはならない。清朝の学問といわれる考証学《こうしょうがく》もそのような環境のもとに発達した学問であった。

## 考証学

シナの学問の中心は、漢代以来清末にいたるまでつねに経学《けいがく》であった。経学とは儒教の経典である四書五経などの経書《けいしょ》を研究する学問で、経書のなかに述べられている聖人の教えをあきらかにして現実の政治に生かすのがその使命である。

ただその方法論としては、ふたつの大きな流れがあった。ひとつは訓詁《くんこ》といって字句の注釈を主とするもので、漢代から唐代にかけておこなわれた。もうひとつは経書を哲学的に解釈するもので、宋明時代におこなわれた。明末に陽明学の末流の徒がいたずらに空理空論をもてあそぶようになると、それに反対して、実際の政治や社会に役立つ実証主義的な学問を主張するものがあらわれた。すなわち顧炎武《こえんぶ》や黄宗羲《こうそうぎ》らである。

ちょうどその時代は、マテオ・リッチはじめ多くのイエズス会の宣教師によって天文学、暦学、数学、地理学など西洋の科学知識が中国に輸入され、その実証主義的方法が中国の知識人に影響をあたえていた際でもあった。儒教の経典に対する実証主義的研究は、清朝の盛世とともにいよいよ発達し、これを考証学といった。

　考証学の研究法というのは、まずもっとも正しいテキストをえらび、その一字一句について本来の正確な意味を、文献上の根拠をあげて追究してゆくのである。つまり主観に偏した宋明の学者の態度とはまったくことなり、あくまでも客観的に解釈して帰納的論断をくだすという科学的な文献学《フィロロジー》に類するもので、儒教の古典の研究に新生面をひらいたのであった。

　康熙時代にでた閻若璩《えんじゃくきょ》は、経書のなかでもとくに重要な『書経《しょきょう》』の一テキストである『古《こ》文尚書《ぶんしょうしょ》』を研究して、そのうちの二十五篇が東晋時代につくられたまったくのにせものであることを証明し、宋学者に大きな打撃をあたえた。その後、乾隆時代からつぎの嘉慶《かけい》時代にかけて、恵棟《けいとう》、戴震《たいしん》、段玉裁《だんぎょくさい》、王念孫《おうねんそん》、王引之《おういんし》などの非常にすぐれた学者が輩出し、考証学は全盛をきわめた。そのためこの学問は乾嘉《けんか》の学ともいわれている。そして考証学から歴史学、地理学、音韻学、金石学、書誌学などいろいろの学問が派生しておおいに発達し、銭大《せんたい》昕《きん》、王鳴盛《おうめいせい》、趙翼《ちょうよく》などの有名な史学者をはじめ、傑出した学者があらわれ、学界は未曾有の盛況を呈した。

　元来古典の実証的研究は、古の聖賢の真精神を正しく会得して現世に生かすのが目的であったが、長年にわたる泰平の盛世から清朝の厳重な思想統制となり、思想的な面の活動を阻害し、わずかに戴震が『孟子字義疏証《もうしじぎそしょう》』をあらわして、人間の欲望や感情をおもんずる気の哲学を主張したにとどまった。そして学者はもっぱら政治にかかわりのない問題に没頭するようになった。しかし古典の研究に考証学のあげた成果は実にすばらしいものであり、その科学的な研究態度には、近代精神に通ずるものがあった。

## 揚州の学芸

考証学にはいくつかの学派があり、それぞれの派の巨匠の出身地によって呉《ご》派とか皖《かん》派とかよばれている。呉派とは蘇州の恵棟ら三代によってきずかれた学問の系統をいい、皖派とは安徽省歙《しょう》県の戴震らの系統をさし、江蘇省の金壇《きんだん》出身の段玉裁や揚州のすこし北方の高郵《こうゆう》出身の王念孫も戴震の学をうけたものである。恵棟も戴震も揚州の塩商のもとに厄介になっていたことがある。

そうした学派とは別に揚州ではひとつの学風が形成された。阮元《げんげん》、汪中《おうちゅう》、焦循《しょうじゅん》、江藩《こうはん》などという学者たちの活躍である。この学風は、揚州の土地柄をよく反映して、きわめてはなやかであった。学者はただいちずに自分の専門とするひとつの分野に没頭して研究するだけでなく、多方面に興味をもち、とくに文学にひいでていた。

漢文には、漢代の『史記《しき》』『漢書《かんじょ》』や『唐宋八家文』を典型とする文体と、六朝《りくちょう》隋唐時代に盛行した四六《しろく》文とか駢文《べんぶん》とかいわれる文体のふたつの大きな潮流がある。そのうち後者は美辞麗句をもちい対句をならべるなどたいへんめんどうな規格があり、学識ゆたかでないとつくれないので、とくに考証学者によろこばれたが、揚州の学者たちはとりわけそうした文章をこのみ、みずから名文をつくったり宣伝したりした。さらに通俗文学として、当時一般には学者に問題にされなかった戯曲の研究にまで手をそめるものもあった。

また阮元は文化事業家でもあって、学者を動員して大きな編纂事業をおこし、儒教の主要な経典十三種のテキストとその注釈をあつめた『十三経注疏《じゅうさんけいちゅうそ》』の校勘《こうかん》記二百四十三巻をつくったり、清朝の経学研究書をあつめて千四百巻もの大部な『皇清経解《こうしんけいかい》』を編纂して出版するなど、派手な活動をした。

ところで揚州には各地から学者をはじめ文人墨客がたえずおとずれ、なかには長年にわたって富豪の家に居候になるものもあった。富豪の邸宅では、しばしば彼らをまねいて詩文の会がもよおされ、文雅の遊びをたのしんだが、馬《ば》氏の小玲瓏山館《しょうれいろうさんかん》、程《てい》氏の篠園《しょうえん》、鄭《てい》氏の休園《きゅうえん》での会はことにさかんであった。なかでも塩商の馬曰琯《ばえつかん》、馬曰璐《ばえつろ》兄弟の別荘である小玲瓏山館はもっとも名高い。富豪は名画、名蹟、古書などの文化財をきそって蒐集したが、馬氏の蔵書は数万巻にのぼり、天下に鳴りひびいていた。秘本珍籍があれば、金に糸目をつけず購入したので、『四庫全書』の編纂に際して馬氏は、七百七十六種という多量の珍本を進呈し、その褒美に乾隆帝から『古今図書集成』をたまわった。また世人のみたがっている珍本は、千金を惜しまず出版したので、馬板《ばはん》といわれている。著名な朱彝尊《しゅいそん》の『経義考《けいぎこう》』という書物は、馬氏の蔵書を利用してつくられたものである。

その他、篠園をいとなんだ塩商の程氏の一族の程晋芳《ていしんほう》も学問ずきで、蔵書五万巻をほこっていたが、のちみずから学者として『四庫全書』の編纂官となった。これらはほんの一例にすぎないが、康熙・乾隆時代の揚州は、たしかに学問の中心であった。『四庫全書』は乾隆帝の命によってつくられた大叢書として、はじめ紫禁城や円明園の離宮など四ヵ所にそなえつけられたのであったが、その後とくに文化の淵藪の江南の杭州や鎮江とともに、揚州に一部おかれたのも当然であろう。

揚州はまた絵画などの芸術の中心地でもあった。乾隆時代に揚州八怪《ようしゅうはっかい》といわれる風変りな画家がこの地にあつまり、一世を風靡した。八怪とは八人の怪物《ばけもの》という意味で、だれだれをそれにいれるかは一定しないが、金農《きんのう》（冬心《とうしん》）と鄭燮《ていしょう》（板橋《はんきょう》）はとくに名高い。ともに馬氏の小玲瓏山館に世話になったもので、書家としても知られ、漢代の隷書《れいしょ》を研究してきわめて特異な書をかいた。八怪の人たちは、鄭燮のように県知事にまでなって官を辞めたものもあるが、ほとんどははじめから無位無官の庶民で、画のほうもまったくの素人といってよく、四十、五十になってはじめて絵筆をとったものもある。そのため技術的には本格的な画家でないが、そこにかえって規格にとらわれぬ自由なおもしろさがあった。

いったい清朝の絵画は、ふつう四王呉惲《しおうごうん》とよばれている王時敏《おうじびん》、王鑑《おうかん》、王翬《おうき》、王原祁《おうげんき》、呉《ご》歴《れき》、惲寿平《うんじゅへい》の六人の名手が初期にでて、固定化してしまった。彼らは明末の董其昌《とうきしょう》の流れをくむ南宗画《なんしゅうが》の正統派として画壇に絶対の地位をしめたのであるが、その形式主義はあまりにもつよいものであった。

この形式主義にまっこうから反対したのが揚州八怪たちである。専門画家でないため、画材も比較的単純な花卉《かき》、梅、竹、蘭とか人物とかの水墨画が多いが、形式や技巧を超越し、脱俗精神にみちみちている。

八怪のような人物が、各地から揚州にあつまってきたのは、やはりここの土地柄であった。清初にも明の皇族の出の石濤《せきとう》が揚州に流寓し、批判精神にあふれた格調たかい絵画をのこしているが、この都市は元来よそもののあつまりで、排他的でなかった。この自由な雰囲気が彼らをひきつけたのにちがいない。そして彼らはやはり乾隆という泰平の時代の逸民にほかならなかったのである。

**『南巡盛典』**

揚州は名園の多いことでも天下第一であった。さきにあげた馬氏の小玲瓏山館や程氏の篠園など、塩商が金にあかせてつくった別荘があちこちにあったほか、寺院や名所旧跡の名園もすくなくなかった。そのなかでもことに名高いのは平山堂《へいざんどう》である。ここは旧城の西北郊の蜀岡《しょくこう》という丘のうえにあって眺望がよく、ふるく北宋時代に欧陽脩《おうようしゅう》が堂宇をたてて以来の名所である。

揚州の町からは小舟にのって掘割をゆくのであるが、大正六年（一九一七）十一月揚州をたずねた際に、一日平山堂に清遊をこころみた徳富蘇峰は、その道中の景色をつぎのようにしるしている。

一水溶々、滄波を揚げ、両岸の老柳は、時に翠竹を交へ、時に緑槐桑樹を錯《まじ》へ、或は村に連り、或は園に接し、或は寺あり或は塔あり、水中偶々《たまたま》小嶼《しょ》のあるあり、蘆葦《ろい》の叢生するあり、而して随処の芳草は萋々《せいせい》として毫《ごう》も其色を変ぜざる也、舟は幾回となく目鏡《めがね》橋《ばし》を過ぐ、而して橋上或は楼閣あり亭あるを見る。乾隆南巡の際には、揚州美人を徴発し錦綉《きんしゅう》の纜《ともづな》を結び、御舟を挽かしめたりと云ふ、豪興想ふ可し、其の五歩に一楼、十歩に一閣、何ぞ唯だ煬帝《ようだい》のみを咎《とが》めん哉《や》。

乾隆の盛時の状況をしのぶにたる文章といえよう。

揚州はもとより江南の蘇州や杭州ののどかなうつくしい風光は、北シナではみられない情緒をもっている。しかもそこはみちたりた財力にめぐまれ、文化の香り高いところである。康熙帝も乾隆帝も、この南方の風光人情が気にいったのか、たびたび旅行をこころみたのであった。

乾隆帝も康熙帝にならって乾隆十六年（一七五一）以来六回の巡幸をおこなった。両皇帝のこの旅行は南巡《なんじゅん》といわれ、乾隆帝の旅行の記録は『南巡盛典《なんじゅんせいてん》』という百二十巻もの大部な書物として、宮廷の出版所から豪華本が刊行されている。揚州の城南にある高旻《こうびん》寺と城北の天寧《てんねい》寺には、行宮《あんぐう》すなわち皇帝の宿泊する建物がつくられたのであった。

はじめ康熙帝は、南巡の費用はすべて内帑《ないど》金によってまかなうのであり、一銭たりとも民間からとってはならないとして、わるい地方官が南巡を口実に民間からとりたてるのを厳にいましめた。その後も沿道の住民に迷惑をかけたといって、その年の税金を免除はしたが、乾隆帝の歓迎ともなると無茶な費用をつかうのがあたりまえになって容易でなかったらしい。

帝の五回目の南巡の道中で、御舟《ぎょしゅう》が揚子江にでて対岸の鎮江にちかづいたとき、はるかさきの岸辺にものすごく大きな桃の実があらわれた。御舟がいよいよちかづくと、花火がいっせいにうちあげられ、目もくらむばかりのところへ、桃の実がぱりぱりと音をたててわれた。するとなかから大舞台があらわれ、数百人の俳優が「寿山福海《じゆざんふくかい》」というめでたいショーを演じているところであった。こんな奇抜な趣向をこらした歓迎があちこちでおこなわれたのであろう。

また塩商は、乾隆帝が禅の話がすきだと知ると、名僧を帝のもとにすすめようとしたが、そんな名僧は容易にえられるわけがない。そこで儒教の経典などでも一技一芸に長じたものがあれば、無理に頭をまるめてインスタント和尚にしたてて出迎えさせた。その際、もし皇帝の意にかなえば、永久に僧侶となり報酬として万金があたえられるが、御意にかなわなければ還俗し、その場合でも五千金が支払われたという。話半分としても、当時の塩商たちの資力の大きさと金づかいの荒さが察せられよう。

しかし揚州の塩商は、乾隆時代を繁栄の絶頂として、やがてつぎの嘉慶時代になると急激に没落してゆく。それにかわって広東の外国貿易商が隆盛をきわめるが、それも塩商とおなじく国家から独占的利益を保障された特許商人であった。

# 第十六章　紫禁城の夕陽

## 太上皇帝

一七九五年、乾隆の年号も年をかさねてついに六十をかぞえるにいたった。そして乾隆帝はますます健康にめぐまれて、八十五歳の高齢に達した。彼は即位のはじめ、もし幸運にも六十年間帝位をたもつことができたならば、位をあとつぎにゆずろうと、天に誓ったという。それは祖父の康熙の年号が六十一年でおわったので、それをこえては申訳ないとの理由からであった。しかも六十という年数は、いまでも還暦とよばれるように、干支《えと》の一巡という区切りをつける数でもある。

明のはじめ以来、年号は一世一元といって一代の皇帝のあいだはかわらないたてまえとなったが、明清を通じて六十年もつづいたのは康熙と乾隆だけで、しかも八十歳をこえる長寿にめぐまれたのは、あとにもさきにも乾隆帝ただひとりである。乾隆六十年の翌年は、嘉慶《かけい》と年号があらためられ、正月元日彼は第十五子の顒琰《ぎょうえん》に帝位をゆずり、太上皇帝《たいじょう》となった。

これまで六十年間も自由にふるまってきた皇帝が位をゆずったからといって、にわかに従来の体制がかわるものではない。ことにあたらしい嘉慶帝は、死後に仁宗《じんそう》と廟号《びょうごう》がおくられたのからもわかるように、おだやかな性格であったから、すべては太上皇帝の意のままで、皇帝はロボットにすぎなかった。

乾隆帝はむろん賢明な皇帝であったとはいえ、永年の泰平と、六十年におよぶ皇帝のつとめとよる年波に、すでに政治にあきあきしていた。したがって乾隆のなかばすぎから政治は放漫に流れ、綱紀もゆるんでいたのであるが、新皇帝がたっても一挙にこれをひきしめることはできなかった。

## 寵臣ヘシェン

この時代の清朝の最高政治機関は軍機処《ぐんきしょ》であった。その長官である軍機大臣の顕職を、乾隆四十一年（一七七六）以来二十余年の長きにわたってしめていた男に、ヘシェン（和珅）というものがいた。

彼はまずしい満洲人の家にうまれ、乾隆のなかごろ皇帝の轎《こし》をかついでいた。ある日、乾隆帝が轎にのってでかけようとしたところ、皇帝御用の黄色の日蓋《ひよけ》がどうしてもみつからない。帝はいらいらして「これはだれの落度だ」としかると、みなおろおろしてなす術を知らなかった。そのときヘシェンはおちついて、「係のものの責任でございます」と、澄んだ声でうやうやしくこたえた。その態度がいたく気にいった乾隆帝は、みちみちなにかと質問し、ヘシェンが学生の出身だと知ると、みずから学問ずきをほこっているところから、儒教の経典の文句などについてさらに質問をつづけたらしい。ヘシェンはもともと学問がよくできたわけではなかったが、四書五経くらいは記憶しているので、臆するところなくてきぱき

晩年の乾隆帝

と要領よく返答し、ますます乾隆帝を感心させた。こんな逸話がつたわっていることから考えると、彼はよほど如才のない頭の回転のはやい人物だったのであろう。

　乾隆帝に目をかけられるようになったヘシェンは、そのうち侍衛に抜擢された。最高の権力を一身ににぎる専制君主にひとたび植えつけられた信用は、まことにおそるべき効力をもっている。ヘシェンはそれからとんとん拍子に出世し、十年にもならないうちに位人臣をきわめる軍機大臣のポストにおさまったのであった。そして乾隆帝のかわいがっていたいちばん末の皇女がヘシェンの息子に降嫁され、彼は皇帝と姻戚となって、その権勢をいよいよほしいままにした。

　さて太上皇帝の二年後にせまった九十歳の祝典の計画が決定し、その福寿は永遠につづくように思われた。しかし人間の寿命は実にはかないもので、それからまもなく数え年八十九歳に達した嘉慶四年（一七九九）の正月三日の朝、太上皇帝は大往生をとげた。

　太上皇帝の崩御は、乾隆年間以来の体制に大きな打撃をあたえずにはおかなかった。十日たたないうちに寵臣ヘシェンは逮捕されて獄にくだされ、二十ヵ条の大罪状がかぞえあげられた。身体を斬りきざんで殺す凌遅処死《りょうちしょし》の極刑に処すべきことを主張した大臣も多かったが、嘉慶帝はなき父の寵臣のこととて、とくに恩情によって自殺させた。それとともにヘシエンの財産いっさいを没収したところ、その莫大な金額は言語に絶するばかりであった。

### 財産目録

没収したヘシェンの財産は、いちいち克明に調べあげられてリストがつくられた。いまその全部をあげることは、いたずらに紙面をとるのでとてもできないが、金銀はじめ土地家屋などの不動産のほか、質店七十五軒、銀号《ぎんごう》（銀行）四十二軒、骨董店十三軒などの店舗が目にとまる。そのほかには宝石、貴金属製品、高級毛皮、高貴薬、骨董品などが無数にならんでいるが、そのいくつかをあげてみると、宝石の数珠《じゅず》千八連、珊瑚《さんご》の数珠三百七十三連、金をちりばめた象牙の箸五百対、貂《てん》皮の婦人服六百十一着、おなじく男子服八百六着、朝鮮人参六百八十余両というぐあいで、延々としてつづいている。

ともかくヘシェンの全財産は、金額に見積ると銀八億両にのぼったといわれる。この数は、当時としては実にたいへんな額であった。東アジアの大部分を支配していた大清帝国の、この時代の歳出入が七千万両であるから、八億といえばその十倍以上である。清末における日清戦争の賠償金が二億両、義和団事件の賠償金が四億五千万両であるのをみても、だいたいの見当がつくであろう。

ヘシェンは軍機大臣であったわずか二十年あまりのあいだに、この巨額をたくわえたのである。彼はきわめて吝嗇《りんしょく》な性格で、金銭の出入にはいっさいみずから算盤《そろばん》をはじき、多くの妾には給金をやらぬので、彼女らは毎日薄粥をすすっていたという。しかし吝嗇だけでこんな莫大な財産ができるわけはなく、もとはといえばすべてむさぼりとった賄賂《わいろ》によるものであった。

古来シナの官界では、賄賂はあたりまえの慣習であった。賄賂をおくるのは、買収のためというよりは手数料の意味がつよい。だからそれにはおのずと限度がある。中国のながい歴史を通じてヘシェンほど賄賂をむさぼったものはない。明の嘉靖時代の内閣大学士厳嵩《げんすう》もおなじ意味で悪名たかかったけれども、ヘシェンとはくらべものにならない。わが江戸の中期、安永、天明年間の老中田沼意次《おきつぐ》は、偶然にもヘシェンとほぼ同年代において、ひくい身分からでて権勢の座にのぼり、さかんに賄賂をとったことで有名であるが、そのスケールはヘシェンの足もとにもおよぶまい。

## 賄賂

ではヘシェンはどのようにしてこんなにたくさん賄賂をとったのであろうか。軍機大臣という役目はいわば委員会のメンバーであって、他にそれぞれ本職や兼職をもっている。ヘシエンもはじめ軍機大臣であるとともに、崇文門《すうぶんもん》税務監督のポストに八年ばかりいた。

崇文門とは北京の外城から内城へはいる一城門で、俗に哈達門《ハーターメン》といわれ、いまでは城壁も城門もとりはらわれて昔日のおもかげはうしなわれたが、明清時代にはこの城門に税関をおいて関税を徴収していた。国都に出入りするおびただしい物貨に税をかけるのであるから、その収入は非常なものである。もともと税関に役得はつきもので、とくに崇文門の税吏のあくどさは天下にとどろきわたっていた。その長官のヘシェンは有利な地位をフルに利用しておおいにむさぼったに相違ない。

しかし彼が賄賂をとりたてたもっとも大きな相手は役人であった。「どんな清廉なものでも、三年知事をつとめれば一生くらせる」といわれたように、役人となることがひとつの致富の手段であったから、だれもができるだけうまみのあるポストにつこうとした。そのため権力者のヘシェンのもとに、全国から役人がその鼻息をうかがおうとして賄賂をおくったのである。

その額にも相場があったらしく、数万両では全然相手にされず、ある巡撫は二十万両もおくったという。またヘシェンがきずのない真珠を薬用に飲んでいることがつたわると、だれもが最高級のをあらそって彼に献じたので、真珠の値が高騰したという。

その他ヘシェンの腹心者は河道総督《かどうそうとく》となり、彼に巨万の金をおくっていた。河道総督とは、黄河の治水のため特別におかれていた長官である。土木建設の工事には、今日のわが国でも汚職がたえないが、それは巨額の費用をともなうからにほかならない。洪水で堤防が決潰すると、それを口実に修築費を水増しして多額の国費の支出を要求して着服する。工事にはむろん手をぬくので、ふたたび洪水がおこればまたも被害が大きくなる。災害になやまされる一般民衆にとってはまったくたまったものではない。

このようにひどい賄賂の横行は、官界の気風をそこなわずにはおかなかった。なかには同時に軍機大臣であった乾隆朝の功臣アグイ（阿桂）や、のちに新疆のイリ将軍として功名の高かったスンユン（松筠）のように、ヘシェンにおもねることをしない気骨のあるものも例外としてあったが、上の者のこのむところは下もこれにならい、悪習はとどまるところを知らず蔓延していった。

## 白蓮教の乱

官界の腐敗がいちじるしくなってきた乾隆の末ごろ、秘密結社の白蓮教《びゃくれんきょう》がまたも勢力をもりかえしてきた。白蓮教は元末や明末にも、王朝末期の不安な社会状況のもとで叛乱をおこしたのであるが、清朝の政治が安定して経済成長のさかんな時代にはさすがに表面にあらわれなくなった。しかしその伝統は、ひそかに脈々とつづいていたとみえ、経済成長が頭打ちになった乾隆末にはふたたび姿をみせはじめた。みた眼には絢爛たる泰平の御代も、いまや内面では社会的諸矛盾がしだいに激化していたのである。

古来、シナではしばらく平和がつづくと人口が激増し、逆に戦乱がつづくと激減するのであるが、康熙・乾隆時代の国内の平和は一世紀以上にわたり、人口の増加は実にめざましいものがあった。乾隆の末年の人口は約三億に達したといわれる。もっとも、つたえられているる人口にはその積算過程でいろいろの事情から加減されているので、その数はとうていそのままは信用できない。しかしともかく十八世紀のあいだに数億の厖大な人口が出現したことはたしかであろう。

明末清初の戦乱の結果、シナの土地はひどく荒廃した。とくに流賊張献忠《ちょうけんちゅう》にあらされた四川省などは、ふるくからゆたかな土地でありながら、まったく無人の荒野と化してしまった。その後平和の回復とともに徐々に開墾がすすみ、荒野は緑野へとかわっていったが、そのころはまだ、人口がいくらふえても吸収するにたる空地が十分にあり、人口の増加ははなはだ慶賀すべきことであった。増加した人口は、やがて中央部の地帯をうめつくし、だんだん奥地へとむかって移住発展していった。

湖南、貴州、雲南など西南諸省には、むかしからミャオ、ヤオ、ロロなどの異民族が住んでおり、元明以来土司土官《どしどかん》といっておもに原住民の首長に官位をあたえて治めさせていた。そうした奥地が漢人の進出によってひらけてきたので、土司土官を廃止して、中央から派遣する一般の官吏に治めさせる改土帰流《かいどきりゅう》の政策が、雍正から乾隆時代にかけてしきりにおこなわれた。

また満洲の土地は、はじめ満洲人の多くが北京に移住したあとあれるにまかせていたので、シナからの農業移民を奨励したのであった。ところが乾隆年間になると、あまりにも移民がふえて、満洲人の故郷を漢人にとられてしまう心配が生じ、逆に移民を禁止してしまった。

人口はふえても土地にはかぎりがある。いまやシナには人口がみちあふれたが、清朝は国家体制の維持から、万里の長城外や海外への移住を厳禁しており、過剰人口を吸収すべき近代工業などむろん存在しなかった。シナの農業社会は、過剰人口の圧迫によって急速に苦しくなっていったのである。

もともとはじめのころ移住したものは、地味もこえ自然条件のよい土地をしめることができたが、だんだんあとになるにしたがい、条件のわるい土地へいかざるをえず、そうした連中の生活苦は非常なものであった。しかもそんな土地さえもてないものは、多く農村をはなれてルンペン化していった。

さきに無人の境と化した四川省にも各地からの移民がおしよせてきて、いまや反対に人口過剰になやむありさまであった。とくに四川省の東部から湖北省の西部、陝西省の南部にかけての三省の境界地域への乾隆年間における移民の集中はいちじるしかった。元来この地域はやせた山地であって、もっともひどいところへ、もっともまずしいものがあつまってきたのである。彼らは零細な農民となったり、製塩や製材の労働者となったりしたが、もとより失業者も多かった。わずかに生きる道があるとすれば、専売品の塩を闇で公価より安く販売するという非合法の手段しかない。しかもこの地域は辺鄙なところで、官憲の統制もきわめてルーズであったから、不穏な空気がみなぎっていた。絶望のどん底にあるものにわずかに一縷《いちる》の希望をあたえるように思われた白蓮教が、しだいにひろまっていったのは当然である。

## 叛乱の勃発

嘉慶元年（一七九六）と年号があらたまったばかりのその正月、湖北省の西部山地でついに白蓮教徒の叛乱がおこった。そして叛乱は四川、陝西、河南の諸地方へと波及拡大していった。この叛乱はのちの太平天国などとちがって、国家を建設するなどの目的もなく、まとまった組織や全体の指導者もなく、終始もっぱら農村を襲撃したゲリラであった。ゲリラではもともと一般民と賊とを区別しがたいので鎮定に手こずるし、しかも鎮定にあたった官兵は惰弱《だじゃく》でまったく役にたたなかった。いったん地におちた綱紀の弛緩は実におそろしいもので、真剣に鎮圧にあたろうとするものはほとんどなかった。「賊がくれば兵士の影がなく、兵士がくれば賊の足跡がない。あわれ兵士と賊はいつの日にか相逢う」とか、「賊がくれば官兵の顔をみず、賊が去れば官兵がやっとあらわれる」などという俗諺《ぞくげん》が流行したという。河南巡撫の景安《けいあん》のごときは、賊をむかえるのみで、すすんでたたかわず、賊が去ればあとをつけるだけで追撃しなかったから、「送迎伯《そうげいはく》」のニックネームをつけられるありさまであった。しかもみな戦功のないのに恩賞の要求だけには熱心であった。

嘉慶四年（一七九九）太上皇帝がなくなり、嘉慶帝の親政がはじまると、ただちに綱紀を粛正し、積極的に鎮圧にあたることになった。とはいえ一挙に効果をおさめることは困難で、平定までになお五、六年の歳月を要した。しかもそれには官兵の力よりも、民間の協力にまつところが大きかった。

もともとゲリラである白蓮教徒の軍は、一般民を強制的に参加させて勢力を拡大したので、それを不可能にするためには、一般民の自衛力を充実しなければならなかった。そこで考えだされたのが堡塞《ほうさい》の設置である。当時の最下級の地方行政単位である州や県の官庁の所在する都市は城壁にかこまれているが、その他の町村はまったく無防衛で、ゲリラの被害が甚大であった。そのため町には土堡《とりで》や濠溝《ほり》をもうけ、散在する村落に対しては、賊軍の襲撃の場合、土堡や山寨に収容して避難させ、壮丁を訓練して自衛にあたらせるというのである。この堡塞の設置はおおいに効果があがり、嘉慶九年（一八〇四）八月にいたってついに白蓮教の叛乱は終結した。

ただこの叛乱の鎮定にあたって、民間の義勇兵にたよらねばならず、彼らに武器をあたえたことは、清朝にとって重大事であった。清朝の軍事力の基礎は、満洲兵を中心とする八旗兵と、漢人兵の緑営《りよくえい》であったが、それだけではもはや国内治安の維持ができなくなったのである。これは清朝の国家権力の衰弱を端的にしめすものにほかならない。この叛乱の鎮定に参加した八旗兵でも、満洲に駐屯していたものはなお素朴さをたもっていて優秀であったが、北京出身のものはまったく惰弱で役にたたないばかりか、民家や茶房、酒家を占領して大騒ぎをし、緑営兵からさえ軽蔑されるので、ついに北京に召還されるというしまつであった。それは要するに彼らが平素困苦欠乏にたえることを知らず、遊惰な都市の消費生活に憂身をやつした結果であった。

## 北京の満洲人

一六四四年明の滅亡とともに満洲人が北京に移住して以来、すでに一世紀半を経過し、その生活はすっかり定着してしまった。彼らは国初このかた八旗に編入され、北京の内城に居住して近衛兵として国都の防備に任じ、かつ大清帝国の軍事力の基礎をになっていた。いまや清朝の存立にとってもっともたいせつなこの満洲兵が弱化してきたのである。

　もともと満洲人は清朝においてはいわば武士階級であった。したがって彼らは上は将軍から下は一兵卒にいたるまで、職業軍人としての地位を保障されるとともに、旗地《きち》といって田地の支給をうけていた。その他、文官としての就職の機会にもめぐまれていたが、そのかわり一般の職業につくことはゆるされなかった。要するに軍人または役人として給料をうるサラリーマンで、しかも地主であった。

　北京での生活がながくなるにつれ、はなやかな消費文化の影響をうけて、いつしか父祖のもっていた勇武の精神をうしなって漢化していったのは、きわめて自然のなりゆきであった。

　満洲人の民族精神の支柱として、国語である満洲語と、武力の基礎である騎射とを尊重せねばならぬと説かれたのは、ふるくまだ北京にはいらないホンタイジの時代からで、その後もおりにふれてこの二者の重要さが強調された。とくに乾隆帝はその唱道にもっとも熱心で、口を酸っぱくしてさとしてやまなかった。また彼は満洲語と漢語の対照辞典『増訂清文鑑《ぞうていしんぶんかん》』はじめ各種の満洲語辞典をつくったり、『満洲実録《まんしゅうじつろく》』『皇清開国方略《こうしんかいこくほうりゃく》』『満洲 源流考《まんしゅうげんりゅうこう》』など清朝の栄光ある建国や満洲民族の歴史の書物を編纂したりして、満洲精神の振興につとめた。しかしそんなにしばしば満洲語と騎射とを強調しなければならなかったのは、それとうらはらにいっこう効果があがらなかったからにほかならない。満洲語は清朝における第一の公用語と称されながら、満洲人自身すでに漢語を日常語にもちい、満洲語をとくに学習しなければならなくなっていたのである。

**生活難**

サラリーマンの生活は、給料が一定しているかぎり、生活程度と物価があがり、扶養家族がふえればなりたたなくなる。八旗制における基本単位を佐領《ニル》といい、満洲人はすべて佐領に編成されていた。その構成人員は時代により変動があったが、北京にはいってからはだいたい成年男子百五十人を一佐領とするたてまえで、そのうち六十八人が兵卒として給料を支給された。給料は、ひくい歩兵で月に銀一両五銭と年に米二十四斛《こく》、高い近衛兵で月に銀四両と年に米四十八斛という程度で、この額は康熙二十四、五年（一六八五、八六）以来かわらなかった。

満洲人の生活は北京に移住してまもないころからはやくも向上し、康熙・乾隆の泰平の時代にいちじるしく贅沢になった。衣服は華美なのがこのまれ、一着に数ヵ月分の給料を投ずるものもあるありさまで、冠婚葬祭の際の濫費は年とともにひどく、芝居への耽溺《たんでき》は昂じて兵卒みずから俳優に扮するものさえあらわれた。飲酒賭博《とばく》もひろくおこなわれ、浪費はとどまるところを知らなかった。これに対し歴代の皇帝は詔をくだしていましめ、倹約を説いているが、たびかさなる禁令もただ一片の空念仏《からねんぶつ》にすぎなかった。

また満洲人の人口も清一代を通じて増加していった。とくに乾隆年間にはいると、人口増加が生計上の大問題となって、やかましく論議された。人口はふえても兵卒には定員があるから、給料にありつけないものがたくさん生ずるのは当然である。嘉慶時代にはひとりの兵卒で三十余人の家族をかかえて苦しんでいるものさえあった。

清朝当局としては、増加する満洲人に対しできるだけ職をあたえるため、はじめ佐領をつぎつぎと増設して兵卒の定員をましたが、それも財政的に限度があって、乾隆四十年（一七七五）を最後に、以後はまったく増設されなくなった。

さらに別に教養兵《きょうようへい》（のちに教育兵）という制度をもうけ、とくに貧乏で職のない優秀なものをえらんでそれにあて、月三両の給料をあたえた。その他、北京から地方に移駐させたり、漢軍を一部撤去してその補充に満洲人をもちいるなど種々の対策を講じはしたが、増加する人口にとても追いつくものではなかった。また満洲へ帰農させようともしたけれども、都市生活になれた身には、辺地での農耕生活などはじめからよくたえられるものでなく、ほとんど効果がなかった。

生活程度の向上と扶養家族の増加でたださえ苦しいうえに、物価も非常に騰貴した。たとえば乾隆・嘉慶時代の考証学者洪亮吉《こうりょうきつ》の記しているところによると、五十年前には米一升六、七文、布一丈三、四十文にすぎなかったのが、いまでは米は三、四十文、布は一、二百文と数倍に騰貴しているという。物価の値上りはわれわれも毎年経験しているところであるが、月給がベースアップしなければたまったものでない。もっとも満洲人は旗地の地主で、その小作料の収入もあるはずであった。もともと旗地は売買を禁止されているたてまえであったのに、いつしか漢人の手に売りわたされているものが多かったので、一度政府でもとの持主に買いもどしてやったこともあったが、ふたたび売りはらってしまい、もはや満洲人の多くは地主でなくなったのである。

こうして生活難におちいった満洲人の生活は、まことにあわれなものであった。利にさとく商才にたけた漢人が、満洲人の経済的無知と無計画な生活とにつけこんで暴利をむさぼった実例は数多くつたえられている。

たとえば嘉慶年間、山東省出身の商人に、八旗の役所のそばに店をひらいて、満洲人に対してひそかに高利貸をしているものがあった。一月の期限で倍の利息をとる悪辣さで、給料の支払日には、商人は兵卒よりさきに役所へいって元利を差引くので、「給料の質入れ」といわれていた。また兵卒は四季に米を支給され、自家の食用に供してあまれば売却して金にかえるのが例であったが、兵卒のなかにはさしせまった必要から、米をうけとると家にはこばないで商人に売りはらうものがあった。もちろんたたかれて安く手渡してしまうので、やがて高く買いいれて食用とせねばならなかった。

生活困窮の結果、満洲人には結婚のできないものはもとより、住む家すらないものがあらわれ、はては武人の魂ともいうべき甲冑や武器を質入れするものさえ生じた。かつて馬上をもって天下をとり、武力を唯一のたのみとした満洲人の生活苦と、満洲精神の弛緩は察するにあまりあるものがある。「武士は食わねど高楊枝」とうそぶきながら、傘張りなどの内職に精だし、槍や刀を入質したわが幕末の旗本の士とまったく同様である。

この満洲人の漢化と窮乏をみては、乾隆帝ならずとも危機感をおぼえずにはいられなかったのであろう。さきにあげたスンユンのごときは乾隆時代の末にわざわざ満洲語で『百二十《ひゃくにじゅう》老人語録《ろうじんごろく》』と題する書物をあらわし、百二十章の老人の話というかたちで満洲人の心得を縷々《るる》と説き、彼らの奮起をうながしたのであった。だが一度くずれかけたいきおいをふたたびもとにもどすことは容易でなく、清朝の前途はあかるくなかった。

## 天理教

さきの白蓮教の乱とだいたいときをおなじくして、東南の海岸地方では、海寇《かいこう》とか艇盗《ていとう》の乱などとよばれている海賊の叛乱がおこっていたのであったが、それも嘉慶十五年（一八一〇）にはいちおう終結し、清朝はふたたび安定したようにみえた。しかし叛乱が発生した根本の社会的諸矛盾は解決されたのではなく、むしろ年とともにより深刻になっていくのであった。それから数年とたたないうちに、大清皇帝のおひざもとの北京の、しかも紫禁城内に叛徒が乱入するという事件が勃発したのである。

この叛乱の指導者の林清《りんせい》は、北京の南方にある黄村《こうそん》の農民の出身で、色が黒くて、ハリネズミのようなひげづらをかまえ、みるからにただものではなかった。少年のころから無頼漢の仲間にはいり、薬屋の店員にもなったが、のち江南の地方で役所の下働きの役についた。そのころ一般民衆にもっともおそれられていたのは、日常彼らにじきじき接して生殺与奪《せいさつよだつ》の実権をもつ小役人や、さらにその下の執達吏とか獄卒のような下働きの連中であった。林清は弁のたつところから賄賂をむさぼるのにも長じ、金銭を手にするとすぐに消費してしまったという。やがてその罪が発覚すると、たくみにのがれて故郷にかえり、天理教にはいった。

天理教とは白蓮教の一分派である。わが国の天理教とは、たまたま名称をおなじくするが、なんの関係もないことはいうまでもない。白蓮教の乱はさきに鎮定されたけれども、その教えは根強くシナ社会の内部にのこっていて、いろいろの支派にわかれ、八卦《はっけ》教、栄華《えいが》教、紅陽《こうよう》教、白陽《はくよう》教などの名でおこなわれていた。とくに八卦教は教徒がもっとも多く、河北、河南、山東、山西など北シナの各省にひろまっていたが、のちいくつかの支派を統合して天理教と称するようになった。

天理教にはいった林清は、たちまち能力を発揮してその首領となった。彼はよく未来を予言し、禍福吉凶《かふくきっきょう》をあきらかにすることができると称して、無知な民衆の心をひきつけていった。そして入教するものには種福《しゅふく》銭といって金銭をさしださせたが、いずれことが成功すればその十倍の額がつぐなわれ、百銭をさしだしたものに一頃《けい》（約六百アール）の土地があたえられると宣伝したので、入教者がぞくぞくとふえ、莫大な金があつまった。しかし一方、彼は借金をねがいでるものに対しては惜しみなくあたえたから、彼をたよって生活するものも非常に多く、その勢力はきわめて大きなものになった。窮乏にあえぐ零細な民衆の物心両面をよくとらえたものといえよう。

ところで、別にやはり天理教の首領で、河南、山東方面で数万の信者をあつめているものに李文成《りぶんせい》という人物があった。彼は河南省の滑《かつ》県のうまれで、はじめ大工の傭人などになったが、のち天理教にはいり、大勢力をふるうようになったのである。信者はこれまた種根基《しゆこんき》と称して金銭や物品をあらそっておくったので、文成ははなはだ裕福となり、軍馬を買いいれたり、武器を鋳造したり、兵士を訓練したりして戦闘準備につとめた。そして滑県の小役人の牛亮臣《ぎゆうりようしん》らをも仲間にひきいれ、彼を軍師として着々と勢力をかためた。この牛亮臣を通じて林清と李文成とははじめてあい知るようになり、その後たびたび会合して挙兵の策をねったのであった。

嘉慶十六年（一八一一）の秋、たまたま西北方に彗星《すいせい》があらわれた。シナでもふるくから彗星は不吉のきざしと考えられていたことはいうまでもない。天文台の欽天監は、同十八年八月に閏《うるう》月をおくはずであったのを、翌年の二月にあらためるよう上奏した。ちなみに旧暦ではだいたい三年に一度の割合で閏月をおくことになっているが、何月におくかは一定していない。天体現象の異変は、古来とかく予言を生じ、人心をまどわすものである。天理教徒は、彼らの経文にみえる「八月中秋、黄花地に落つ」という語句から附会して、八月を清朝にとって不吉な月と考え、そのため欽天監があらためたのだと信じた。また弥勒仏《みろくぶつ》の下生《げしよう》を信ずるその教えでは、この年の九月に白洋劫《はくようこう》といわれるあたらしい時代が到来すると説かれた。そんな迷信から、林清、李文成らの天理教徒は、本来閏八月である九月の十五日の午《うま》の刻に挙兵するよう予定したのであった。

ところが予定の日にさきだち、その計画は滑県の知県（知事）強克捷《きようこくしよう》の知るところとなり、李文成と牛亮臣はとらえられて獄につながれた。こうなっては予定の十五日までまってはおれず、教徒三千人は七日に滑県を襲撃しておとしいれ、文成を獄から救いだし、克捷とその家族ら数十人を殺した。これに応じて河北、山東の各地でも教徒がたちあがり、山東省の曹《そう》県や定陶《ていとう》県を攻略するという事態にまで発展した。

## 紫禁城乱入

一方、林清は北京の紫禁城を襲撃する計画をたてていた。紫禁城内でつかわれている宦官はもともと河北省の河間《かかん》県の出身者が多く、この地方には天理教がひろまっていたので、宦官のなかにもその教徒がいて、林清と連絡があったのである。とくに茶房太監《さぼうたいかん》（茶の世話係の宦官）の楊進忠《ようしんちゅう》のごときは、武器の用意を自分の責任として、ひそかに数百本の刀を鋳させていた。

林清が北京でことをおこす計画は、事前にもれており、その情報は知県などに報告されたこともあったが、当局者はことなかれ主義になれ、へたにかかわりあいになるのをおそれるので、すべて不問に付された。北京の警視総監ともいうべき歩軍統領《ほぐんとうりょう》の吉倫《きつりん》はことにひどく、部下の注進をまったくとりあげようとしなかった。彼はおりから熱河の離宮での避暑から帰還する皇帝を途中まで出迎えにゆくと称して、酒をたずさえて清遊にでかけた。北京の城門をでるに際し、部下のものが「都内の情勢ははなはだ危険である」と忠告すると、吉倫は顔色をかえて怒り、「このような泰平の日に、おまえはなんのたわごとをいうのか」としかった。北京の警備の実情は推して知るべきであろう。

さらに林清の徒は、旗本兵である八旗のなかにさえいた。曹倫《そうりん》は元来名門の子孫であるが、家がきわめて貧乏で、林清の経済的援助をうけてその仲間にはいった。彼自身はちょうど北京をはなれて任地にゆくので、子の福昌《ふくしょう》に林清との連絡をとらせた。福昌は、十七日に熱河から帰還する皇帝が北京の北方の白澗《はくかん》に駐し、諸王大臣がそこへ出迎えにおもむいて北京が手薄になるから、それに乗じて兵をあげるべきことを説いた。が、予言を信ずる林清はききいれず、予定どおり十五日にいよいよ決行することになった。

十四日、商人に変装して北京に潜入した二百人の教徒は、十五日の午の刻に、二隊にわかれて行動を開始した。一隊は宦官の手引きで、東側の東華門《とうか》から紫禁城にはいろうとしたところ、護衛の兵に察知され、ただちに扉がとじられたので、わずか十数人が乱入したにすぎなかった。別の一隊は西側の西華門《せいか》からやはり宦官の手引きではいったが、東華門のような抵抗はなく、八十人全員が紫禁城内に乱入した。まず西華門をはいってすぐ左手にある皇帝の衣服の製造所の尚衣監《しょういかん》に突撃すると、そこではたらいていたものを殺害し、さらにすすんで文穎《ぶんえい》館でも数人を殺し、ついに奥の内廷にちかい隆宗《りゅうそう》門に集結した。

教徒は白布を首にまいたり、白旗を手にもったりして標識とし、白旗には「大明天順」とか「順天保民」などのスローガンが書かれていた。

この非常事態に紫禁城はにわかに大騒ぎとなったが、城内にいた皇子たち、とくにのちの道光《どうこう》帝である皇次子の活躍はめざましく、みずから鉄砲をとって勇敢にたたかった。ついで変をきいた諸王大臣も近衛兵をひきいてかけつけてきた。恐怖の一夜が明けるころ、黒雲西北よりおこり、にわかに猛烈な雷雨となって人心をいっそうおののかせた。しかしやがて空も晴れ、乱入した教徒は完全に鎮圧され、内通した宦官もみなとらえられた。まことに悪夢のような二日であった。

その翌日、黄村で河南からの援軍をまっていた林清もとらえられた。他方、河南の李文成らの軍はさらにいきおいをましたが、その年の末にはついに鎮圧された。

林清の紫禁城乱入の際に、みずからも奮戦した礼親王昭槤《しょうれん》は、その著『嘯亭雑録《しょうていざつろく》』のなかにこの事件の経緯をくわしくしるして、その末尾に、「林清とはまったく馬鹿なもので、この泰平の時代にわずかの人数で紫禁城を襲撃するとは狂気の沙汰としか思えない」と論評している。林清一個人についていえば、まことにそのとおりである。しかし九月十七日、嘉慶帝はみずから北京に帰還するにさきだち、おのれを罪する詔書をくだして、「今回の事件はまったく自分の徳のいたらぬためで、漢唐宋明すなわち中国史上にいまだなかった変事である」といっているように、紫禁城が賊徒におかされたという汚点は、いかにしてもぬぐいされるものではなかった。

天理教徒の暴動はいちおう鎮圧されても、中国社会の諸矛盾はなんら解決されていなかったし、それにはるか海上からはイギリスを先頭とする欧米諸国のあたらしい強大な勢力がしだいにせまってきていた。だがそうした世界史の歯車の大きな動きになお気づかぬままに、すぎし日の栄光の夢さめぬ紫禁城の瑠璃瓦《るりがわら》は、秋の夕陽に照りかがやいているのであった。

# 年　　表

| 西暦 | モンゴル<br>チベット | シ　　ナ | 満洲・朝鮮・<br>日本 |
|---|---|---|---|
| | | 朱元璋、両親と長兄をうしない、皇覚寺にはいる（1344） | 足利尊氏の幕府（1338） |
| | | 塩商人方国珍、元朝への反抗運動の口火をきる（1348） | 倭寇、高麗をおかす（1350ごろ～） |
| 1350 | | 白蓮教徒の乱（紅巾の軍おこる）（1351）<br>○劉福通、李二、郭子興など | |
| | | 朱元璋、郭子興軍に投ずる（1352） | |
| | ゲルク派の開祖ツォンカパ生まる（1357） | 朱元璋、一軍の長となる(1355) | |
| | | 朱元璋、呉国王となる（1364） | |
| | 明軍、大都に攻め入り、元の順帝、北にのがれる（1368） | 朱元璋、即位し（洪武帝）、明建国（1368） | 明、日本の懐良親王に国書をおくり倭寇禁止を要請（1369） |
| | ティームール、中央アジアを制し、帝国成立（1369） | | 高麗、明と国交（1369） |
| | 明軍、上都を制圧（1369） | | 日明交流始まる（1370） |
| | | | 明、遼陽に定遼都衛をおいて遼東支配にあたる(1371) |
| | 明軍、青海に進出（1379） | 大明律令を制定（1373） | 明の禅僧、京都へくる（1373） |
| | 明軍、雲南へ進出（1381） | 胡惟庸の獄（1380）<br>〈中書省、大都督府などを廃止、皇帝独裁体制をととのえる〉 | 李成桂、倭寇を撃滅（1380） |
| | 明軍、ブイル・ノール湖にて元帝トクズテムルを奇襲、大勝利をうる | 里甲制を実施、賦役黄冊を作成す（1381） | 李成桂、女直を破る（1382） |
| | トクズテムル、イェスデルに殺され元朝の正統断絶（1388） | 〈功臣のしめだしはじまる。諸王と新官僚の権力強まる〉 | 明軍、熱河より北進、元の将軍ナガチュくだる（1387） |
| | | 功臣李善長、自殺（1390） | |
| | | 藍玉の獄（1393） | 高麗ほろび李成桂、朝鮮建国（1392） |
| | オルジェイテムル、ティームールに亡命(1398ごろ) | 〈白蓮教、表面から姿を消す。諸王と新官僚の対立はじまる〉 | |
| | | 洪武帝歿し、建文帝即位(1398) | |
| | エルベク・ハーン横死（1399） | 靖難の役（1399）<br>〈燕王軍、南京を攻略〉 | |

| | | | |
|---|---|---|---|
| 1400 | | | 足利義満、大明皇帝に書をおくる（1401） |
| | ティームール、オルジェイテムルと東征の途次、急死（1405） | 燕王、即位（永楽帝）（1402）<br>鄭和の南海遠征第1回（1405）<br>〈以後1432年まで7回〉 | 明の使者、日本へ来航、大統暦をわかつ（1402）<br>永楽帝、女直兵らを明軍に編入。部族単位に衛所制度をしく（1402） |
| | オルジェイテムル、モンゴルに帰り、皇帝となる（1408） | 張輔のヴェトナム遠征（1406）<br>北京に新宮殿造営開始（1407） | 義満、永楽帝に国書を呈す（日本国王臣源）（1402） |
| | オイラットのマハムード、カラコルムを占領（1410） | ←永楽帝親征、オノン河畔に戦う（1410）<br>←永楽帝親征、オイラットを破る（1414） | 日明勘合貿易はじまる（1404）<br>亦失哈、アムール川をくだり、河口に奴児干都司を建設（1411） |
| | マハムード歿し、その子トゴンあとをつぐ（1416） | 劉江、倭寇を破る（1419）<br>北京を京師と称し、国都とす（1420）<br>←永楽帝親征（1422）<br>←永楽帝親征の途次、モンゴル高原に歿す（1424） | |
| | オイラットのトゴン、モンゴル支配の実権をにぎる（1433）<br>〈オイラット帝国建設〉 | | |
| | エセン、トゴンのあとをつぐ（1439）<br>〈オイラット帝国最盛期をむかえる〉 | 明、大同に馬市を開設、オイラットと通交（1438）<br>〈明とオイラット、朝貢問題で対立〉<br>←正統帝親征、土木の変（1449）<br>正統帝、オイラットに捕えらる。景泰帝即位<br>〈明、世界帝国への夢をすて、対外消極策に転ず〉 | |
| 1450 | エセン、トクトアブハを倒す（1451）<br>エセン、大元天聖皇帝と称す（1453）<br>エセン、部下に暗殺さる（1454） | 『大明一統志』を編集せしむ（1458） | 太田道灌、江戸城を築く（1457）<br>明、建州女直をうつ（1460） |

| | | | |
|---|---|---|---|
| | | | 応仁・文明の乱 (1467) |
| | 〈オイラット帝国崩壊〉 | | |
| | トクトアブハ・ハーンの一族による統一運動はじまる (1475) | | |
| | ダヤン・ハーン、モンゴルの帝位につく (1487) | 羅貫中の『三国志演義』できる (1494) | 義政、銀閣寺をつくる (1489) |
| 1500 | ダヤン・ハーン、寧夏をおとし、オルドスに侵入 (1501) | 「大明会典」なる (1502) | ポルトガル人、はじめて広東にくる (1517) |
| | | 寧王宸濠、叛す。王守仁、これを平定 (1519) | 大内・細川両氏の遣明船、寧波で争う (1523) |
| | アルタン、一方の旗頭となる。山西へ侵入 (1542) | 王守仁（陽明、1472～）歿す (1529) | 〈遣明船、大内氏に独占さる〉 |
| | アルタン、全モンゴルの支配権をにぎる (1547) | この頃から、明で一条鞭法施行さる | 日本の種子島に鉄砲伝来 (1543) |
| 1550 | アルタン、北京城を攻囲 (1550) | | 天龍寺の策彦、正使として明へ。これが最後の遣明船となる (1547) |
| | アルタン、ハーン名を許さる(1551) | | 〈倭寇ふたたびおこる〉 |
| | アルタン・ハーン、オイラットを征服 (1552) | 明、海禁をとく。福建方面の商船、海上進出 (1567) | |
| | | 呉承恩の『西遊記』(1570) | |
| | | アルタンの孫バーハン・エジ、明に亡命 (1570) | |
| | 〈モンゴル、明よりの物資により空前の繁栄、精神文化の面に力を入れる〉 | アルタン・明の和議成立(1571) 〈明の北辺に平和おとずれる。国防の負担をまぬかれた明の社会は高度成長をなしとげる〉 | |
| | | マテオ・リッチ、南京にはいる (1587) | 建州左衛のヌルハチ、建州三衛を統合 (1588) |
| | アルタン・ハーン、第3世ダライ・ラマを招聘 (1578) | | 豊臣秀吉、朝鮮へ出兵 (1592) |
| | ハルハのアバダイ、内モンゴル来訪のダライ・ラマに会う (1587) | | 秀吉、ふたたび朝鮮へ出兵 (1597) |
| | | 礦税の害はじまる (1596) | ヌルハチ、ハダを併合。満洲文字をつくる (1599) |

| | | | |
|---|---|---|---|
| 1600 | | マテオ・リッチ、北京にはいり教会をたてる（1601） | 徳川家康、江戸幕府をひらく(1603)<br>〈ヌルハチ、女直統一をすすめる〉 |
| | | 東林党の顧憲成死す（1612）<br>〈東林党・非東林党の争い激化〉<br>三案の一つ、挺撃の案おこる（1615） | ヌルハチ、即位式をあげ、後金国ハンと称す（1616） |
| | 〈オイラット、急速に四方へ発展〉 | 万暦帝、ヌルハチ征討の勅諭を発す（1619）<br>アダム・シャール、中国へくる（1622）<br>オランダ人、台湾占領（1624） | サルフの戦い、後金軍、大いに明軍を破る（1619）<br>ヌルハチ歿し、ホンタイジ即位（1626） |
| | | 李自成、叛乱をおこす（1631） | ホンタイジ、リンダン・ハーンをほろぼす（1634）<br>ドルゴン、エジェイを降伏させ「大元伝国の璽」をうける（1635） |
| | グーシ・ハーン、チベット国王になる（1642） | 李自成、北京を攻め、崇禎帝、景山で自殺す。明朝ほろぶ（1644）<br>呉三桂、ドルゴンに援兵を要請。清軍、山海関を突破、華北に侵入。順治帝、北京紫禁城の玉座にすわる（1644）<br>〈清、中国王朝となる〉<br>李自成、湖北山中で殺される（1645）<br>史可法、揚州に戦死。南京攻略、福王捕えらる（1645）<br>〈南京朝廷崩壊〉<br>唐王、福州で帝位につく(1645)<br>唐王、捕えられ、鄭芝龍、清にくだる(1646)。桂王、帝位につく。桂王、永暦を建元（1647） | ホンタイジ、国号を清とあらため、皇帝となる(1636)<br>日本、鎖国を断行（1639）<br>ホンタイジ歿し、順治帝即位(1643)<br>〈ロシア人、アムール川に達す〉 |

| | | | |
|---|---|---|---|
| 1650 | | ドルゴン殁す（1650）<br>順治帝、明代の制度を復活、宮中に十三衙門を設置（1652）<br>順治帝殁す。桂王、呉三桂に殺さる（1661）<br>鄭成功、台湾攻略（1661）<br>清、遷界令をだす（1661） | ネルチンスク、清軍の討伐をうく（1660） |
| | | 宮廷クーデター、康熙帝、オボイ、エビルンらの大臣をかたづける（1669） | ロシア人ネルチンスク再建（1669） |
| | ガルダン、ジューンガル部族長の地位につく（1672）<br>ガルダン、オイラットの指導権をにぎり、ジューンガル帝国建設にのりだす（1676） | 呉三桂、叛乱をおこす（1673）<br>〈三藩の乱〉 | |
| | ガルダン、ハルハを潰滅さす。ハルハ、内モンゴルに亡命（1688）<br>〈ガルダン、外モンゴルを支配〉 | 三藩の乱、平定（1681）<br>台湾平定（1683）<br>康熙帝、第1回南巡（1684） | 康熙帝、本格的対ロシア人作戦開始（1682）、黒龍江将軍を設ける<br>清軍、アルバジン城攻囲（1685）<br>ネルチンスク条約（1689）<br>芭蕉の『奥の細道』（1689） |
| | 1691年ごろまでに、ツェワンラブタン、東トルキスタンをおさえ清に使者をおくる。腹背に敵をうけたガルダン、本営を外モンゴルにうつす | ドローン・ノール会盟（1691）<br>←康熙帝、外モンゴルに親征（1696）<br>ジョーン・モドの戦いにガルダン軍粉砕（1696）。ガルダン、病死（1697）<br>〈外モンゴル、清の支配下にはいる〉 | 湯島聖堂と付属の昌平坂学問所が設立される（1690） |
| 1700 | ホシュート部ラサン・ハーン、ラサに攻め入る(1705) | 円明園の造営はじまる（1709～59） | 赤穂四十七士の仇討（1702）<br>富士山が噴火、宝永山ができる（1707） |

| | | | |
|---|---|---|---|
| | ジューンガル、ラサン・ハーンを殺しチベット占領 (1717) | 清・ジューンガル衝突 (1715)<br>カスティリオーネ、清へ(1715)<br>『康熙字典』完成 (1716)<br>清軍、チベット進撃 (1720)<br>康熙帝、千叟宴 (1722)<br>康熙帝歿し、雍正帝即位(1722)<br>〈功臣をかたづけ、皇帝、独裁権をにぎる〉<br>『大義覚迷録』(1729)<br>雍正帝歿し、乾隆帝即位(1735) | 『国性爺合戦』の初演 (1715) |
| 1750 | ジューンガルの首領の一人アムルサナー、清へ投降 (1754)<br>アムルサナー反抗 (1755) | 清の版図最大に達す (1759)<br>『四庫全書』の編纂開始 (1772)<br>乾隆帝譲位し太上皇帝となる (1796)<br>白蓮教徒の叛乱 (1796)<br>嘉慶帝親政 (1799)<br>〈綱紀粛正、壮丁訓練など〉 | 本居宣長、『古事記伝』起稿(1764) |
| 1800 | | 天理教徒、紫禁城に乱入(1813) | ロシア使節、長崎に来航、通商を要求 (1804) |

# 参考文献

〈史料〉


『満文老檔』満文老檔研究会訳註、全七冊、財団法人東洋文庫、一九五五―六三。

『旧満洲檔　天聡九年』東洋文庫清代史研究室訳註、全二冊、財団法人東洋文庫、一九七二―七五。

『内国史院檔　天聡七年』東洋文庫清代史研究室訳註、財団法人東洋文庫、二〇〇三。

『満和蒙和対譯満洲実録』今西春秋訳註、刀水書房、一九九二。

『蒙古源流』岡田英弘訳註、刀水書房、二〇〇四。

『チムール帝国紀行』クラヴィホ（山田信夫訳）、桃源社、一九七九。

『シナ大王国誌』（大航海時代叢書）メンドーサ（長南実・矢澤利彦訳）、岩波書店、一九六五。

『イエズス会士中国書簡集』（東洋文庫）矢澤利彦編訳、全六冊、平凡社、一九七〇―七四。

『韃靼漂流記』（東洋文庫）園田一亀、平凡社、一九九一（初版一九三九）。

『東韃地方紀行他』（東洋文庫）間宮林蔵（洞富雄・谷澤尚一編注）、平凡社、一九八八。

『明夷待訪録』（東洋文庫）黄宗羲（西田太一郎訳）、平凡社、一九六四。

『蜀碧・嘉定屠城紀略・揚州十日記』（東洋文庫）松枝茂夫訳、平凡社、一九六五。

『金瓶梅』（中国古典文学大系）笑笑生（小野忍・千田九一訳）、全三冊、平凡社、一九六七―六九。

『紅楼夢』曹雪芹（伊藤漱平訳）、全一二冊、平凡社ライブラリー、一九九六―九七。


〈概説書・研究書〉

『世界史の誕生』岡田英弘、ちくま文庫、一九九九（初版一九九二）。

『北アジア史（新版）』（世界各国史）護雅夫・神田信夫編、山川出版社、一九八一。

『東北アジアの民族と歴史』（民族の世界史）三上次男・神田信夫編、山川出版社、一九八九。

『中央ユーラシアの世界』（民族の世界史）護雅夫・岡田英弘編、山川出版社、一九九〇。

『チンギス・ハーン』岡田英弘、朝日文庫、一九九四。

『モンゴル帝国の興亡』岡田英弘、ちくま新書、二〇〇一。

『モンゴルの歴史』宮脇淳子、刀水書房、二〇〇二。

『最後の遊牧帝国』宮脇淳子、講談社選書メチエ、一九九五。

『世界史のなかの満洲帝国』宮脇淳子、ＰＨＰ新書、二〇〇六。

『皇帝たちの中国』岡田英弘、原書房、一九九八。

『中国文明の歴史』岡田英弘、講談社現代新書、二〇〇四。

『だれが中国をつくったか』岡田英弘、ＰＨＰ新書、二〇〇五。

『中国史４――明～清――』（世界歴史大系）神田信夫他編、山川出版社、一九九九。

『明と清』（世界の歴史）三田村泰助、河出文庫、一九九〇（初版一九六九）。

『明清と李朝の時代』（世界の歴史）岸本美緒・宮嶋博史、中公文庫、二〇〇八（初版一九九八）。

『海と帝国　明清時代』（中国の歴史）上田信、講談社、二〇〇五。

『明の太祖　朱元璋』（中国歴史人物選）檀上寛、白帝社、一九九四。

『永楽帝』檀上寛、講談社選書メチエ、一九九七。

『宦官』三田村泰助、中公文庫 BIBLIO、二〇〇三（初版中公新書、一九六三）。

『江南』中砂明徳、講談社選書メチエ、二〇〇二。

『顧炎武』（中国歴史人物選）井上進、白帝社、一九九四。

『清朝史通論』（東洋文庫）内藤湖南、平凡社、一九九三（初版弘文堂、一九四四：再録『内藤湖南全集八』筑摩書房)。

『満学五十年』神田信夫、刀水書房、一九九二。

『清朝史論考』神田信夫、山川出版社、二〇〇五。

『清太祖実録の研究』松村潤、東北アジア文献研究会、二〇〇一。

『清の太祖　ヌルハチ』(中国歴史人物選)松浦茂、白帝社、一九九五。

『康熙帝の手紙』岡田英弘、中公新書、一九七九。

『康熙帝伝』(東洋文庫)ブーヴェ(後藤末雄訳・矢澤利彦校注)、平凡社、一九七〇。

『雍正帝』宮崎市定、中公文庫、一九九六(初版岩波新書、一九五〇;再録『宮崎市定全集一四』岩波書店)。

『近代露清関係史』吉田金一、近藤出版社、一九七四。

『ロシアとアジア草原』佐口透、吉川弘文館、一九六六。

『北方から来た交易民』佐々木史郎、NHKブックス、一九九六。

『東アジアの「近世」』(世界史リブレット)岸本美緒、山川出版社、一九九八。

『中国の海賊』(東方選書)松浦章、東方書店、一九九五。

『海から見た戦国日本』村井章介、ちくま新書、一九九七。

『徳川吉宗と康熙帝』(あじあブックス)大庭脩、大修館書店、一九九九。

『日中交流史話』大庭脩、燃焼社、二〇〇三。

『「清朝考証学」とその時代』木下鉄矢、創文社、一九九六。

『明清史論考』松村潤、山川出版社、二〇〇八。

## 図版引用リスト

とくにことわりのない図版・表はすべて筆者作成。

P35　『明清史』李洵　人民出版社　1957
P43　『故宮名画三百種』国立故宮博物院・国立中央博物院　1959
P60　『東洋歴史参考図譜』石田幹之助編纂監修　大正 14
P87　『東洋歴史参考図譜』石田幹之助編纂監修　大正 14
P94　『于謙詩選』林寒・王李選注　浙江人民出版社　1958
P122　『世界史大系』誠文堂新光社　1965
P151　『興京二道河子旧老城』稲葉岩吉　建国大学研究院歴史報告第一　建国大学　1939
P153　『満洲実録』満洲帝国国務院編大清歴朝実録　1938
P192　『東洋歴史参考図譜』石田幹之助編纂監修　大正 14
P216　『清代帝后像』(第 1 期)　北平故宮博物院　1959
P219　『清代帝后像』(第 1 期)　北平故宮博物院　1959
P244　『清代帝后像』(第 1 期)　北平故宮博物院　1959
P266　『清代帝后像』(第 1 期)　北平故宮博物院　1959
P314　『清代帝后像』(第 2 期)　北平故宮博物院　1959

## ワ

## マ



## ヤ



## ラ

## タ

# 索　引

太数字はくわしい説明のあるページを示す

本書の原本は、一九六八年、文藝春秋より刊行されました。

岡田英弘（おかだ　ひでひろ）
1931年生まれ。1953年東京大学文学部卒業。1957年『満文老檔』の研究で日本学士院賞受賞。1966年東京外国語大学アジア・アフリカ言語文化研究所助教授就任、73年同教授、93年定年退職。現在東京外国語大学名誉教授、東洋文庫研究員。

神田信夫（かんだ　のぶお）
1921―2003年。1943年東京大学文学部卒業。1957年『満文老檔』の研究で日本学士院賞受賞。東京大学文学部助手を経て、1949年明治大学文学部助教授就任、56年同教授。92年定年退職、明治大学名誉教授、東方学会会長、東洋文庫研究員。

松村　潤（まつむら　じゅん）
1924年生まれ。1953年東京大学文学部卒業。1957年『満文老檔』の研究で日本学士院賞受賞。1962年日本大学助教授就任、70年同教授、94年定年退職。現在日本大学名誉教授、東洋文庫研究員。

（五十音順）

---

講談社学術文庫

定価はカバーに表示してあります。

紫禁城《しきんじょう》の栄光《えいこう》

岡田英弘《おかだひでひろ》／神田信夫《かんだのぶお》／松村《まつむら》　潤《じゅん》

2006年10月10日　第1刷発行
2016年 7 月11日　第6刷発行

発行者　鈴木　哲
発行所　株式会社講談社
東京都文京区音羽2-12-21 〒112-8001
電話　編集（03）5395-3512
販売（03）5395-4415
業務（03）5395-3615

装　幀　蟹江征治
印　刷　株式会社廣済堂
製　本　株式会社国宝社
本文データ制作　講談社デジタル製作



---

ISBN4-06-159784-1

# 「講談社学術文庫」の刊行に当たって

これは、学術をポケットに入れることをモットーとして生まれた文庫である。学術は少年の心を養い、成年の心を満たす。その学術がポケットにはいる形で、万人のものになることは、生涯教育をうたう現代の理想である。

こうした考え方は、学術を巨大な城のように見る世間の常識に反するかもしれない。また、一部の人たちからは、学術の権威をおとすものと非難されるかもしれない。しかし、それはいずれも学術の新しい在り方を解しないものといわざるをえない。

学術は、まず魔術への挑戦から始まった。やがて、いわゆる常識をつぎつぎに改めていった。学術の権威は、幾百年、幾千年にわたる、苦しい戦いの成果である。こうしてきずきあげられた城が、一見して近づきがたいものにうつるのは、そのためである。しかし、学術の権威を、その形の上だけで判断してはならない。その生成のあとをかえりみれば、その根は常に人々の生活の中にあった。学術が大きな力たりうるのはそのためであって、生活をはなれた学術は、どこにもない。

開かれた社会といわれる現代にとって、これはまったく自明である。生活と学術との間に、もし距離があるとすれば、何をおいてもこれを埋めねばならない。もしこの距離が形の上の迷信からきているとすれば、その迷信をうち破らねばならぬ。

学術文庫は、内外の迷信を打破し、学術のために新しい天地をひらく意図をもって生まれた。文庫という小さい形と、学術という壮大な城とが、完全に両立するためには、なおいくらかの時を必要とするであろう。しかし、学術をポケットにした社会が、人間の生活にとってより豊かな社会であることは、たしかである。そうした社会の実現のために、文庫の世界に新しいジャンルを加えることができれば幸いである。

一九七六年六月

野間省一